交通运输绿色低碳发展报告

（2023—2024）

交 通 运 输 部 科 学 研 究 院
国家发展和改革委员会综合运输研究所 编著

人民交通出版社
北 京

内 容 提 要

本报告全面涵盖铁路、公路、水路、民航和邮政等交通运输领域，分为综合篇、专题篇、实践篇三个部分，包括10章内容。

本报告从理论、技术和实践三个层面，全面展现了交通运输领域绿色低碳发展的最新成果和宝贵经验，可为交通运输部门管理者、研究人员和从业人员提供借鉴与参考。

图书在版编目(CIP)数据

交通运输绿色低碳发展报告. 2023—2024 / 交通运输部科学研究院, 国家发展和改革委员会综合运输研究所编著. 北京 : 人民交通出版社股份有限公司, 2024. 10.

ISBN 978-7-114-19689-8

Ⅰ. F512. 3

中国国家版本馆CIP数据核字第2024YR1414号

书　　名：交通运输绿色低碳发展报告(2023—2024)
著 作 者：交通运输部科学研究院
国家发展和改革委员会综合运输研究所
责任编辑：周佳楠　李　刚　徐　菲
责任校对：赵媛媛　龙　雪
责任印制：刘高彤
出版发行：人民交通出版社
地　　址：(100011)北京市朝阳区安定门外外馆斜街3号
网　　址：http://www.ccpcl.com.cn
销售电话：(010)85285857
总 经 销：人民交通出版社发行部
经　　销：各地新华书店
印　　刷：北京印匠彩色印刷有限公司
开　　本：710×1000　1/16
印　　张：21.75
字　　数：307千
版　　次：2024年10月　第1版
印　　次：2024年10月　第1次印刷
书　　号：ISBN 978-7-114-19689-8
定　　价：98.00元

《交通运输绿色低碳发展报告(2023—2024)》

编　委　会

顾　　　　问：傅志寰　戴东昌　周　伟　周晓航

编 委 会 主 任：方　海　李连成

编委会副主任：吴洪洋　程世东　欧阳斌　李忠奎　徐　萍
姜彩良　陈　兵

编　写　组

主　　　　编：董　静　李　茜　凤振华　张婧嫄

副　　主　　编：王　双　王雪成　李晓菲　蒋中铭　尚文豪

编　　　　委：(按姓氏笔画排序)

丁　琪　于丹阳　于　浩　于　雷　马吉龙
王　伟　王肖文　王金刚　王思迪　王　娟
王淞平　王淑伟　王锋锋　王新军　王馨梓
牛　犇　石俊刚　石　琼　卢春颖　卢熠蕾
史砚磊　史　超　吉　明　吕　阳　吕继兴
朱立伟　朱　丽　刘乐民　刘　宇　刘学欣
刘建喆　刘振国　刘润琪　刘　强　刘　颖

刘磊磊	孙秦豫	严　健	李　成	李冰荷
李芫梦	李　枭	李钦栋	李秋实	李振宇
李　涛	李雪野	李　超	李　静	杨一方
杨书生	杨　旸	杨　柳	杨　勇	杨晓军
吴亦政	吴培斌	何　庆	余海涛	宋伟男
宋国华	宋禹江	迟晨曦	张　帆	张　怡
张胜林	张　毅	陈　伟	陈建营	陈雪峰
陈　琳	欧训民	周亿迎	周亚林	周　炜
周新军	宗家琪	赵方兴	赵芳敏	赵南希
赵洪雪	秦傲寒	夏　晶	凌耀初	高　岩
高诗涵	高润泽	高硕晗	高　雅	高誉疆
郭春景	郭姝然	陶双成	黄世平	曹子龙
彭令发	韩红云	韩彦来	程　寅	焦　岩
鲁　杰	曾　磊	赖俊豪	简　丽	蔡　赫
雒亚莉	潘海涛	薛志超	戴　军	戴德江
魏道新				

序　　言

以习近平同志为核心的党中央对交通运输领域生态文明建设作出系列重要论述，特别是党的二十大报告对交通运输结构调整优化、交通清洁低碳转型等工作提出明确要求，这为加快形成绿色低碳交通运输方式指明了前进方向，提供了根本遵循，注入了强大动力。

“十四五”时期，交通运输各领域各部门紧紧围绕绿色低碳转型和行业高质量发展需要，创新性地开展绿色低碳科学研究与探索，积极在工程建设和运输管理中进行实践应用，取得了显著成效，积累了大量经验。通过全方位、系统化地总结相关研究与实践成果，切实促进全行业绿色低碳业务交流与经验分享。

经行业主管部门同意，交通运输部科学研究院与国家发展和改革委员会综合运输研究所共同策划，邀请中国船级社、交通运输部水运科学研究院、交通运输部公路科学研究院、交通运输部天津水运工程科学研究院、中国铁道科学研究院集团有限公司、国家邮政局发展研究中心等科研单位，清华大学、北京交通大学、中国民航大学等高校，中国交通建设集团有限公司、中国远洋海运集团有限公司等企业以及山东省、江苏省等地方的交通运输主管部门共同编写《交通运输绿色低碳发展报告(2023—2024)》(简称《报告》)，重点梳理近两年来交通运输领域绿色低碳科研创新成果和典型应用案例，对行业绿色低碳发展进行全面、科学、权威的回顾与展望。

《报告》作为我国“碳达峰碳中和”目标提出后的首部关于交通运输领域绿色低碳发展的年度报告，相信能为广大读者提供较为立体的交通运输绿色低碳整体图景，为推动交通运输高质量发展提供技术支撑和决策支持。

编委会

2024 年 8 月

摘　要

本报告全面涵盖铁路、公路、水路、民航和邮政等交通领域，分为综合篇、专题篇、实践篇三个部分，包括10章内容。

综合篇全面回顾“碳达峰碳中和”目标提出以来，我国交通运输领域绿色低碳发展的现状与成效，研判面临的形势与挑战，提出行业绿色低碳转型发展路径。同时，还专篇分析了铁路运输、公路运输、水路运输、航空运输、邮政快递业、城市交通等领域的绿色低碳现状、路径和政策建议等。

专题篇聚焦交通运输领域绿色低碳发展重点任务，围绕运输工具装备低碳转型、绿色高效运输结构构建、绿色交通基础设施建设以及交通运输碳排放监测与核算、低碳交通运输标准和有关市场机制等方面，由各领域的权威专家进行专题研究和阐述，形成了21篇文章。

实践篇不仅包括山东省、江苏省、南昌市、宁波市等地方在交能融合、绿色化转型、城市绿色出行等方面的实践经验，还包括中国交通建设集团有限公司、中国远洋海运集团有限公司、济青高速铁路有限公司、北京嘀嘀无限科技发展有限公司等企业的工程实践，同时还有近年来交通运输部组织的科技示范工程和交通强国建设试点中的绿色低碳项目以及零碳试点项目等实践案例，共18篇文章。

本报告从理论、技术和实践三个层面，全面展现了交通运输领域绿色低碳发展的最新成果和经验总结，可为交通运输部门管理者、研究人员和从业人员提供很好的借鉴和参考。

目 录

综 合 篇

专 题 篇

实　践　篇

综合篇

第一章　交通运输绿色低碳发展总体情况

交通运输部科学研究院　国家发展和改革委员会综合运输研究所课题组

全球气候变化是21世纪人类生存发展面临的重大挑战之一。我国生态文明建设已进入以“降碳”为重点战略方向的关键时期。各地区各部门各行业全面贯彻落实党的二十大精神，深入推进生态文明建设，持续实施积极应对气候变化国家战略，采取强有力的政策措施，绿色低碳发展不断取得新进展。绿色日益成为我国经济社会高质量发展的鲜明底色。

一、交通运输绿色低碳发展现状与成效

（一）交通运输能源消耗现状与趋势

1. 交通运输需求仍保持中高速发展

交通运输行业是国民经济中具有基础性、先导性、战略性的产业，是重要的服务性行业和现代化经济体系的重要组成部分，是居民出行和物流服务的基础支撑和保障。随着中国经济与社会的发展，中国旅客运输和货物运输的需求不断增加，中国交通运输行业迎来了蓬勃发展的时期，与此同时，碳排放总量也将持续增加。2005年以来，全国客运周转量实现每年5.5%的增速；货运周转量由2013年的16.45万亿吨公里增加到2023年的24.06万亿吨公里，年均增长4.6%。“十五五”期间交通需求仍将保持中高

速增长，在工业、建筑等领域减排潜力日益收缩的客观条件下，交通运输行业面临的减排压力更为巨大。同时，经济社会的发展对运输的时效性、个性化、舒适度等要求越来越高，豪华舒适的大型客车、冷链物流等高耗能运输需求将持续增加，能耗强度下降面临瓶颈。

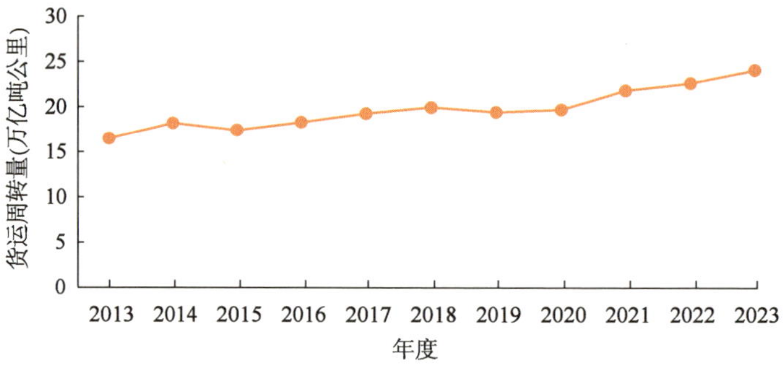

图1　2013—2023 年全国货物周转量❶

2. 公路货运长期占据全国运输需求首位

我国不同运输方式碳排放存在比较明显的差别。目前，我国每百万吨公里二氧化碳排放量从大到小依次为公路、铁路、水路运输。可以说，铁路和水路运输是相对较低碳的运输方式，而公路运输能源消耗较多且碳排放较为明显。我国经济的增长伴随着大宗货物需求显著增长，而现阶段大宗货物运输主要以公路运输为主。2019 年，交通运输部道路货运专项调查结果显示，矿建材料及水泥、煤炭及制品、金属矿石公路货运量达 200.6 亿吨，约为铁路货运总量的 4.6 倍。近年来，我国公路货运行业稳步增长，货运周转量由 2013 年的 5.58 万亿吨公里增加到 2023 年的 7.40 万亿吨公里，长期占据全国货运周转量首位。由于公路运输能源消耗 95% 以上为化石能源，导致公路运输碳排放量快速上升。

❶ 数据来源：历年交通运输行业发展统计公报。

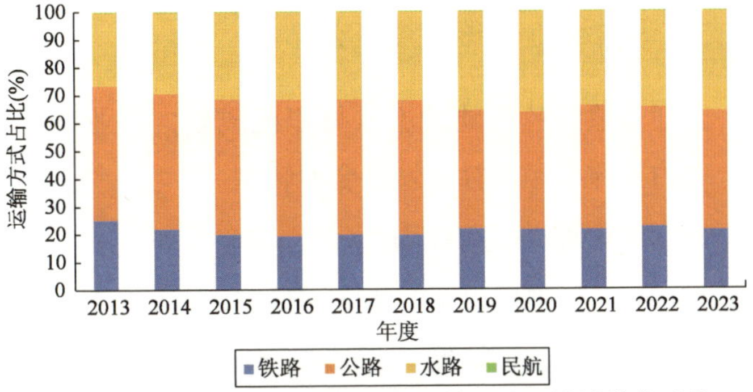

图2　2013—2023 年全国货运周转量分运输结构构成❶

3. 交通运输能源消费总量逐年增加

从国内外实践来看，交通运输领域是能源消耗和温室气体排放的主要领域之一。我国交通运输能源消费总量从 2012 年的 3.26 亿吨标准煤增长到 2022 年的 4.04 亿吨标准煤，是仅次于工业、建筑的第三大碳排放源。交通运输行业处于能源消费的末端，降低交通运输碳排放不仅在于交通运输领域本身，同时更涉及交通运输的全产业链条，包括载运工具的能源经济性和能耗强度、建筑材料的生产运输等。

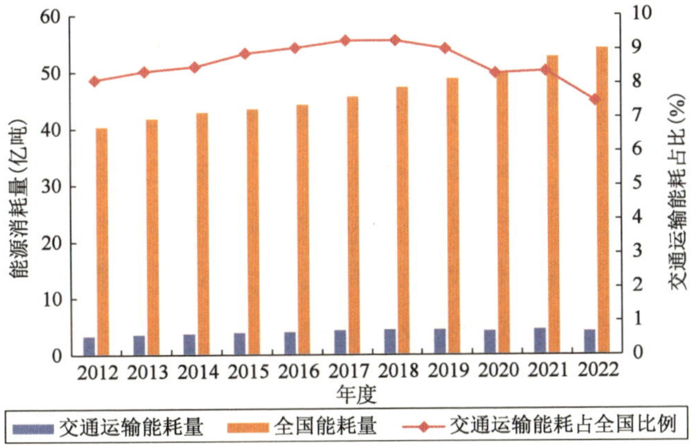

图3　2012—2022 年交通运输能耗量❷

❶ 数据来源：历年交通运输行业发展统计公报。

❷ 数据来源：历年《中国能源统计年鉴》，交通运输能耗量出自“交通运输、仓储和邮政业”的分类数据。

（二）交通运输绿色低碳发展成效

近年来，交通运输绿色低碳发展取得积极成效，行业绿色低碳发展水平不断提升，有力支撑了经济社会发展全面转型。

1. 交通运输绿色低碳发展政策体系不断完善

“碳达峰碳中和”目标提出以来，我国加强顶层政策设计，明确了交通运输绿色低碳发展的总方向、时间表、路线图、任务书以及施工图，已基本形成目标明确、分工合理、措施有力、衔接有序的绿色低碳发展政策体系。

中央层面已建立起“碳达峰碳中和 1＋N”政策体系。其中，2021 年发布的《关于完整准确全面贯彻新发展理念做好碳达峰碳中和工作的意见》和《2030 年前碳达峰行动方案》均对交通运输领域的发展目标和重点任务提出了要求。在总体方向上，要“加快形成绿色低碳运输方式，确保交通运输领域碳排放增长保持在合理区间”。在主要目标上，“到 2030 年，当年新增新能源、清洁能源动力的交通工具比例达到 40% 左右，营运交通工具换算周转量碳排放强度较 2020 年下降 9.5% 左右，国家铁路单位换算周转量综合能耗比 2020 年下降 10%。陆路交通运输石油消费力争 2030 年前达到峰值”。在建设部署上，提出了三项重点任务，“一是推动运输工具装备低碳转型，二是构建绿色高效交通运输体系，三是加快绿色交通基础设施建设”。

在国家顶层政策下，交通运输等相关部门将绿色生态理念、“碳达峰碳中和”工作目标融入交通运输总体规划、专项规划、工作方案、行动方案、实施意见、标准规范等具体政策文件中，针对交通运输低碳发展的重点、难点和关键环节等制定有关政策及推进方案。

交通运输绿色低碳转型政策体系　　表 1

重点领域	政策方向	发文部门	政策文件
运输工具装备低碳转型	车辆电动化	工业和信息化部、交通运输部、国家发展改革委、财政部、生态环境部、住房和城乡建设部、国家能源局、国家邮政局	《关于组织开展公共领域车辆全面电动化先行区试点工作的通知》
		财政部、工业和信息化部、科技部、国家发展改革委、国家能源局	《关于启动燃料电池汽车示范应用工作的通知》

续上表

重点领域	政策方向	发文部门	政策文件
运输工具装备低碳转型	车辆电动化	工业和信息化部	《关于启动新能源汽车换电模式应用试点工作的通知》
	船舶绿色发展	工业和信息化部、国家发展改革委、财政部、生态环境部、交通运输部	《关于加快内河船舶绿色智能发展的实施意见》
	港口和船舶岸电	交通运输部	《港口和船舶岸电管理办法》
		交通运输部、国家发展改革委、国家能源局、国家电网有限公司	《关于进一步推进长江经济带船舶靠港使用岸电的通知》
绿色高效运输体系构建	运输结构调整	国务院办公厅	《推进多式联运发展优化调整运输结构工作方案(2021—2025年)》
	综合货运枢纽补链强链	财政部、交通运输部	《关于支持国家综合货运枢纽补链强链的通知》
	多式联运	交通运输部、国家发展改革委	《多式联运示范工程管理办法(暂行)》
		交通运输部、自然资源部、海关总署、国家铁路局、中国国家铁路集团有限公司	《推进铁水联运高质量发展行动方案(2023—2025年)》
	城市货运配送	交通运输部、公安部、商务部	《城市绿色货运配送示范工程管理办法》
	公交都市	交通运输部	《国家公交都市建设示范工程管理办法》
	绿色出行	交通运输部、国家发展改革委	《绿色出行创建行动方案》
绿色交通基础设施建设	绿色公路	交通运输部	《关于实施绿色公路建设的指导意见》
	绿色港口	交通运输部	《绿色港口等级评价指南》《水运工程节能设计规范》
	绿色航道	交通运输部	《内河航道绿色建设技术指南》《内河航道绿色养护技术指南》
	充换电设施	交通运输部、国家能源局、国家电网有限公司、中国南方电网有限责任公司	《加快推进公路沿线充电基础设施建设行动方案》
		国家发展改革委、国家能源局、工业和信息化部、财政部、自然资源部、住房和城乡建设部、交通运输部、农业农村部、应急管理部、市场监管总局	《关于进一步提升电动汽车充电基础设施服务保障能力的实施意见》

续上表

重点领域	政策方向	发文部门	政策文件
绿色转型保障体系构建	标准体系	交通运输部	《绿色交通标准体系(2022年)》
	科技创新	交通运输部	《交通运输行业节能低碳技术推广目录(2024年度)》
			《交通运输科技示范工程管理办法》
	试点示范	交通运输部	《交通强国建设试点工作管理办法(试行)》
			《关于做好绿色低碳交通强国建设专项试点任务(第一批)有关工作的通知》
	资金政策	财政部、税务总局、工业和信息化部	《关于延续和优化新能源汽车车辆购置税减免政策的公告》
		中国银保监会、交通运输部	《关于银行业保险业支持公路交通高质量发展的意见》
	统计核算	交通运输部海事局	《船舶能耗数据和碳强度管理办法》

2. 交通基础设施绿色化建设水平显著提升

(1)积极推进绿色公路、绿色港口等绿色交通基础设施建设。将生态优先、绿色发展理念贯穿基础设施规划、设计、建设、运营和维护全过程。一是绿色公路建设持续深入推进，逐步由试点示范向常态化建设发展。结合国家和地方重点公路建设项目和交通强国建设试点，广泛推进绿色公路建设，建成京新高速公路巴里坤至木垒段、瓯江北口大桥等一批部绿色公路典型示范工程，各地积极推进绿色公路工程建设。推进公路沿线绿化美化，提升碳汇能力。高速公路、普通国省道可绿化里程绿化率不断提升，多个省份公路可绿化里程绿化率已达100%。二是积极推进绿色港口建设，港口污染防治、清洁能源利用、生态保护、资源节约循环利用及绿色集疏运组织等措施广泛应用。修订发布了《绿色港口等级评价指南》，中国港口协会等单位据此开展绿色港口评价工作，黄骅港煤码头、上海港洋山四期码头等获评全国5星级“绿色港口”。江苏省发布绿色港口地方标准，连续开展省级绿色港口评价工作。

（2）推动交通运输与能源融合发展。我国交通基础设施可再生能源利用规模快速增长，充电基础设施规模、品类均位居全球首位。一是交通基础设施清洁能源开发利用初具规模。推动各地依托交通基础设施因地制宜开发风、光等清洁能源，大力推进近零碳服务区、码头、枢纽场站等工程建设，“交通基础设施＋光伏”发展势头迅猛。目前全国依托各类交通基础设施已建风、光等清洁能源发电总装机达89万千瓦，其中公路领域76.6万千瓦，未来发展潜力巨大。二是公路充电基础设施网络不断完善。加快高速公路服务区充电桩建设，截至2023年，全国已建充电停车位的服务区6257个，占高速公路服务区总数的94%，累计建成充电桩2万余个，11个省份已实现全覆盖。北京、河北、辽宁等18个省（区、市）的高速公路充电基础设施的覆盖率超过90%。三是基本建成港口和船舶岸电设施体系，加快推动岸电常态化使用。积极推进重点区域、重点航线、重点船舶靠港使用岸电。印发《关于示范推进国际航线集装箱船舶和邮轮靠港使用岸电行动方案（2023—2025年）》，推动主要国际集装箱班轮公司、国际邮轮公司和港口企业参与示范。2023年，长江经济带岸电使用量超过1.24亿千瓦时，渤海湾岸电使用量1697万千瓦时，完成长江经济带船舶岸电受电设施改造3300余艘。

（3）强化交通基础设施集约节约利用与污染防治。一是加强交通基础设施与国土空间规划衔接，统筹集约节约利用综合运输通道线位、桥位、土地、岸线等资源。加强公路沿线土地资源保护和综合利用，全面推进废旧路面材料循环利用、弃土弃渣综合利用。截至2023年，我国高速公路、普通国省道废旧路面材料循环利用率均超过90%。持续推进长江干线航道疏浚土综合利用，2023年综合利用量约973万立方米。二是不断深化船舶水污染防治。加快推进原油成品油装船码头和油船挥发性有机物（VOCs）排放治理，在沿海和长江干线等水域设立船舶大气污染物排放控制区，船舶颗粒物、氮氧化物等排放总量持续下降。强化船舶污染物接收转运处置，长江干线船舶水污染物“零排放”基本实现，化学品船舶洗舱水基本得到有效处置。建设一批国家及地方船舶溢油应急设备库，水上溢油应急能力大幅提升。

3. 集约高效的综合运输体系初步建成

(1)深入推进综合交通运输一体化融合发展。一是推动大宗货物和中长途货物运输“公转铁”“公转水”。推进交通运输结构与产业结构、能源结构统筹协调，充分发挥水路、铁路运输比较优势和综合运输组合效率，实现多种交通运输方式协同减排。构建以铁路和水路为主的中长距离运输体系，封闭式皮带廊道和新能源车船为主的中短距离运输体系。2023 年，全国铁路、水路货运量分别比 2017 年增长 35.8% 和 40.7%。二是加快推进重点区域运输结构调整。京津冀及周边地区、晋陕蒙煤炭主产区大宗货物绿色低碳集疏运比例稳步提升，2023 年沿海主要港口煤炭、铁矿石利用绿色运输方式输运比例分别为 91.6%、78.8%。我国沿海主要港口及长江干线港口铁路进港率均超过 80%。

(2)积极推进多式联运发展。加快多式联运高质量发展，提高综合运输效率，降低全社会物流成本。开展 4 批 116 个多式联运示范工程创建。印发加快推进多式联运“一单制”“一箱制”发展的意见。推广应用标准化多式联运电子运单。2023 年港口集装箱铁水联运量完成 1018 万标准箱，与 2017 年相比年均增速超过 20%。长三角地区、粤港澳大湾区港口集装箱铁水联运量均实现大幅增长，显著高于全国平均水平。

(3)绿色低碳出行体系更加完善。深入实施公共交通优先发展战略，6 批 76 个城市获得“国家公交都市建设示范城市”称号。加快城市轨道交通发展，截至 2023 年，共有 55 座城市开通城市轨道交通线路 308 条，运营里程超过 1 万公里，13 座城市的城市轨道交通占公共交通的客运量比例超过 50%。加快京津冀、长三角等区域城际轨道交通发展，以轨道交通为主的城际客运体系初步形成，近 10 年全国铁路客运量年均增速超过 6%。持续开展绿色出行创建行动，97 个创建城市绿色出行比例达到 70%，通过绿色出行宣传月和公交出行宣传周活动，宣传推动绿色生活理念和生活方式，营造良好氛围。

4. 交通用能低碳多元发展态势明显

(1)新能源车辆加快推广应用，能源利用效率不断提升。一是以城市公交、出租汽车、城市物流配送车辆等为重点，大力推广应用新能源汽车。截至2023年，全国新能源城市公交车和新能源巡游出租车总量分别达到55.7万辆和41.7万辆，部分城市已实现公共汽电车“全面电动化”。开展城市绿色货运配送示范工程创建，77个城市绿色货运配送示范工程创建城市累计新增新能源物流配送车辆26万辆，保有量超41万辆。鼓励港口企业新增或替换港内集装箱卡车优先使用新能源、清洁能源，截至2023年，国际集装箱枢纽海港重点港口企业新能源、清洁能源集装箱卡车占比达60%。二是持续提升运输工具能源利用效率。老旧柴油货车淘汰步伐加快，京津冀及周边地区、汾渭平原累计淘汰国三及以下排放标准柴油货车110余万辆，建立健全汽车排放检测与强制维护制度。加强道路运输车辆燃料消耗量限值管理，2023年发布营运客货车达标车型公告10批。印发《汽车排放性能维护(维修)技术示范站管理办法》和建设指南，加强在用汽车节能减排。

(2)船舶绿色低碳转型创新不断。交通运输部、国家发展改革委等部门出台《关于推动电动船舶健康安全发展的通知》，提出健全电动船舶技术规范、加快标准制定等有关任务。发布醇燃料动力船舶技术规范，修订内河小型船舶等技术规范，补充电池动力等技术要求。开展电动船、液化天然气(LNG)动力船研发应用试点。设立船舶能效管理中心，开展船舶营运碳强度评级。加快淘汰老旧运输船舶，截至2023年，全国内河新建或改建LNG动力船460余艘、电动船300余艘。

(3)加快铁路绿色低碳转型。积极协调推进既有铁路电气化改造项目建设，推动铁路运输绿色低碳化发展。完善铁路大宗货物运输组织，提高机车车辆利用效率。加快铁路绿色科技创新发展，加强铁路数字化绿色化标准体系建设，开展《铁路装配式房屋建筑技术规程》《市域(郊)铁路桥梁装配化技术标准》研究。组织开展铁路优质工程奖和铁路工程建设部级工法评审，提升铁路绿色建造技术水平。

(4)积极推进航空降碳专项工作。推进绿色机场建设，在昆明机场初步设计中注重绿色机场设计理念，积极推广绿色机场新技术。加强航空能耗与排放统计制度建设。积极推进可持续航空燃料发展应用。有序推进航空碳市场建设。深入推进机场运行电动化，全国机场场内电动车占比约26%。年旅客吞吐量500万人次以上机场飞机辅助动力系统(APU)替代设施设备实现“应装尽装、应用尽用”，减少二氧化碳排放。不断提高空管运行保障效率，2023年129.2万架次航班使用临时航线，缩短飞行距离3774.5万公里。

(5)加快推进邮政快递绿色转型。研究制定邮政业碳排放测算规范。推进快递包装标准化、循环化、减量化和无害化，出台《快递循环包装箱》等国家标准，推动《快递市场管理办法》纳入标准化、循环化、减量化、无害化与绿色低碳发展等内容。组织中国邮政集团有限公司等5家寄递企业开展可循环快递包装规模化应用试点。2023年，全国电商快件不再二次包装比例达到95%，使用可循环包装的邮件快件超10亿件，回收复用纸箱超8.2亿个。推进绿色认证和检验检测体系建设，颁发164张快递包装产品绿色认证证书。

5. 绿色低碳能力建设持续加强

(1)绿色交通科技创新深入开展。一是持续优化交通运输节能低碳技术体系和绿色交通标准体系。发布四期交通运输行业节能低碳技术推广目录(2016年度、2019年度、2021年度、2024年度)，涵盖130项重点节能低碳技术。发布两批绿色交通标准体系(2016年、2022年)，2022年度收录242项绿色交通国家标准和行业标准，推动交通运输领域节能降碳等方面标准补短板、强弱项、促提升。二是开展低碳交通科技攻关与成果推广。充分发挥交通运输行业重点科技项目清单作用，2022年清单指南中部署与绿色低碳有关的政策、技术及装备研发超50项。持续开展绿色低碳领域科技示范，累计立项实施了59项科技示范工程，绿色低碳主题示范工程比例快速提高。2023年计划批复立项的8项科技示范工程中，绿色低碳主题达5项。持续发挥交通运输重大科技创新成果库作用，2022年遴选“沥青路面低碳养护决策体系构建与养护技术”等推广类成果3项、《交通运输碳达峰、碳中和知识解读》等专著6部入选成果库。三是积极打造科技创新平台。积极推进公路、水路交通环境保护技术等领域重点实验室建设，加快公路交通节能与环保技术及装备，船舶与港口节能减排、污染防治技术及装备等行业研发中心建设，组织完成综合交通运输理论交通运输行业重点实验室认定工作，为支撑基础研究和应用研究的开展提供平台支撑。

(2)绿色低碳发展推进机制逐步完善。完善绿色低碳发展评估机制。印发《公路水路行业绿色低碳发展年度评估工作办法(试行)》，推动地方交通运输部门有序开展年度评估。组织开展绿色低碳交通强国建设专项试点、公路水路典型运输和设施零碳试点。研究制定公路水路营运工具二氧化碳排放强度核算指南，推动交通运输能耗双控逐步转向碳排放双控，深入实施碳积分、碳普惠等激励机制，不断提升绿色交通基础能力建设。

(3)国际交流合作机制不断完善。一是推动全球气候治理，深度参与国际海事组织(IMO)海运温室气体减排谈判，推动IMO在中国方案基础上通过国际船舶温室气体减排战略。二是积极推进可持续航空燃料研发和应用国际合作，建设性参与国际民航组织(ICAO)和《联合国气候变化框架公约》国际航空减排谈判与磋商，为推动建立公平公正、各尽所能、互学互鉴的全球航空碳排放治理体系贡献中国智慧、中国方案。三是加强绿色交通国际交流与合作，举办第二届联合国全球可持续交通大会，利用国际海事组织、联合国亚太经济社会委员会等各类重要国际场合，大力宣传习近平生态文明思想，分享宣传中国交通运输绿色低碳发展的理念与实践经验。发挥多双边、区域合作机制作用，与欧盟、德国、丹麦、芬兰等国家和地区加强绿色交通、海运领域的交流合作。支持上海港开展国际港口间绿色航运走廊试点项目。

二、 交通运输绿色低碳发展面临的形势

（一）全面转型发展要求积极稳妥推进交通运输绿色低碳发展

全球气候变化及其不利影响直接关系着一个国家的发展。在工业化、城镇化、机动化发展的前提下，交通运输行业要完成绿色低碳发展目标，

则需要付出更多的努力。这就要求交通运输行业要以更高站位、更高标准且更强有力地推动和落实生态文明建设新目标新任务，进一步深化运输结构调整，统筹生态环境保护与污染防治攻坚并重，把减污降碳协同增效作为绿色低碳转型总抓手，通过技术创新和管理创新，推动交通用能低碳多元化发展，推进新能源、清洁能源应用，积极稳妥推进实现更低成本、更高效率、更大效益的减排降碳，构建更加系统全面的绿色低碳交通体系，努力当好中国现代化的开路先锋，为建设美丽中国提供更有力的支撑、更坚强的保障、更有益的探索。

（二）生态文明建设要求交通运输发展模式转向绿色集约

党的二十大报告提出，中国式现代化是人与自然和谐共生的现代化，这进一步明确了生态文明建设思想和绿色发展的基本路线。交通运输发展消耗大量的能源，对空气和水等产生影响，更为突出的是土地、岸线、水面、水下、空域等支撑交通运输发展的资源日益紧缺。根据《全国国土规划纲要(2016—2030年)》，京津冀、长江三角洲、珠江三角洲等地区国土开发强度接近或超出资源环境承载能力；沿海局部地区开发布局与海洋资源环境条件不相适应，围填海规模增长较快、利用粗放，可供开发的海岸线和近岸海域资源日益匮乏，涉海行业用海矛盾突出。随着《交通强国建设纲要》《国家综合立体交通网规划纲要》以及《“十四五”现代综合交通运输体系发展规划》等实施，交通用地规模将进一步提高。届时，我国交通运输发展面临的土地、岸线等资源紧缺的刚性约束将进一步强化。在这种条件制约下，既要满足经济社会发展所需的交通基础设施建设，还要全面绿色生态转型、建设美丽中国，就必须践行绿水青山就是金山银山的理念，守好生态红线，推动交通建设项目节约集约利用土地、线位、桥位、水域岸线等资源，以最小的社会资源(包括土地、能源等)占用提供基础设施和运输服务，以尽可能低的资源消耗和环境成本支撑经济社会发展，实现交通与环境间关系由互竞、互斥逐步走向互补、互适。

（三）建设交通强国要求交通运输绿色低碳转型

党的十九大提出建设交通强国的宏伟目标，绿色发展是交通强国的重要特征和内在要求。《交通强国建设纲要》提出，“到本世纪中叶，全面建成人民满意、保障有力、世界前列的交通强国。基础设施规模质量、技术装备、科技创新能力、智能化与绿色化水平位居世界前列”的总体目标，明确了“绿色发展节约集约、低碳环保”的建设任务。《国家综合立体交通网规划纲要》提出总体目标为“构建安全、便捷、高效、绿色、经济的现代化综合交通体系”，提出绿色集约方面的发展目标为“综合运输通道资源利用的集约化、综合化水平大幅提高。基本实现交通基础设施建设全过程、全周期绿色化，2035 年单位运输周转量能耗不断降低，二氧化碳排放强度比 2020 年显著下降，交通污染防治达到世界先进水平”；提出 2035 年达成的相关指标为“主要通道新增交通基础设施多方式国土空间综合利用率提高比例提高到 80%，交通基础设施绿色化建设比例达到 95%”；同时，《国家综合立体交通网规划纲要》还提出推进交通运输绿色低碳发展的具体任务。综上可见，交通运输绿色低碳发展，是建设交通强国、当好中国式现代化开路先锋的内在要求和战略任务。

三、交通运输绿色低碳转型面临的主要挑战

（一）节能低碳技术装备应用推广进程受限

货运领域的用能结构优化对交通运输绿色低碳转型具有决定性作用。目前，清洁燃料技术有待突破，重型货车、船舶等新能源、清洁能源替代技术发展路线仍不明确，在技术成熟、产能提升、配套基础设施建设等方面还存在较大不确定性，仅限于局部区域和特定场景推广应用，对于公路水路行业绿色低碳发展的支持力度有限。光伏、风力、储能等技术在港口、服务区、枢纽场站等应用推进手段、配套政策及标准规范不足，尚未形成广泛应用局面。

(二)交通运输结构尚需进一步优化

在货运领域，部分地区大宗货物中长距离公路运输占比仍然偏高，多式联运等高效组织模式发展滞后。铁路货运专线、集疏港码头、综合枢纽的建设需要大量资金投入，对中央及地方财政造成较大的压力。公路运价仍明显低于铁路运价，“倒挂”问题仍普遍存在，未来一旦取消铁路运价优惠政策，运输结构调整成效存在“反弹”风险。在客运领域，大型城市和城市群区域绿色出行比例有待进一步提升。城市公共交通系统升级维护费用较高，同时城市居民采取绿色出行意愿逐渐减少。

(三)绿色低碳发展能力建设有待提高

目前行业缺乏较为有效的碳排放统计监测手段，基础数据较为分散且数据质量有待提高，碳排放核算方法、数据来源不统一，碳排放监测工作不连续、统计监测手段单一，大数据等先进技术在统计监测工作中的作用尚未显现，难以支撑行业科学决策。过往节能减排试点示范建设经验亟须总结提升，形成相应的技术标准规范全面推广应用，节能减排工作评估宣传能力需进一步加强。

(四)绿色交通资金支持的规模和范围尚不能匹配实际需求

绿色交通工作以社会环境效益为主，资金需求量大。交通运输行业碳减排成本明显高于工业、建筑等行业。目前，交通运输部级层面仅长江经济带覆盖省份以及部公交都市、绿色货运配送示范工程等享受资金补助。社会资金方面，绿色金融支持政策落地偏少、受限较多。

四、交通运输绿色低碳转型发展路径

党的二十大报告明确提出“积极稳妥推进碳达峰碳中和”“推动能源清洁低碳高效利用，推进工业、建筑、交通等领域清洁低碳转型”。做好交通运输绿色低碳转型工作，是贯彻落实党中央国务院决策部署的迫切要求，是实现交通运输高质量发展的内在要求，是加快建设交通强国、当好中国式现代化开路先锋的战略任务。推动交通运输绿色低碳转型发展工作，需要以运载工具新能源化为核心，以构建高效综合运输体系为关键，以建设绿色交通基础设施为保障，以创新绿色低碳管理机制为补充，多种绿色低碳政策措施组合实施，全面推进交通绿色低碳转型。具体来说，包括下列4个方面。

（一）加快新能源运载工具推广

在货运车辆领域，需要探索多元化路径，以期加快新能源货车应用，新能源货车的普及速度和广度决定了我国交通实现绿色低碳发展的速度。从使用场景来看，在短距离运输领域通过“电动化 + 智能化”融合发展提高配送效率；在港区、物流园区、枢纽站等固定路线场景下，结合当地优势产业、资源禀赋等特点因地制宜推广应用纯电货车、换电重型卡车、氢燃料电池货车等多元化新能源解决方案；在中长途距离运输中推广氢燃料电池重型卡车。从推广阶段来看，短期通过积极推动氢燃料、混动货车等试点，孕育新能源货车产业；探索在物流主通道上建设电力高速公路专用道，支撑纯电动货车长距离运营。中远期推动实现全场景的新能源货车应用，推进新能源货车与自动驾驶等技术融合发展，提升运输效率。

在乘用车辆领域，未来构建“电动车 + 自动驾驶 + 共享出行”相融合的出行模式。要加强自动驾驶技术研发，推动自动驾驶基础理论研究、加快道路基础设施智能化、车路协同等关键技术及产品研发和测试验证。要提升道路基础设施智能化水平，积极发挥规划引领作用，推动感知网络、通信系统、云控平台等智能化要素与基础设施同步规划。

（二）构建高效综合运输体系

在货物运输方面，“公转铁”“公转水”等政策能够在中短期发挥较好的绿色低碳效应，推动各种交通运输方式深度融合，构建高效综合运输体系，提升综合运输效率，持续减少交通碳排放。在旅客运输方面，绿色出行是交通低碳发展的重要组成部分，具有持续减排的效果。未来需要构建“慢行交通＋公共交通＋绿色城际交通”等交通方式融合发展的绿色出行服务体系。

(1)推动基础设施硬联通，提升多式联运承载能力和衔接水平。以现代化高质量综合立体交通网规划建设为引领，加快建设以“6轴7廊8通道”主骨架为重点的综合立体交通网。挖掘既有干线铁路运能，加快铁路干线瓶颈路段扩能改造，加快发展以铁路、水路为骨干的多式联运，大力发展高速铁路快递。加快货运枢纽布局建设，完善铁路物流基地布局，加强与综合货运枢纽衔接。完善港口多式联运、物流枢纽建设，合理布局内陆无水港，健全港区、园区等集疏运体系，修建150万吨以上的物流园区等建设铁路专用道，加快推进港口集疏运公路扩能改造。

(2)服务升级软联通，创新多式联运组织模式提高服务水平。丰富多式联运服务产品，大力发展铁路快运，推动冷链、国内邮件快件等专业化联运发展，创新“外集内配”等生产生活物资公铁联运模式。培育多式联运市场主体，鼓励港口航运、铁路货运、航空寄递、货代企业及平台型企业等加快向多式联运经营人转型。推进运输服务规则衔接，深入推进多式联运“一单制”，探索应用集装箱多式联运运单，推动各类单证电子化。加大信息资源共享力度，加强铁路、公路、水路、民航等企业信息系统对接和数据共享。支持网络货运平台、综合出行信息平台规模化集约化发展，提升供需精准匹配度，减少运输空驶率、空载率。

(3)技术装备创新发展，推动多式联运装备共用货物适箱。加快全运输方式适用的集装箱标准化推广应用，推广适应内陆集装箱发展的道路自卸卡车、模块化运载工具，加快铁路快运、空铁、公铁联运标准集装箱技术装备应用，推动建立跨区域、跨运输方式的集装箱循环共用系统。加强集装箱配套装备研发，增加适箱货类，研发适合冷链、鲜活农产品等集装箱运输方案。

(4)推进城市绿色出行。建设轨道交通、快速公交系统(BRT)、慢行交通等融合发展的公共交通网络，打造城市现代公共交通系统。发展定制公交、高峰通勤班车、潮汐车道等多层次公交服务模式，构建多样化公共交通服务体系。加强乡村绿色出行，“四好农村路”建设时考虑步行和自行车交通设施，提升乡村绿色出行比例。深化交通运输与旅游融合，建设长距离慢行交通系统，增加绿色出行场景。

(5)建设轨道上的城市群、都市圈。推动干线铁路、城际铁路、市域(郊)铁路融合建设，系统优化进出城道路网络，构建运营管理和服务“一张网”，加快城市群轨道交通网络化。建设“轨道上的京津冀”“轨道上的长三角”，加快推进重大区域一体化发展，提升整体竞争力和影响力。

(三)加快绿色基础设施建设

绿色交通基础设施建设是保障低碳措施落地的关键，将绿色低碳理念贯穿于交通基础设施建设的全过程，能够显著降低全生命周期能耗和碳排放。同时，需要提高交通基础设施韧性，增加交通基础设施建设适应气候变化能力。

(1)将生态优先、绿色低碳理念贯穿交通基础设施寿命周期全过程。强化交通建设项目生态选线选址，将生态优先、绿色低碳理念贯穿交通路网、枢纽等基础设施规划、设计、建设、管理、运营和维护全过程。统筹利用综合运输通道线位、土地等资源，加大岸线、锚地等资源整合力度，尽量减少对生态敏感区的占用。大力推广节能环保材料、工艺工法在交通基础设施建设中的应用，积极推广废旧路面、沥青、疏浚土、建筑垃圾等各类废弃物资源化利用，降低交通基础设施全生命周期能耗和碳排放。

(2)推进交通基础设施网与运输服务网、信息网、能源网融合发展。在服务区、公路沿线、枢纽场站、港口码头等合理布局光伏发电设施、开发分布式发电与储能项目，通过“交通 + 能源”融合，实现基础设施建设能源自洽。推动5G、云计算、人工智能等前沿技术与交通设施、装备深度融合，提升运营效率。

(3)提高交通基础设施韧性，降低典型极端气候风险。提高路基、路面等交通基础设施抵御长期高温、雨水侵蚀等气候事件的技术标准。强化交通基础设施建设的适应气候技术要求，增加耐火、耐旱(湿)、抗极温等材料的研发应用，提高交通基础设施的适应能力。借鉴海绵城市等设计理念，化解暴雨、干旱等极端气候对交通基础设施的影响。

（四）创新绿色低碳管理机制

(1)加强绿色低碳标准制修订。锚定绿色低碳近期目标与长远发展需求，分年度分步骤分层次有序稳妥实施，扎实推进标准研制。加快公路沿线设施太阳能供电系统通用技术规范、交通运输行业碳排放量核算方法、载货汽车运行燃料消耗量、氢燃料电池公共汽车配置、近零碳交通示范区建设(交通枢纽、公路服务区、港区)等标准制修订。开展新能源船舶建设安全、高速公路服务区充换电基础设施建设运营、交通基础设施建设光伏发电及储能技术等标准研究制定。

(2)建立统一的碳排放核算体系。充分利用大数据等创新技术手段，完善绿色交通统计监测体系，提升公路水路碳排放、污染物排放等统计监测能力。对低碳运输产品和服务进行认证，如“低碳航班”“绿色物流”，通过标识化提升消费者识别度，促进市场需求向绿色低碳产品倾斜。建立数据分析中心，对收集到的海量数据进行深度分析，识别排放热点、评估政策效果、预测发展趋势，为政府决策提供科学依据。

(3)加强绿色交通宣传培训。组织开展先进技术与管理、碳达峰碳中和、污染防治、生态保护等领域的培训和交流活动，搭建交流平台，促进先进技术推广和经验交流，提升行业从业人员与企业的素质能力。结合国际会议宣传中国绿色交通发展理念和成效，推动中国绿色交通标准国际化。

第二章　交通运输分领域绿色低碳发展情况

铁路运输绿色低碳发展现状与分析

周新军*

摘　要：2023 年，铁路能耗双控取得新的成效，低碳效应进一步显现；能耗结构进一步优化，能耗设备加快升级换代，绿色技术全面提升，低碳发展管理制度进一步健全。然而，发展中也存在着一些亟待解决的问题。既有外部环境所带来的问题，也有自身发展中出现的问题，可通过结构优化和技术及管理创新等手段有效解决。

关键词：铁路运输；绿色低碳；以电代油；结构调整

2023 年，铁路行业继续把生态优先、节约集约、绿色低碳发展理念贯穿铁路规划、设计、建设、运营的各方面全过程，严格落实铁路节能环保措施，深入推进运输结构调整，加大“公转铁”力度，强化铁路绿色交通骨干作用，协同推进降碳、减污、扩绿、增长，全面提高铁路绿色发展水平。铁路部门积极投身生态文明建设，为全面建设美丽中国、加快推进人与自然和谐共生的现代化贡献铁路力量。

* 周新军，中国铁道科学研究院，研究员。

一、铁路运输绿色低碳发展现状

(一)低碳发展综合效益进一步提升

铁路行业绿色发展效果取得新成效。2023年，国家铁路单位运输工作量综合能耗为3.78吨标准煤/百万换算吨公里，比上年减少0.16吨标准煤/百万换算吨公里，下降4.1%；单位运输工作量主营综合能耗3.76吨标准煤/百万换算吨公里，比上年减少0.14吨标准煤/百万换算吨公里，下降3.6%。国家铁路化学需氧量排放量为1456吨，比上年增长2.0%；二氧化硫排放量为620吨，比上年降低52.8%。超额完成了年初制定的单位运输工作量综合能耗等计划。以务实稳妥的工作精神推进铁路运输低碳发展。

(二)铁路“以电代油”取得新进展

通过进一步提升路网质量，不断推进“以电代油”低碳发展工程。2023年，全国铁路营业里程15.9万公里，其中高速铁路达4.5万公里；全国铁路路网密度165.0公里/万平方公里，复线率60.3%，电化率75.2%。其中，国家铁路营业里程13.3万公里，复线率62.5%，电化率76.7%，复线率和电化率分别比2022年上升了0.6%和1.1%。

(三)铁路低碳节能设备不断升级

2023年，铁路移动装备的低碳结构进一步改善，电力机车比例进一步提升，车辆更新换代进程进一步加快。全国铁路机车拥有量为2.24万台，其中内燃机车0.78万台，占34.7%；电力机车1.46万台，占65.3%，比2022年上升1%。国家铁路机车拥有量为2.14万台，其中内燃机车0.73万台，占34.0%；电力机车1.41万台，占66.0%。电力机车占比进一步提升，比2022年提高了0.7%。

全国铁路客车拥有量为7.84万辆，其中动车组4427标准组、35416

辆；全国铁路货车拥有量为100.5万辆。国家铁路客车拥有量为7.58万辆，其中动车组4219标准组、33750辆；国家铁路货车拥有量为92.0万辆。

（四）铁路能耗结构进一步改善

铁路能耗结构中，电力消耗量进一步提升，低碳效应进一步彰显。2022年，国家铁路能耗结构如下图所示。在整个能源消耗中，电力占比为70.0%，燃油为20.6%，煤炭为8.8%，其他燃料为0.6%。2023年，由于铁路电气化率进一步提升，推动了电力消耗的进一步提升。由于总能耗的下降，煤炭和燃油依然保持着下降的趋势。这种现状表明，2023年国家铁路能耗结构持续优化。

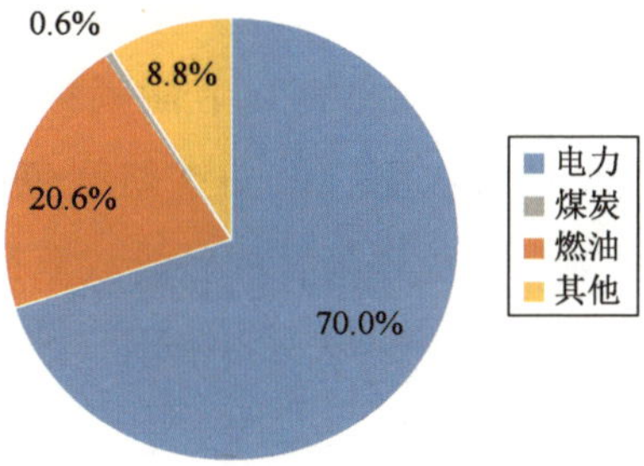

图1　2022年国家铁路能源消耗比例

（五）国家铁路推进客站绿色升级

2023年，铁路部门进一步树立客站建设新理念，把绿色低碳作为客站建设的重要指标，科学合理确定客站规模，严格按照绿色建筑相关标准进行设计和建设，加强客站节能设计审查和节能验收，严格控制体形系数和窗墙比，合理确定高大空间的高宽比。

(1)加强能源管控、光伏发电等节能、新能源技术应用，新建铁路客站等建筑屋面优先采用光伏建设一体化方式(BIPV)或预留光伏发电系统设置条件。2023年起批复的新建大型客站采用能源管控技术，并达到三星级绿色建筑标准。

(2)结合技术改造、大修计划实施既有客站绿色改造，加快推进既有大型客站绿色照明智能控制改造，并结合现有灯具使用年限有序实施站房、灯桥、灯塔、景观等照明用发光二极管（LED）光源替代。

（3）开展“零碳客站”试点示范，建设一批节能低碳型铁路客站。例如，2023年6月25日，新朔铁路海勒斯壕南站开工，巴准线海勒斯壕南牵引变电所周边完成0.38兆瓦光伏发电系统并入铁路10千伏供电系统，光伏系统经过逆变器产生的交流电直接供给贯通自闭线路，与地方电网共同承担铁路供电工作。通过光伏发电，将可再生能源发电接入牵引供电系统，同时还可储存可再生能源发电，达到再生能源与传统能源协同供电，保证电力机车运行的稳定性。

（六）铁路低碳技术不断提升

围绕能源资源利用管理、用电结构、节能减排技术措施等领域开展调研，为提升国家铁路节能降碳水平、推动铁路绿色高质量发展提供支撑。科研单位积极开展“推动能耗双控逐步转向碳排放双控”“绿色铁路体系架构及重点任务”等专项课题研究，为建设美丽中国、推动铁路绿色低碳发展提供支撑。

随着我国高速铁路的不断开通运营，动车组的检修、养护工作成为保障高速铁路运输安全的重要基础。按照中国国家铁路集团有限公司“节能降耗”的绿色发展理念，科研部门开展了“铁路站段废水资源化再生利用综合技术”“铁路站段列车集便污水高效处理技术”等系列研究，承担了部分动车段污水深度处理与资源化工程的建设及运维工作。在确保站段内污水稳定达标的前提下，进一步降低运维成本，提高站段内废水资源化率，为降低路网运营成本、节能减排，以及促进生态文明建设打下坚实基础。

在噪声技术上力争实现突破。围绕“人与自然和谐共生的现代化建设”目标，基于多年来在铁路噪声领域的研究成果，完成了噪声自动监测系统的开发和测试，实现实时监测和分析铁路沿线的噪声情况，为科学治理噪声污染提供数据支持；通过《声学轨道机车车辆发射噪声测量》（GB/T 5111）标准的修订与颁布，进一步规范铁路噪声测量方法，提高测量的准确性和一致性；推进声屏障高速检测技术的研究，研发时速400公里条件下新型声屏障，为提升高速铁路运行的环保性能提供重要支撑。

（七）铁路长途运输的优势进一步彰显，铁水联运、公转铁的力度进一步加大

铁路进一步发挥大批量长途运输的优势。2023年，中欧班列全年开行超1.75万列，较2022年增长6%；运输190万标准箱，较2022年增长18%。目前，中国—欧洲、中国—中亚方向的集装箱班列已连通亚洲11个国家的100多个城市以及欧洲25个国家的217个城市，运输货物种类超过5.5万种，涵盖汽车、汽配、电子、服装、饰品、轻纺、消费品、粮食、木材等53个类别。2023年，铁路合作组织成员国铁路总里程达29.3万公里，总货运量达53亿吨。

铁路继续加强与其他运输方式的合作，积极发挥在综合运输中的低碳运输优势，优化运输结构。2023年，全国港口集装箱铁水联运量同比增长15.9%，达到1018万标准箱；同时，“公转铁”取得良好效果。

（八）铁路绿色低碳发展举措不断完善

(1)加强宣传引导，推进养成节能环保新风尚。铁路部门围绕加快推进人与自然和谐共生的现代化，对照国家“碳达峰碳中和”相关要求和《国铁集团“十四五”节约能源和环境保护发展规划》等，组织开展形式多样的宣传教育活动，引导干部职工在工作、生活、出行等方面自觉践行绿色低碳要求。

(2)完善约束机制，发挥铁路绿色低碳运输优势。铁路部门加快完善铁路能耗和碳排放统计监测体系，推动建立减污降碳的激励约束机制，加强绿色低碳科技攻关和技术应用推广，积极开展国家铁路绿色低碳试点工作，并着力构建以铁路为骨干、与其他交通运输方式紧密衔接的快速轨道客运系统和以铁路为骨干的绿色低碳经济货运物流网络，推动大宗货物和中长途运输向铁路转移，减少交通能源和污染物排放。

(3)抓好环评水保工作，确保项目依法依规开工开通。铁路部门制订实施2023年川藏铁路环水保工作重点和监督检查计划，加强川藏铁路生态环保专项课题研究；落实生态环保要求，科学规划布局铁路线路和枢纽设施，推进铁路与其他交通方式共用通道资源；强化环保选线理念，加强设计源头管理，加大工程出渣综合利用力度；加强铁路建设项目环水保验收管理，做好昌景黄高速铁路等多条线路验收工作的前期介入和闭环管理。

(4)聚焦装备技术，细化铁路节能降耗减排举措。铁路部门根据“十四五”节能减排目标，分解落实2023年铁路指标计划；强化能源管控等新技术应用，积极推进大型客站等光伏发电系统改造；优化铁路能源结构，提高能源利用效率，加强废水废气排放达标管控。

二、 铁路运输绿色低碳发展存在的问题

2023年铁路运输绿色低碳发展在取得预期成效的同时，也存在着一些问题，这些问题既包括长期以来遗存的问题，也有发展中出现的一些新的问题和现象，主要包括以下几个方面的内容。

（一）铁路货运量在综合交通所占比例有所下降

在局部领域，铁路低碳减排的优势发挥还不太明显，对其他方式的绿色替代效应还不显著。2023年，虽然铁路客运量在综合运输客运总量中占比为41.2%，比2022年的29.9%提高了11.3%，但铁路客运周转量在综合运输客运总周转量中占比为51.5%，比2022年只提高了0.6%，提升比较缓慢；而在货运方面，2023年铁路货物发送量达到39.1亿吨，再次刷新历史纪录，但在综合运输货运总量中占比为9.0%，比2022年下降了0.67%。铁路货运周转量在综合运输货运总周转量中占比为14.71%，比2022年下降了6.56%。尤其是在部分地区，铁路货运量占比过低的问题仍未从根本上得到改善。

（二）以煤电为主的电源结构改善缓慢

受制于国家电源结构，铁路电源结构中煤电占比过高的问题没有得到局部性的改善。2023 年，新增高速铁路投产运营，带来动车组、电力机车以及铁路客站等数量的增加，导致电力消耗比 2022 年增加。从电源结构分析，这些新增的电源仍然主要是煤电、风电、太阳能等，新能源发电增加缓慢。

（三）集装箱运量在铁路货运总量中的比例增长较慢

虽然集装箱运量增长较快，但在整个铁路货运总量中所占比例增长缓慢。2023 年，铁路集装箱运量 7.91 亿吨，比上年增长 7.4%，但只占铁路总货运量的 15.7%。2023 年，全国港口集装箱铁水联运量同比增长了 15.9%，达到了 1018 万标准箱，但同发达国家相比，仍然存在着较大的差距。

（四）铁路碳排放量统计尚未形成体系

虽然铁路行业的能耗统计系统比较健全，但缺乏相应的碳排放统计系统和分析，包括碳排放的计算口径、计算报表设计、上报程序以及结果披露等环节，仍有较大的发展空间。

三、铁路运输绿色低碳发展的政策建议

（一）进一步发挥铁路低碳运输的示范效应

从国家层面争取继续沿用“公转铁”政策，推动到港和离港煤炭运输从公路进一步转向铁路；同时，发挥铁路长途、大批量运输的优势，引导公路长途货运向铁路运输转移。推动进一步发挥铁路运输骨干作用，优化调整运输结构，推进煤炭、矿石等大宗货物运输“公转铁”。同时，加快铁路专用线建设，降低建设和使用成本，完善铁路集疏运系统，大力发展铁路

集装箱运输，提高集装箱铁水联运比例。

（二）加快推进能耗双控转向碳排放双控

首先，在全路统一碳排放计算口径，加快形成铁路能耗量统计向碳排放量统计过渡。完善相关报表框架，在能耗统计的同时，增加相应的碳排放量统计。其次，在铁路节能减排相关管理规定的基础上，制定和完善碳排放考核等相关管理规定。

（三）坚持创新驱动，加大绿色低碳新技术研发应用

坚持改革创新驱动，强化铁路规划建设、运营维护全过程科技创新和制度创新，加大绿色低碳新技术、新装备、新材料、新工艺、新产品的研发应用，提高新能源、可再生能源利用率，增强铁路绿色低碳发展动力。

公路运输绿色低碳发展现状与分析

余海涛　朱立伟　李　枭　高润泽　宋禹江　赵洪雪*

摘　要：公路运输作为全球能源消耗和碳排放的重要来源之一，其绿色转型具有重要意义。本文旨在分析公路运输行业绿色低碳发展现状，探讨公路运输碳排放特点及影响因素，提出实现道路运输行业低碳发展的主要路径，并提出相应工作建议，为公路运输行业低碳发展提供借鉴和参考。

关键词：公路运输；碳排放；低碳转型

* 余海涛，交通运输部公路科学研究院，助理研究员；朱立伟，交通运输部公路科学研究院，副主任/研究员；李枭，交通运输部公路科学研究院，团队负责人/副研究员；高润泽，交通运输部公路科学研究院，副研究员；宋禹江，交通运输部公路科学研究院，助理研究员；赵洪雪，交通运输部公路科学研究院，副研究员。

作为经济发展的重要动脉，公路运输在中国的社会经济活动中扮演着至关重要的角色。与此同时，公路运输也是能源消耗和温室气体排放的主要源头之一。在全球气候变化和环境保护的大背景下，探索公路运输的绿色低碳发展道路不仅是国家战略的需要，也是行业转型升级的内在要求。

一、公路运输绿色低碳发展现状

（一）交通运输行业能源消耗基本情况

交通运输一直是我国能源消耗的重点领域，根据国家统计局数据显示，2022 年，我国交通运输行业的能源消耗量为 4.04 亿吨标准煤，占我国能源消耗总量的 7.5%。根据中国环境科学研究院统计数据显示，2017 年至 2021 年，交通运输行业燃料油消费量由 1771 万吨增加到 2302 万吨，年均上升 6.8%，2021 年约为燃料油消费总量的 42%；交通运输行业天然气消费量由 285 亿立方米增加到 366 亿立方米，年均上升 6.5%，2021 年约为天然气消费总量的 10%；交通运输行业柴油消费量由 1.2 亿吨降低至 1.1 亿吨，年均下降 2.9%，2021 年约为柴油消费总量的 74%。

（二）交通运输领域碳排放基本情况

对于我国交通运输行业的二氧化碳排放量，我国现阶段还未公布明确的官方统计数据。国内部分研究显示，我国交通运输业碳排放量整体水平位于建筑制造、电力和工业行业之后。

（三）公路运输领域碳排放基本情况

根据国内相关研究显示，在交通运输各领域中，公路运输领域碳排放占比超过 80%，其中，重型货车和乘用车排放量为占比排名靠前的两位，是公路运输碳排放的主要来源，其中重型货车的排放量最大。可以看出，重型货车是未来我国公路运输及整个交通运输领域减排的重中之重。

二、 公路运输领域绿色低碳取得成效

（一）运输结构调整初见成效

在国家推进“碳达峰碳中和”的背景下，运输结构调整对于交通运输行业低碳减排具有重要意义。“十三五”以来，国家发布各项政策大力推进能源结构转型和多式联运发展，调整优化运输结构。

在公路货运方面，2023 年，全国完成公路货运量 403.4 亿吨，占比 73.7%，全年完成公路货物周转量 73950 亿吨公里，占比 30.7%。2017—2023 年，货物总周转量由 19.3 万亿吨公里增加到 24.1 万亿吨公里，增长 24.9%；其中公路货物周转量占比由 34.6% 降低至 30.7%，“公转铁”及“公转水”产生一定效果。

在旅客运输方面，2023 年，全国完成跨区域人员流动量 612.88 亿人次。其中，公路人员流动量 565.56 亿人次，公路营业性客运量 110.12 亿人次，占比 18%。全年完成营业性旅客周转量 4740.04 亿人公里，比 2022 年增长 38.1%。2017—2019 年，旅客周转量由 3.3 万亿人公里增加到 3.5 万亿人公里；2020 年后旅客周转量明显下降，不足 2 万亿人公里，公路运输需求向铁路及民航领域明显转移。

（二）运输装备低碳化加速发展

在新能源战略推动下，我国新能源汽车产业快速发展。根据中国汽车工业协会统计数据显示，2023 年商用车产销分别完成 403.7 万辆和 403.1 万辆，其中新能源商用车产销分别占商用车的 11.5% 和 11.1%。

在运输服务领域，城市公交、出租汽车和城市物流配送领域的新能源汽车应用已趋于成熟。截至 2022 年底，累计推广应用城市公交、出租汽车、城市配送车超过 300 万辆，其中新能源公交车辆 54.26 万辆，占比达到了 77.2%。新能源巡游出租车总量将近 30 万辆，占比已达 22%。自 2022 年

起，新能源重型卡车应用步伐加快，2022 年新能源重型卡车累计销售 25152 辆，同比增长 141%；换电重型卡车在矿山、钢厂、电厂、港口等固定线路场景中不断实现商业化。燃料电池汽车以商用车为主，已进入商业化应用初期。2017—2022 年，燃料电池汽车保有量逐年上升，由 1911 辆增加到 12682 辆，年均增长 46.0%。从细分车型占比来看，燃料电池牵引车在燃料电池重型卡车中占比 67.88%，自卸车和专用车占比分别为 12.98% 和 7.95%，载货车占比达到 11.18%。2023 年，上牌照的新能源载货车（重型）中有 91.4% 为燃料电池载货车（大多为厢式运输车）。

（三）运输装备能效提升效益有所显现

现阶段，传统燃油车仍将占据公路运输装备主体地位。根据《新能源汽车产业发展规划（2021—2035 年）》，至 2025 年我国新能源汽车新车销量占汽车总销量的 20% 左右。从这个角度可以看出，仅增量部分，传统燃油车仍将是未来一段时间的新增机动车主体，在保有量方面的体现将更加明显。为有效推动行业绿色发展，2009 年起，交通运输部针对汽柴油运输装备建立了营运车辆燃料消耗量准入制度，现已进入第四阶段限值，该制度有效促进公路运输领域节能降碳。

三、 公路运输行业碳排放影响因素

公路运输行业作为交通运输领域主要的碳排放源，其碳排放特点主要体现在以下几个方面。

（1）能源消耗与碳排放的强关联性。公路运输行业的能源消耗主要集中在车辆的燃油使用上，尤其是柴油和汽油。现阶段我国公路运输车辆动力类型仍以传统汽柴油车辆为主体，化石燃料燃烧过程中释放的二氧化碳是行业碳排放的主要来源。此外，燃油的类型、质量及车辆的燃油效率都会影响碳排放量。例如，使用低硫柴油和高效发动机可以减少碳排放量，而老旧车辆由于效率低下，碳排放量相对较高。

（2）运输活动强度与碳排放量的相关性。运输活动的强度，包括车辆的行驶里程、货物的运输量和运输频率，与碳排放量成正比。随着运输需求的增加，车辆的使用频率和行驶距离增加，从而导致碳排放量的增加。此外，运输活动的分布也会影响碳排放，例如，城市内部的短途运输通常会产生更多的起停和怠速运行，增加燃油消耗和碳排放。

（3）车辆类型和使用效率对碳排放的影响。不同类型的车辆，如重型货车、轻型货车、公交车和私家车，具有不同的燃油效率和碳排放特性。其中重型货车由于载重需求，通常消耗更多的燃油，因此碳排放量也较高。而轻型车辆和私家车通过优化设计和提高燃油效率，可以减少碳排放。提高车辆的使用效率，如避免空驶、提高装载率和合理安排运输路线，也是减少碳排放的有效途径。

四、 公路运输绿色低碳转型路径

随着社会经济快速发展，工业生产和消费活动增加，导致货物和人员的流动需求上升。这种需求的增加会直接推动公路运输活动的增长，进而增加碳排放。如何在满足经济社会发展所需运力的基础上推动行业低碳转型发展，既是巨大的压力与挑战，也是推动公路运输绿色低碳转型的战略机遇。

从发展阶段上来看，在短期内，考虑到公路运输活动规模仍具有一定的刚性增长需求，行业内碳排放水平存在规模驱动刚性增长的特点。随着刚性增长速度减缓，公路运输碳排放水平进入平台期，低碳技术、低碳运输装备大规模替代，行业碳排放水平将随之下降。

从碳减排路径上看，未来一段时间，将重点从运输结构调整、加大新能源智能化汽车推广应用力度、提高营运车辆能效水平、提高公路运输组织管理水平等几方面推动公路运输领域低碳转型发展，主要分为结构性减排、技术性减排两方面。

公路运输领域碳减排主要举措及作用　　表 1

类别	主要方式	作用
结构性减排	运输结构调整	铁路和水路通常具有更高的能源效率和更低的碳排放强度，降低公路运输占比，尤其是降低公路运输领域在大宗货物运输方面的运输比例
	多式联运	整合多种运输方式，提高运输效率，降低碳排放
技术性减排	新能源汽车推广应用	提高公路运输领域电气化及氢能等新能源应用比例，降低传统化石燃料等高碳燃料消耗
	智能化车辆应用	有效提升交通效率，降低能源消耗，减少碳排放量
	加强新能源补能基础设施建设	提高新能源运输装备补能体验，降低补能成本
	提高车辆能效水平	重点针对传统化石燃料高碳排放的公路运输车辆，降低传统化石燃料运输车辆能耗水平，降低单位运输能力能耗水平，减少碳排放
	数字化技术	提高车辆运输实载率，减少碳排放
	节能驾驶	提高驾驶员驾驶水平，投入少收益大，具有较大节能降碳效果

水路运输绿色低碳发展现状与分析

李　静　周亿迎*

摘　要：水路运输在各种综合交通运输方式中具有运能大、成本低、能耗小、污染少等优势。近年来我国水路运输需求始终保持增长趋势，在保障进口粮食、能源、矿石等重点物资运输、服务国家重大战略实施和对外贸易发展方面起到了重要作用。本文在分析我国水路运输碳排放特点的基础上，以运输船舶和港口绿色低碳发展为研究对

* 李静，交通运输部水运科学研究院环保节能中心，副主任/副研究员；周亿迎，交通运输部水运科学研究院，助理研究员。

象，总结发展成效，分析面临的主要挑战，提出主要减排路径和政策建议。

关键词：水路运输；绿色低碳；成效；减排路径；政策建议

2023年7月，国际海事组织(IMO)通过了温室气体减排战略修订案，大幅度收紧了船舶温室气体减排目标，力争全球航运业在2050年前后实现净零排放。我国水路运输领域的绿色低碳工作在严格遵循IMO等国际组织设定的全球航运业减排要求的同时，一直坚持高标准严要求，取得了显著成效。面临日趋严峻的减排形势，水路运输减排工作也面临诸多挑战。

一、水路运输绿色低碳发展现状

1. 顶层设计更加完善

在交通运输行业整体绿色低碳指导性政策文件以及《关于加快内河船舶绿色智能发展的实施意见》《关于建设世界一流港口的指导意见》《关于大力推进海运业高质量发展的指导意见》等航运和港口专项领域政策文件中，水路运输绿色低碳都被为重要发展方向，减污降碳工作目标和任务逐步明确，绿色低碳工作积极推进。

2. 运输船舶大型化进展显著

随着国家船型标准化政策的引导以及水运基础设施的不断改善，2023年我国内河运输船舶平均净载重量达到1543吨，较2013年增长140%；沿海运输船舶平均净载重量达到9176.1吨，较2013年增长48%。运输船舶的大型化显著提升了单船一次性运载能力，降低了单位货物周转量能耗，规模经济和社会效益充分体现。

3. 运输船舶能效水平不断提升

国际航行船舶通过实施船舶能效设计指数、船舶能效管理计划及降速航行等技术与营运措施，严格执行IMO对于国际航行船舶能效水平和减排措施的要求。国内航行船舶通过提高船舶单位功率载货量、优化船舶运输组织管理、提高运输船舶实载率以及减少船舶空驶和待港时间等措施，运输效率和能效水平不断提升。

4. 新能源清洁能源动力运输船舶得到探索应用

国内航行船舶探索应用了液化天然气（LNG）、电力、甲醇、氢等多种能源，采用了包括气体燃料发动机、锂电池、燃料电池以及多种混合动力与集成技术。截至2023年底，我国LNG动力船舶应用已初具规模，已建及在建LNG动力船舶570余艘，船舶基本覆盖内河、沿海、远洋等主要通航水域。锂电池动力船舶处在快速发展期，全国已建及在建电动船舶共503艘，主要应用于旅游观光等客运场景，电动货运船舶也开展试点应用。2023年10月，世界首制江海直达大型纯电池动力集装箱船舶“中远海运绿水01”轮开展航行试验。氢、甲醇动力船舶的研究和试点工作局部展开，国内首艘氢燃料电池动力船“三峡氢舟一号”首航，中国远洋海运集团有限公司订造了12艘2.4万标准箱甲醇双燃料集装箱船。

5. 靠港船舶岸电设施建设和使用取得明显进展

2023年，全国主要港口五类重点专业化泊位岸电设施覆盖率超过75%，内河港口专业化泊位基本实现岸电全覆盖，超额完成港口岸电布局任务。2023年，长江水系累计完成运输船舶受电设施改造1.5万艘，建成运行全线统一的长江干线港口和船舶岸电监管与服务信息系统；长江经济带11省（市）船舶岸电使用量1.2亿千瓦时，提前2年实现“十四五”用电量超1亿千瓦时目标。

6. 港口用能装备电气化水平不断提升

依托集装箱码头轮胎式龙门起重机“油改电”，通用散货码头水平运输流程化改造，集装箱拖挂车、空箱堆高机、叉车等流动机械采用蓄电池动力，混动及纯电动铁路机车应用等措施，港口化石燃料消费比例不断降低。纯电动和电油混动拖轮在港口开启试点应用，连云港港自主建造的4000马力国内首艘纯电动拖轮“云港电拖一号”和5400马力全球功率及电池容量最大的“云港电拖二号”在2021年及2023年相继投用。

7. 港口能源供给与利用朝多元化方向发展

港口供给侧，通过充分利用办公楼顶、仓库顶棚、设备顶部、绿化带及景观湖等空间，港口光伏发电规模逐步增加、应用场景不断丰富；风力发电技术应用在港口逐步展开，江阴港建设了7座2.4兆瓦分布式风力发电设施，可满足港区50%左右的用电需求。港口需求侧，氢能设备在多个港口开展试点应用，并逐步实现规模化发展。山东青岛港于2019年在全国率先引进3台氢燃料电池集装箱卡车进行试点运行，并自主研发完成6台氢动力自动化轨道式起重机改造，2022年建成国内首座全资质港口加氢站；2023年，浙江海港集团嘉兴港区氢燃料集装箱卡车应用规模达到50台。

二、 面临的主要挑战

（1）水路运输需求仍将持续增长，碳排放总量仍将保持增长态势。提高水运在综合运输中的承运比重，是交通运输行业实现绿色低碳发展的重要措施。“十四五”前三年，全国水路货运量由82.4亿吨增长到93.7亿吨，年均增长率为6.6%，占全社会货物运输总量的比例由15.8%增长到17.1%。当前和今后一段时期，我国水运发展仍将处于重要战略机遇期，水路运输碳排放总量总体仍呈现增长趋势。

（2）船舶低碳零碳技术尚未成熟，碳减排成本较高。未来船舶大幅度降碳将重点通过采用LNG、氢燃料电池、氢燃料、氨燃料、甲醇燃料、锂电池等低碳零碳能源以及光伏发电、风力助航等辅助措施，这些低碳零碳能源的应用将大幅度增加船舶建造和营运成本。

（3）港口深度脱碳潜力较大，部分关键技术推广存在技术或政策瓶颈。面向零碳港口建设愿景和深度脱碳需求，部分技术受研发、成本、政策审批及配套设施制约等因素影响，仍不具备大规模推广条件。港口老旧和高耗能装卸运输设备更新进展较慢，氢动力装卸设备技术仍不成熟，电动、LNG、氢能港作拖轮仍处于试点应用阶段。

三、 水路运输绿色低碳发展的路径

（一）运输船舶节能降碳发展路径

1. 提升新增营运船舶能效水平

结合《交通运输大规模设备更新行动方案》等政策文件精神，大规模开展老旧船淘汰拆解建新。新建营运船舶强制实施能耗和碳排放准入制度，修订有关行业标准，降低运输船舶燃料消耗限值和二氧化碳排放限值。

2. 加大船舶清洁化应用力度

推动短途区间航行轮渡、中小型客船和游艇、游船、帆船等滨海和内河旅游航线试点应用纯电动客船或油电混合动力船舶。鼓励有条件的航运企业在短途货运航线优先选用蓄电池动力或 LNG 动力，开展中小型短途货运船舶电动化试点示范应用。开展氢燃料、氢燃料电池、甲醇、氨燃料等零碳低碳能源船舶研发和应用。

3. 提升靠港船舶使用岸电比例

深入推进内河船舶受电设施改造，协同推进长江干线码头岸电设施建设和改造升级，实现 600 总吨以上运输船舶靠港岸电使用率达到 100%。逐步推进海船集装箱船、客滚船、邮轮、3 千吨级以上客船和 5 万吨级以上干散货船受电设施改造。

4. 提升货船平均载重吨及其利用率

推进运输船队向大型化、专业化发展，提高船舶平均载重吨位，发展规模化运输，鼓励发展江海直达船型、江海河联运运输船等专业化运输船队。推广应用基于大数据的货运信息平台等物流新技术，减少船舶空驶率，优化航线和减少靠港待泊时间，提高单位载重吨运力完成的货物周转量。

5. 做好低碳基础设施岸基协同

加快推进长江沿线、长三角、珠三角等区域水上服务区船舶充换电设施建设，率先推进客船密集区配套建设充换电设施。优化完善 LNG 水上加注站布局方案。依托国家氢能源利用示范区，试点布局建设水上加氢站网络。

（二）港口节能降碳发展路径

1. 推动港口装卸机械和港作车船电动化

结合《推动大规模设备更新和消费品以旧换新行动方案》文件要求，大规模开展老旧高耗能燃油设备淘汰更新。推动港口新增集装箱拖挂车、空箱堆高机、自卸汽车、单斗装载机等优先采用纯电动力，探索应用氢燃料电池动力等。

2. 推动港口能源资源利用高效化

积极推动港口变压器、泵、电机、空调等采用节能型设备，广泛应用永磁电机、能量回馈、变频等节能技术；加快建设港口智慧能源管控系统，提高能源管理精细化、智能化程度。提高岸线资源的集约节约利用程度。依托智慧港口建设，提高生产调度水平。

3. 推动港口能源供给侧零碳化

因地制宜发展风能、太阳能和潮汐能发电，构建港口“分布式光伏/风电/潮汐电站＋储能＋微电网”的自洽能源系统，推动构建以新能源为主体的清洁低碳新型电力系统，提升港口零碳电力自给率。

四、 水路运输绿色低碳发展的政策建议

1. 充分发挥政府的引导与监督作用

继续完善水运节能降碳行动顶层设计，按照远近结合和精准施治的原则，明确技术路径和政策措施。加强重点港口与航运企业碳减排考核，建立减排

工作报告制度与评估机制。争取更多的财政资金和税收优惠支持高排放船舶退出市场、老旧高耗能燃油设备淘汰更新以及港口船舶低碳技术应用。

2. 充分发挥市场机制激励作用

改善国内港航发展环境，营造绿色低碳发展理念和文化，提升企业自主创新能力和绿色低碳发展的内生动力。紧跟国家碳排放交易政策，积极推动港口与航运企业纳入国家和地方碳交易体系。支持企业开展市场化、多元化的节能降碳投融资，鼓励碳金融等新型业务发展。

3. 完善技术标准与方法体系

研究制定统一规范的港口碳排放核算体系，明确方法与口径，支撑开展港口碳排放水平评估。开展港口与航运行业碳排放配额分配、用能权指标分配等前期研究，为参与碳交易和用能权交易做好准备。鼓励各地根据自身条件制定港口与运输船舶能耗与碳排放限额、设备能效等地方性标准，适当提高要求。

4. 强化试点示范项目引领作用

加强交通强国建设试点、绿色低碳交通强国建设专项试点、公路水路典型运输和设施零碳试点等示范试点项目实施过程评估，严格提高成果要求，广泛开展各类试点项目建设经验交流与推广。鼓励地方组织开展近零碳港口、零碳水上服务区和绿色航运走廊等试点示范工作。

航空运输绿色低碳发展现状与分析

吕继兴　杨晓军*

摘　要：本文对中国民航绿色发展的现状、路径及政策建议进行了综述。现状包括绿色治理体系的完善、低碳发展举措的落实、民航污染

* 吕继兴，中国民航大学科技创新研究院，讲师；杨晓军，中国民航大学科技创新研究院，教授。

防治的全面推动以及民航绿色科技创新的稳步推进。路径及政策建议部分聚焦可持续航空燃料的规模化应用与机场污染防控，提出了建立统筹协同机制、健全供给侧激励措施、加快认证标准及方法研究、持续推进机场新能源车辆应用和加强政策监管体系建设等策略。

关键词：民航绿色发展；可持续航空燃料；节能低碳

民航绿色发展实现航空运输全生命周期、全过程能源、资源的节约，使航空运输运行效率不断提升；通过采用减量化、替代化、高效化和市场化的手段和措施，提高资源和能源利用效率，减少温室气体和污染物排放，减少航空活动对气候变化、空气质量和生态环境的影响。

一、 航空运输绿色低碳发展现状

（一）绿色治理体系不断完善

1. 民航绿色发展组织建设持续加强

2023 年 3 月，民航局党组结合民航高质量发展新形势新要求，将原民航节能减排工作领导小组优化调整为民航碳达峰碳中和工作领导小组，并结合当前及未来一个时期工作需要，设立可持续航空燃料、航空碳市场、效率运行、国际应对等专项工作组，统筹推进民航绿色转型各项工作。

2. 民航绿色发展政策体系不断健全

自“碳达峰碳中和”目标确定以来，民航局积极参与国家“碳达峰碳中和 1 + N”政策体系建设，与国家发展改革委、交通运输部、工业和信息化部、生态环境部等部门印发实施相关政策文件，落实生态文明建设战略部署。

3. 民航绿色发展领域标准建设加快推进

民航局组织开展《航空替代燃料可持续性要求》等行业标准规范制修订

工作，同时支持行业协会研究编制《民用机场碳排放核算技术指南》等团体标准。

4. 参与全球民航治理能力稳步提升

圆满完成国际民航组织（ICAO）第41届大会等谈判任务，积极参与国际民航组织航空环保委技术磋商、联合国气候变化框架公约缔约方大会航空减排议题磋商，大力倡导公正合理、各尽所能、合作共赢的国际航空减排新路径，有力维护我国民航发展权益。

2019年起，中国航空运输协会根据民航局要求，负责民用航空飞行活动二氧化碳排放监测、报告和核查（MRV）管理工作，初步形成了稳定的管理模式，积累了良好的数据基础，为相关政策制定和实施保障提供有力支持。

2022年起，经民航局批准，中国民用机场协会组织实施“双碳机场”评价工作，该项工作针对运输机场碳排放管理进行评价，从制度、行动、绩效3个维度对机场进行星级评价。“双碳机场”评价的广泛开展，有效引导我国机场推进减污、降碳、扩绿，持续提升碳排放综合管理能力。

（二）持续落实低碳发展举措

2023年，中国民航吨公里油耗为0.292千克，较2005年（行业节能减排目标基年）下降14.3%。围绕节能降碳，行业直面挑战与困难，坚持不懈开展各项工作，实现节能降碳、降本增效。

1. 提升飞机燃油效率

截至2023年底，中国民航在册商业运输飞机4270余架。从机型看，窄体机占比近九成；从制造商看，空客制造飞机占比超五成，波音制造飞机占比超四成。其中，空客公司主要为A320系列机型，波音公司主要为B737系列机型。对于上述飞机，主要可通过以下方法提升飞机燃效率。

（1）发动机改造。我国飞机发动机主要生产厂商为赛峰集团及国际航空发动机公司（IAE），其中赛峰CFM56-5B/7B系列发动机占比过半。航空公司根据发动机制造厂商供应措施与自身发动机型号进行改装数量占比超过七成，发动机改造比例较高。

(2)加装翼尖小翼。翼尖小翼通常用于提高固定翼航空器机翼的效率，也可用来改善航空器的操纵特性。我国航空公司积极在飞机引进环节选装，同时在既有飞机上加装。安装小翼整体比例过半，其中B737-700/800机型安装比例在九成左右。

(3)飞机减重。降低飞机空重的措施主要有选择电子飞行包、选用轻型材质餐车/座椅及集装设备等。我国航空公司已经积极开展相关工作并逐步固化制度，在选型阶段即选择轻质座椅，同时大批次更换餐车及集装设备，减轻飞机重量。

(4)管理节油。管理节油已成为我国航空公司日常运营管理的重要组成部分，通过持续推广及优化航班放行、飞机性能监控管理、航路优选等一系列措施，有效节约燃油消耗。实施单发滑行、优化放襟翼和起落架，也可节省燃油消耗。

2. 推进可持续航空燃料应用

同公路、铁路和水路等其他交通运输方式相比，民航脱碳难度极大，加快发展可持续航空燃料已经成为21世纪中叶前民航实现绿色转型的基本共识。因此，民航局加快推进可持续航空燃料研发应用，支持指导炼化企业开展可持续航空燃料适航审定。同时鼓励航空公司在重大活动保障、新飞机引进以及商业飞行时加注国产可持续航空燃料。

3. 市场机制建设

有序推进航空碳市场建设，民航局配合生态环境部、司法部研究制定《碳排放权交易管理暂行条例》，为有序推进航空碳市场建设提供坚实的制度保障。

4. 提升空管运行效率

(1)空管运行效率不断提升，临时航线划设与使用机制不断优化。自2016年以来，共计近三百万架次航班使用临时航路，减少二氧化碳排放近两百万吨；稳步推进“10＋3”空中大通道建设，京广、沪蓉等7条大通道相继贯通，有效提升航班运行效率。

(2)推广应用空管技术。一是连续爬升和下降运行(CCO/CDO)应用推广。CCO/CDO是指在飞机起飞爬升和下降着陆时尽可能地采取最佳的速度、最合适的飞机姿态等连续爬升或者连续下降的方法来获得或者降低高度。二是点融合系统(PMS)技术实施。应用PMS可减少进场阶段陆空通话量，对不同方向进场交通流进行精确融合和间隔管理，从而有效提高终端区运行效率，对繁忙终端区运行提质增效具有良好效果。

5. 机场低碳措施

在既有技术水平下，机场碳排放来源为能源消费，而能源消费主要为保障航空运输活动的正常、顺利开展，与航站楼、旅客吞吐量密切相关。其中固定设施(以航站楼为主，用能类型主要为电力、天然气、外购热力等)排放占比绝大比例，移动源设施用能(车辆、特种设备等消费汽柴油)排放占比相对有限。

机场积极使用绿色建材和绿色施工工艺，加强装配式建筑技术应用，加大建筑材料循环利用。大力推进机场智慧能源管理系统建设，提高能源使用与监控效率，加强资源节约利用。采用先进光伏、储能等新技术建设机场区域智能微电网，提高电力柔性负荷，稳步提升机场清洁能源自给、存储和消纳能力。2023年，机场能源清洁化保持较高水平，电力、天然气、外购热力占比达到89.0%，太阳能、地热能等清洁能源占比约1.0%。

（三）全面推动民航污染防治

深入推进机场运行电动化。截至2023年，机场场内电动车辆设备1.28万台，充电设施接近六千个，电动车辆占比超过四分之一，设备国产化率超过90%。民航局持续加强机场电动设备安全高效运行监管，实现场内电动车辆不安全事件零报告。全国年旅客吞吐量超过500万人次以上机场飞机辅助动力装置(APU)替代设备实现“应装尽装、应用尽用”。

扎实推进民航塑料污染治理，民航各地区管理局已建立月度工作检查机制，机场航站楼和国内航班基本停止提供一次性不可降解塑料餐具、包装袋等制品，机场航空垃圾精细化管理工作稳步推进。会同生态环境部、自然资源部、市场监管总局等部门加快编制机场周围区域噪声防控行动方案。

自2018年民航启动打赢蓝天保卫战以来，实施项目累计162个，总投资额近40亿元，累计节省航油近164万吨。

（四）稳步推进民航绿色科技创新

积极推进可持续航空燃料中心(民航科教创新示范园区)、未来能源与动力可持续发展研究部(民航科技创新基地)、可持续航空能源技术研究平台等项目建设前期工作。中国民航大学获批“民航绿色发展关键技术与装备研发实验平台”项目，开展机场噪声污染监测系统研发取得积极成效。

民航局组织实施“可持续航空燃料安全性认证技术”“航空煤油燃烧特性和适航审定理论方法研究”“国际航线碳减排策略研究与验证”“飞机尾气对机场区域大气环境影响与减排研究”等国家级研究项目。推动科研组织模式创新，组织行业院校、企业、协会等单位建立可持续航空燃料研发、航空碳市场建设、空管新技术应用等专家工作团队，政产学研用联合攻关机制加快建设。

绿色民航教育培训体系建设更加系统，民航局党校在民航各类管理干部培训中增加绿色民航专题课程；民航院校在本科、研究生培养计划和课程大纲中增加绿色民航相关内容；中国航协、中国机场协会等行业协会聚焦民航碳排放MRV、机场碳排放评价、机场运行电动化等绿色民航重点工作，组织开发专题培训课程，已培训近2000人次。

二、 航空运输绿色低碳发展路径及政策建议

（一）可持续航空燃料规模化应用

(1)建立高效的统筹协同机制。提高可持续航空燃料应用经济性是全产

业链条协同的系统目标之一，其中原料供给、炼制、技术创新占比巨大，同时行业主管部门及行业影响有限。建议建立可持续航空燃料统筹协同机制，协调可持续航空燃料产业发展工作。

(2)健全创新供给侧激励措施。借鉴我国既有生物燃料的经验，采用政策支持与商业驱动相结合的方式扩大可持续航空燃料的市场。建设全产业链单位组成的可持续航空燃料产业发展联盟。综合区域资源禀赋、航空运输需求等因素，做好顶层设计，在重点城市/区域建设可持续航空燃料产业基地，充分利用财税工具，发挥产业联盟协同优势，稳步扩大规模效应，持续降低生产成本。

(3)加快认证标准及方法研究。通过对航空发动机系统安全的研究，掌握发动机对燃料的安全要求，结合将可持续航空燃料作为航空发动机特殊部件的创新理念，构建未来可持续航空燃料安全性认证体系及认证方法。同时应当尽快确定可持续航空燃料全产业链认证计划，明确可持续认证工作流程及相关管理要求，设立专门的审查机构，依据可持续性认证指南对可持续航空燃料进行审查。实现国内外碳减排市场措施机制政策与可持续航空燃料应用协同。可持续性标准实现国际互认，促进我国生产的可持续航空燃料进入国际市场。

（二）机场污染防控

(1)持续推进机场场内新能源车辆和飞机辅助动力装置替代设备安全高效应用，鼓励行业单位开展场内老旧、低效设备淘汰，支持相关配套基础设施建设，推动完善相关标准，不断提升设备设施使用效率。

(2)加强政策监管体系建设。构建机场噪声指标体系，开展噪声专项监管行动，明确机场噪声监测、报告和核查准则，促进全国机场噪声一体化监管，推动行业噪声执法体系建设。积极推进民航行业与相关产业融合发展。加强航空器噪声事件监测。开展机场噪声监测体系和基础能力建设，提升航空器噪声事件溯源能力，深入开展机场周边飞机噪声影响评估。

(3)加强《民航行业塑料污染治理工作计划(2021—2025年)》工作落实，

鼓励行业协会、大型企业开展工作成效评估，有序推动国际航班、航空货运塑料污染防控，鼓励实施塑料替代。

邮政快递业绿色低碳发展现状与分析

朱　丽*

摘　要：邮政快递业是综合交通运输的重要组成部分，是生态文明建设的重要领域。近年来，邮政快递业绿色发展相关法规标准政策和实践取得积极成效，对促进形成绿色生产方式和用邮方式起到重要作用。对标"碳达峰碳中和"目标决策部署，要进一步加快建设低碳高效寄递运输体系、推进寄递基础设施绿色建设运营、促进快递包装绿色转型、夯实绿色低碳发展基础，提升绿色低碳发展水平，为奋力谱写交通强国邮政篇奠定坚实基础。

关键词：邮政快递业；绿色低碳；快递包装

邮政快递业是国家重要的社会公用事业，邮政快递基础设施是国家重要的战略资源。邮政快递业具有保护通信自由、服务生产消费、畅通经济循环的基础性、战略性、先导性作用，是生态文明建设的重要领域，亟须形成绿色生产方式和用邮方式。

一、邮政快递业绿色低碳发展现状

近年来，我国邮政快递业发展迅猛，从2015年到2023年，快递业务量增长了5.4倍。截至2023年底，全行业各类营业网点共43.4万处，其中快递服务营业网点23.1万处；国内快递专用货机161架，汽车36.8万辆，其

* 朱丽，国家邮政局发展研究中心产业经济研究部(环境保护中心)，副主任。

中快递服务汽车 26.5 万辆。服务网络覆盖城乡，联系千家万户，连接千城百业，培育了世界上最具活力的寄递市场。

图 1　我国 2015—2023 年快递业务量

（一）寄递运输绿色低碳水平不断提升

加快应用现代综合运输方式，逐步拓展高速铁路运输邮件快件规模，大幅提升干线甩挂运输比例。“交快”“邮快”“快快”等合作深化，共同配送、客货邮融合等新模式不断涌现，组织方式更加集约优化，既提升了效率又降低了能耗。同时，积极推广应用新能源和清洁能源车辆。截至 2023 年底，寄递企业新能源和清洁能源车辆保有量达 6 万辆，同时百万辆级别的末端快递投递车辆基本实现电气化。

（二）基础设施集约化绿色化趋势明显

深度对接综合交通运输体系，投入运营一批枢纽型邮件快件分拨中心，数百个县级快件分拨中心实现快件共同分拣、运输、投递。邮政快递末端服务体系不断完善，快递末端公共服务站超 16 万个，投入运营智能快件箱超 35 万组。试点示范带动快递场所绿色化、智能化进程加快。2020 年，北京、河北等十省（区、市）部署开展绿色网点和绿色分拨中心建设试点，打造了一批示范网点和分拨中心。中国邮政、顺丰、京东、韵达、圆通、中通、极兔、美国联合包裹运送服务公司（UPS）、敦豪航空货运公司（DHL）等企业在多地分拨中心铺设并使用光伏发电，年发电量超1亿千瓦时。

（三）快递包装绿色治理成效明显

围绕“快递包装标准化、循环化、减量化、无害化”要求，深入推进快递过度包装和塑料污染专项治理。目前，电子运单、瘦身胶带、循环中转袋等广泛应用，包装操作规范化水平持续提升，快递过度包装得到一定遏制，不可降解塑料包装袋、一次性塑料编织袋用量持续减少。截至2023年底，全国电商快件不再二次包装比例超过95%，169家企业202个产品获得快递包装绿色产品认证，使用可循环包装邮件快件超10亿件，回收复用质量完好瓦楞纸箱超8.2亿个，平均每件快递的包装废弃物数量明显下降。

（四）科技赋能绿色发展场景广泛

大数据、物联网、云计算、机器人等技术越来越广泛应用于快递分拣、运输、末端配送等业务场景，赋能行业绿色高质量发展。如运用大数据和智能算法推荐最优包装方案，单个订单包材减量近20%。分拣设备使用节能控制系统，用电节省20%以上，运用智能管理平台优化运输线路，提高车辆装载率，中转环节成本和能耗明显下降。顺丰、京东、菜鸟等多家企业基于大数据和人工智能(AI)精准预测，推进库存前置、智能分仓、科学配载，处理能力和整体效能大幅提升。

（五）行业绿色管理水平成效显著

邮政快递业绿色低碳发展法规政策和管理体系逐步健全。2019年，国家邮政局设立环境保护处，系统推进行业生态环保工作，联合有关部门出台了多项快递包装相关法规标准政策文件。包括《固体废物污染环境防治法》《邮件快件包装管理办法》等，从包装选用、操作等多方面明确了寄递企业法律责任。针对快递包装产品、操作规范和绿色产品评价等出台国家标准7项、行业标准11项。先后推动出台《国家邮政局联合国家发改委等九部委印发〈关于协同推进快递业绿色包装工作的指导意见〉》《国办转发国家邮政局等8部门联合制定的〈关于加快推进快递包装绿色转型的意见〉》等。自2019年以来，国家邮政局每年印发行业生态环保工作要点，聚焦塑料污染、过度包装、包装废弃后回收利用率低等社会反映的快递包装突出问题，接续实施“9571”“9792”“2582”“9917”“9218”等年度重点工程任务，并列为邮政快递业更贴近民生实事。开展行业年度生态环保工作评价，引导督促监管责任和企业主体责任落实。开展重金属和特定物质超标包装专项治理，快递包装执法检查力度加大。邮政业环境污染地方属地责任有效落实，多地针对邮政业污染治理给予政策资金支持。

二、 邮政快递业绿色低碳发展形势和挑战

（一）新形势和新要求

1. 满足人民群众绿色用邮新期待

2023年，我国人均使用快递量超过90件，邮政快递业满足了国内外广大商家和亿万群众新需求，是使用最广、频次最高的服务类型之一。快递包装绿色治理是人民群众密切关注的“关键小事”。将以人民群众是否满意作为检验绿色低碳发展工作成效的唯一标准，厘清快递包装治理责任，健全压力传导机制，推动全链条治理，着力解决好人民群众反映的过度包装等突出问题。

2. 锚定交通强国邮政篇建设目标

推进绿色低碳发展是加快建设交通强国邮政篇的重要目标。将绿色发展理念贯穿于生产、经营、管理全过程，坚持减污降碳协同增效，切实转变发展方式，从根本上改变大量生产、大量消耗、大量废弃的运行模式，在设施设备、运载工具、科技创新、作业模式、质量提升等方面实现生产运营方式的全方位绿色变革。

3. 把握科技和产业变革新机遇

科技应用和模式创新在促进企业降本增效、绿色发展方面的作用越加

明显。新质生产力本身就是绿色生产力，随着新一轮科技革命和绿色产业发展，加大对先进低碳技术和装备的研发推广应用力度，创新科技应用场景，推进人工智能在路由规划和网络调度、包装操作、装车装机应用，促进快递物流组织方式变革，提升可持续发展能力。

（二）问题和挑战

从发展阶段、发展模式、消费习惯等多维度看，我国邮政快递业绿色发展基础相对薄弱，绿色低碳发展还面临结构性和趋势性难题，快递包装全链条治理仍待深化。

1. 绿色低碳发展任务艰巨

行业运输结构和组织方式有待优化，公路运输占比 90%，高铁快运、多式联运等占比不高，干线运输推广应用新能源车辆难度大。快递场所绿色低碳发展仍处于起步阶段，自动化设备和节能低碳技术应用不够。统筹发展安全绿色任务艰巨，绿色低碳治理基础能力薄弱。

2. 快递包装协同治理待深化

快递包装涉及十多亿消费者、数千万电商卖家、数百万快递员、数千家包装企业，目前还存在部门协同发力不够、产业链协作有待深化、循环化水平不高的问题，尤其是电商件占比高、类别多，治理难度较大，需要形成全链条治理合力。

3. 企业主体责任有待加强

企业绿色低碳发展投入不足，内控机制有待健全，绿色低碳创新举措的内生动力多基于成本控制和效率提升。头部企业总部虽然明确了减碳目标或计划，但工作力度不足，缺乏绿色低碳发展整体部署和系统推进。

三、 邮政快递业绿色低碳发展对策建议

要实现邮政快递业绿色低碳发展，应通过打好法治、市场、科技、政

策"组合拳"，不断提升行业绿色低碳发展水平。

（一）加快建设低碳高效寄递运输体系

优化寄递运输组织模式，构建低碳高效运输体系。推广节能低碳交通工具装备，加快淘汰高能耗、高排放老旧运输设备，推动新能源和清洁能源车辆应用。邮件快件航空运输积极推广应用可持续航空燃料。推广邮件快件干线甩挂运输，推进智慧寄递运输模式，通过优化调度、科学配载、优化线路有效减少运输盘驳过程能耗。创新末端投递方式，鼓励共同配送、集中配送、分时配送等集约高效运输组织模式。

（二）推进寄递基础设施绿色建设运营

强化设施布局规划引领，充分依托航空、铁路、公路、水运等综合交通设施，统筹推进枢纽节点、骨干网络、运输体系、末端设施布局和建设。引导企业加强仓储、分拣、配送等基础设施合作共享。推进城市公共末端收投服务和智能终端服务体系建设。推进基础设施绿色化改造，有序在快递分拨仓储中心铺设光伏和充电设施，打造一批达到国际先进水平的节能低碳快递(物流)园区。

（三）提升邮件快件包装"四化"水平

持续推进包装标准化、循环化、减量化、无害化。严守底线红线，强化企业总部统一管理责任，加强包装采购使用管理，优先采购绿色认证包装产品。强化过度包装治理，鼓励寄递企业加强上下游协同，设计并应用满足快递物流配送需求的电商商品包装，推广电商快件原装直发。在同城、生鲜、仓配等业务领域优先推广使用可循环、易回收的包装箱(盒)。依托仓配一体服务模式，在电商快递产业园区探索电商和快递企业在包装操作规范、循环利用包装等方面协同的绿色包装解决方案。探索电商、快递企业与包装生产企业、消费者、回收企业多方协作的包装回收再利用体系。健全协同共治体系，聚焦电商、快递上下游业务衔接与流程协同，加强包装相关标准有效衔接，制订针对性的治理措施。

（四）发展新质生产力赋能绿色转型

加大技术和模式创新，推动低碳技术与行业发展深度融合，创新科技应用场景，推进智能寄递建设。推行简约化、复用化、精细化和智能化包装设计技术，构建科技含量高、资源能耗低、环境污染少的运输组织方式。鼓励各相关科研机构、企业等整合科研力量，推进绿色智能科技攻关。推进无人机、无人车在行业多场景应用。

（五）加强寄递绿色低碳发展政策保障

加大对应用节能环保、新能源、低碳交通运输设备和组织方式等支持力度，引导绿色社会资本投入，鼓励金融机构为符合条件的寄递企业绿色低碳项目提供支持。建立健全行业绿色低碳产品检测、评估、认证体系，构建涵盖绿色投入、绿色管理等全流程的行业绿色低碳评价制度。建立健全行业碳排放总量和强度“双控”制度，制定行业、企业碳排放核查核算报告标准。完善行业碳排放统计核算体系，加强碳排放管理。探索行业参与碳排放核查等市场机制的路径。

城市交通绿色低碳发展现状与分析

宋伟男*

摘　要：本文系统分析了城市交通绿色低碳的发展成效，识别出其中存在的主要问题，从优化城市交通出行结构、深入推广低碳运输装备、提升车辆能效水平、发展智能交通、建立城市交通碳排放监测体系等方面提出发展对策建议，以期为推动城市交通高质量发展提

* 宋伟男，交通运输部科学研究院，助理研究员。

供决策参考。

关键词：城市交通；绿色出行；低碳发展；碳排放

近年来，在快速机动化的背景下，城镇化发展进入新阶段，人口增加、城市规模扩张以及汽车使用强度提高等因素导致城市交通碳排放快速增长。研究表明，当前城市交通的碳排放量占整个交通领域碳排放总量约 40%。城市交通已成为交通运输行业节能减排和落实“碳达峰碳中和”目标的重要组成部分。

一、城市交通绿色低碳发展成效

（一）城市交通低碳出行服务体系加速形成

目前，各地持续实施城市公交优先发展战略，公共交通服务水平加速提升，初步建成布局合理、生态友好、清洁低碳、集约高效的绿色出行服务体系。截至 2023 年底，全国城市公共交通行业全年完成客运量 674.39 亿人次，占城市客运量比例达 75.3%。《典型城市绿色出行发展研究报告(2023 年度)》显示，我国 36 个典型城市的高峰时段绿色出行比例均超过 70%。

（二）不同类型城市的交通出行结构特征各异

不同人口规模城市形成绿色出行结构不同。根据《典型城市绿色出行发展研究报告(2023 年度)》，大城市的各类绿色出行方式中，西宁市、哈尔滨市、贵阳市的高峰时段使用公共交通出行的比例较高；兰州市、呼和浩特市、沈阳市的高峰时段使用自行车和电动自行车出行的比例较高；银川市、南昌市、合肥市的高峰时段步行出行的比例较高。通过对全国各省(区、市)共 10 万人次出行方式的统计分析，我国中小城市与大城市的出行方式具有显著区别，乘坐公共交通出行的人群占比显著低于大城市，使用电动车和摩托车出行及采用步行方式出行的人群比例显著高于大城市。

(三)城市交通低碳设施装备加快应用

当前，我国新能源公交车快速普及，城市轨道交通规模化、网络化迅速发展，新能源出租汽车、城市配送车辆加快应用。根据《中国城市客运发展报告(2023)》，截至2023年底，全国55个城市开通308条轨道交通线路，通车总里程近10160公里；公共汽电车运营线路条数7.98万条，运营线路长度173.39公里，公交专用道长度达2.03万公里；新能源公交车辆数(含纯电动、混合动力和无轨电车)55.70万辆，占公交车辆总数的81.6%，居世界首位；新能源巡游出租汽车(纯电动车和混合动力车)41.72万辆，占巡游出租汽车总数的31.5%。同时，私人小汽车低碳化进程逐步加快。相关数据显示，截至2023年底，全国新能源汽车保有量达2041万辆，占汽车总量的6.07%，其中纯电动汽车占新能源汽车保有量的76.04%。

(四)城市交通低碳政策日趋完善

近年来，国家和地方层面出台了一系列政策举措，为城市交通低碳发展提供了政策保障。国务院印发的《2030年前碳达峰行动方案》提出，到2030年，当年新增新能源、清洁能源动力的交通工具比例达到40%左右，营运交通工具单位换算周转量碳排放强度比2020年下降9.5%左右，推动近零碳交通示范区建设。《交通运输部　国家铁路局　中国民用航空局　国家邮政局贯彻落实〈中共中央国务院关于完整准确全面贯彻新发展理念做好碳达峰碳中和工作的意见〉的实施意见》提出了优化交通运输结构、推广节能低碳型交通工具、积极引导低碳出行、增强交通运输绿色转型新动能等重点任务。国务院发布的《"十四五"现代综合交通运输体系发展规划》提出，推进交通枢纽场站等区域充电设施设备建设；积极推广新能源和清洁能源运输车辆；研究制定交通运输领域碳排放统计方法和核算规则，加强碳排放基础统计核算，建立交通运输碳排放监测平台。北京市、天津市、辽宁省、吉林省、黑龙江省、上海市、江苏省等地结合自身实际陆续出台了实施方案，明确了各地交通运输低碳发展目标。如广东省的实施方案中提出，到2030年，营运交通工具单位换算周转量碳排放强度比2020年下降10%。

（五）城市交通碳交易实践探索持续开展

北京市、上海市、深圳市等地方的碳市场在城市交通自愿减排碳交易方面作出了有益探索，取得了良好效果。

城市交通碳交易的部分实践　　表1

地区	项目名称	减排量提供方	方法学
北京市	北京地铁16号线工程自愿减排项目	北京京港地铁有限公司	北京市低碳出行碳减排方法学(试行版)
	北京液化天然气(LNG)公共交通项目	北京公共交通控股(集团)有限公司	《现有和新建公交线路中引入液化天然气汽车(第一版)》(CMS-034-V01)
	北京绿色MaaS出行平台	高德地图	北京市低碳出行碳减排方法学(试行版)
重庆市	重庆轨道交通环线项目	重庆城市交通开发投资(集团)有限公司	快速公交项目(CM-028-V01)
	重庆轨道交通5号线和10号线项目	重庆城市交通开发投资(集团)有限公司	快速公交项目(CM-028-V01)
	重庆城市公共交通汽车出行温室气体减排项目	重庆城市交通开发投资(集团)有限公司	重庆市公共交通汽车出行温室气体减排方法学
深圳市	深圳共享单车骑行项目	上海哈啰普惠科技有限公司	深圳市共享单车骑行碳普惠方法学(试行)

二、存在的主要问题

（一）城市低碳出行模式尚未全面形成

虽然我国大城市绿色出行比例处于较高水平，但占全国城市数量70%以上的中小城市尚未形成稳定的绿色出行发展模式，绿色出行全链条的效率和服务质量与个体机动化交通方式相比缺乏竞争力。加之私家车保有量持续快速攀升，由高碳排放的私家车出行带来的城市交通拥堵也将加剧碳排放增长。

（二）城市交通高碳能源结构有待转变

小汽车、城市物流车辆仍以燃油车为主，且保有量较大，故汽柴油等高碳能源仍是城市交通领域最主要的能源类型。根据中国工程院院士卢春房的《城市交通实现双碳的思考》，汽柴油等化石能源消耗量占城市交通总能源消耗超90%。城市公共汽电车客流大幅下滑，电动自行车出行比例逐年增加，城市轨道交通和纯电动车辆使用电力，在使用阶段为零排放，但因我国目前火力发电占比70%，间接性碳排放仍较高。

（三）城市交通碳排放基础数据监测统计体系不完善

城市交通碳排放属于移动源排放，统计和监测难度较大。按照目前的交通运输行业统计制度，缺少城市交通碳排放统计指标。具体包括：现行统计体系中仅部分子领域如城市公共汽电车、出租汽车和城市轨道交通有能源消耗指标，但以私人小汽车、城市物流为主体的大量非营运车辆能耗未纳入统计范围；限于统计数据的区域划分，跨区域碳排放数据无法获取，难以适应当前城市群和都市圈快速发展需要。此外，能源统计与交通运输统计部门对行业划分存在差异、交通运输行业的能耗和碳排放统计及监测手段创新不足等问题也亟待解决。

三、 城市交通绿色低碳发展措施与建议

在加快推进交通强国建设、为公众提供更加便捷和高效的运输服务的基础上，围绕运输结构、运输装备、智能化水平等方面采取措施，促进城市交通实现高效率、低碳化的高质量发展格局，按照“控制增量、减少存量”的原则，提出以下发展措施与建议。

（一）引导绿色出行，持续优化城市交通出行结构

围绕交通出行结构优化，需从城市发展规划和公交服务提升两个层面入手。一是加强国土空间和城市公共交通统筹规划，通过城市功能布局优化和土地利用调整，强调紧凑化或公交走廊化城市设计，人口居住和就业沿公交走廊两侧集聚，构建最佳“居住地 + 公交走廊 + 就业地”出行组合。二是继续落实公交优先发展战略，促进公共交通服务提质增效。持续优化城市公共交通线网，促进城市公共汽电车与城市轨道交通在线网、站点及运营层面的衔接融合，通过大数据应用提升城市公共汽电车运营效率。对于未开通城市轨道交通的城市，优化完善公交线网结构，丰富主要客流走廊的公交线路，完善社区公交线网，减小高峰期发车间隔，提升高峰期运行速度，增强公共交通吸引力。

（二）强化能源转型，深入推广低碳交通运输装备

从发达国家经验看，短期内，纯电动汽车技术仍是地面公交、出租汽车、网约车等领域的推广重点；中远期，氢能源汽车技术将发挥无污染、高效能、长续航等优势。当前应加快车辆电动化替代，同时完善城市充换电站、加氢站等配套设施建设，在公交场站试点示范交通自洽能源系统建设。在私人小汽车等社会车辆领域，继续加大纯电动等新能源车的推广力度，促进社会车辆的能源动力结构改善。

（三）聚焦节能应用，全面提升运输装备能效水平

聚焦节能关键技术研发应用和节能驾驶推广，全面提升运输装备能效水平。通过推动公交动力系统节能、驱动系统效率提升、车身轻量化等整车节能技术进步与应用，提升地面公交车辆能效；从地铁列车牵引制动系统升级、车体轻量化设计、再生制动能利用、列车运输组织模式优化等方面促进地铁列车的能耗降低；在现有乘用车燃油经济性标准的基础上，逐步提高汽车节能效果的准入门槛，实施更严格的乘用车燃料经济性标准，

推动私人小汽车的能效提升。将节能驾驶作为独立模块纳入地面公交、城市轨道、出租汽车驾驶员培训和考试内容。加大小汽车节能驾驶宣传力度,助力城市交通节能降耗。

(四)加强科技创新,着力提升智能交通发展水平

结合智能交通技术推广,充分利用自动驾驶、智慧出行、共享出行等新技术新模式,重构未来客运出行场景,提升城市交通系统效率。探索通过出行预约实现人、车、路协同发展,建立畅行的交通系统,减少交通拥堵,实现系统运行效率最优。推动"互联网+"便捷城市交通发展,构建以绿色出行为主体、涵盖多种交通方式的城市出行服务平台,为用户提供多模式全链出行的规划、预约、查询、支付、评价等一体化智慧出行服务,满足个性化高品质出行需求。

(五)重视能力建设,建立城市交通碳排放监测体系

一是建立城市交通碳排放监测体系。建立并完善对公共汽电车、城市轨道交通、出租汽车、物流企业的全过程碳排放监测体系;促进工信、公安、交通、财政等部门数据融合,探索建立私人小汽车、物流车辆碳排放监测体系。二是完善城市交通碳足迹。探索应用大数据手段建立城市交通出行的消费者碳足迹和城市物流车辆碳足迹。三是建立交通二氧化碳排放相关数据采集与集成平台,汇聚交通碳排相关多源数据流,全方位评估不同时空交通碳排放特征和不同政策措施的减排降污效果。

(六)推动政策创新,加快推动建立城市交通碳市场

一是推动城市交通参与碳交易。依据《碳排放权交易管理暂行条例》,结合行业特点,加快完善城市交通碳交易制度和市场机制。明确城市交通参与碳交易的主体范围、时间节点、方法学等。合理设计适合城市交通特点的碳配额分配方案,充分考虑公共交通优先发展对改善城市出行结构的积极作用,对城市公交、地铁领域碳配额给予必要支持。二是加快建立绿

色出行碳普惠激励机制。以“碳积分”为介质，研究制定基于大数据的绿色出行减碳计算方法学和评估标准、补贴机制，丰富碳普惠应用场景(如常规公交、轨道交通等)，加快建立交通、金融、企业等多部门联合的绿色出行碳普惠机制。

专题篇

第三章　运输工具装备低碳转型

城市客运车辆电动化发展成效与对策建议

李　成*

摘　要：本文总结了城市客运电动化发展在推动新能源汽车技术进步、带动新型基础设施建设、促进运输企业管理服务转型升级等方面的显著成效，指出了数字化技术应用潜力仍待挖掘、产品和服务的标准化程度仍待提升等问题，提出了坚持政策引导和制度保障有机结合、产品提升和高效应用有机结合、实体硬件和数字技术有机结合的发展原则，并提出了促进技术创新、鼓励通用化产品、提高新资源要素经营能力等具体对策建议。

关键词：城市客运；新能源汽车；发展建议

为贯彻落实《国务院办公厅关于加快新能源汽车推广应用的指导意见》（国办发〔2014〕35号），新能源汽车在城市公交、出租汽车等城市客运领域经历了技术探索、试点示范、快速推广等阶段，取得了显著的推广成效，已经进入了规模化应用的新发展阶段。城市客运车辆电动化发展是落实《2030年前碳达峰行动方案》重点任务“推动运输工具装备低碳转型”的重要场景，产生了显著的减碳作用。本文分析了城市客运车辆电动化的推广成

* 李成，交通运输部科学研究院，副研究员。

效及存在问题，提出了对策建议。

一、发展现状

（1）车辆推广规模方面，新能源公交车从2014年的3.7万辆增加到2023年的55.4万辆，增长了15.0倍，在全国公交车中占比达到81.2%。新能源巡游出租汽车从2018年的4.7万辆增加到2023年的41.7万辆，增长了7.9倍，在全国巡游出租汽车中占比达到30.5%❶。

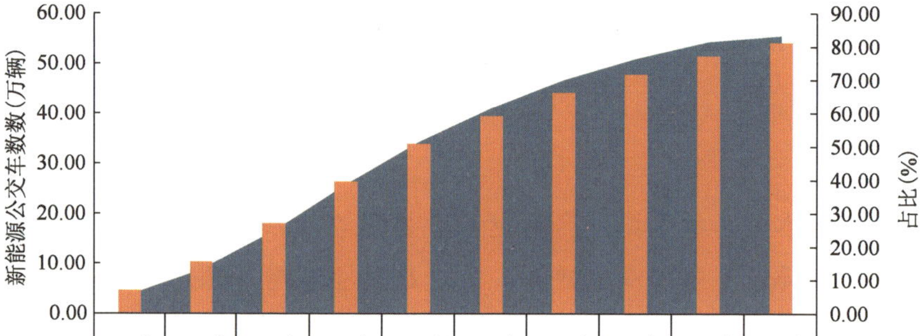

	2014年	2015年	2016年	2017年	2018年	2019年	2020年	2021年	2022年	2023年
■ 新能源公交车数数（万辆）	3.66	8.67	16.46	25.72	34.19	40.97	46.61	50.89	54.26	55.44
■ 占比（%）	6.90	15.40	27.00	39.50	50.80	59.10	66.20	71.70	77.20	81.23

图1　新能源公交车历年车辆数与占比

（2）基础设施建设方面，截至2023年底，我国电动汽车充电基础设施总量达859.6万台，与2022年同比增长65%，新能源汽车用户的充电便利性明显提升❷。

（3）公共政策体系方面，政策目标转向全面电动化，2023年八部门联合发布《关于组织开展公共领域车辆全面电动化先行区试点工作的通知》，在城市客运等领域开展新能源汽车全面电动化试点，政策重点转向构建产业生态和融合发展。

---

❶ 数据来源：《中国城市客运发展年报（2023）》。

❷ 数据来源：国家能源局2014年1月新闻发布会。

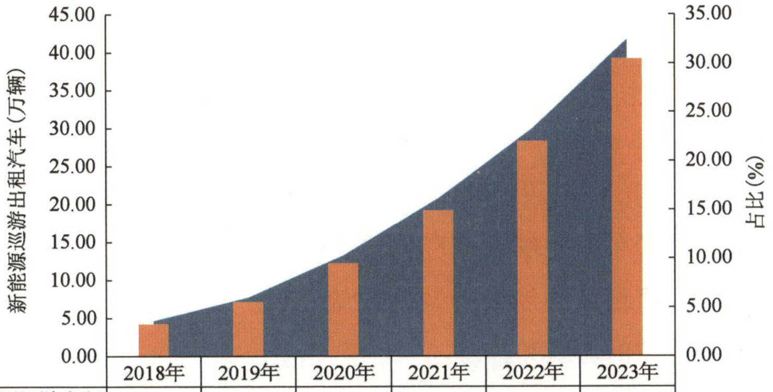

	2018年	2019年	2020年	2021年	2022年	2023年
■新能源巡游出租汽车数(万辆)	4.64	7.72	13.24	20.78	29.96	41.72
■占比(%)	3.30	5.55	9.50	14.94	22.00	30.51

图2　新能源出租汽车历年车辆数与占比

(4)车辆技术水平方面，标称续驶里程、电池能量密度等关键技术指标稳步上升。纯电动公交车平均续驶里程由2015年的不足300公里增加到近500公里；电池系统能量密度由不足100瓦时/千克增加到约160瓦时/千克。同时，动力电池价格从2015年的约3000元/千瓦时快速下降至目前的约800元/千瓦时。

二、推广成效

城市客运领域推广应用新能源汽车，取得了积极成效。一是有力推动车辆技术进步。城市客运领域为新能源汽车大规模推广提供了宝贵的应用场景，广大运输企业持续对新能源汽车产品提出技术要求、开展技术验证并提出反馈意见，带动新能源汽车生产企业不断加大资金投入、优化研发方向。二是带动新型基础设施建设。新能源汽车大规模推广应用有力带动了城市充换电站、车联网平台等新型基础设施建设，推动初步形成了较为完善的城市充换电服务网络，基本覆盖城市内主要交通枢纽、大型公共停车场等场所。三是促进运输企业管理服务转型升级。新能源汽车采用智能化的控制系统和数据传输技术，为运输企业开展车辆数据分析、优化运营管理和运输服务提供了便利条件，促进了运输企业管理服务模式从粗放型向精细型升级。

（一）城市公交领域推广成效

1. 公交运营电动化转型加快实施

新能源公交车的大规模推广应用不仅是简单的载运装备更新，还需要公交企业对生产运营中涉及的基础设施建设、运营调度组织、后勤保障体系等进行全方位的转型和升级。

(1)公交企业已初步适应作为能源基础设施建设者和经营者的新角色。公交企业在充电站工程建设和日常运营中发挥主体作用，形成了自建、共建、购买服务等不同的商业模式，培养了充电站运营的专业队伍，逐步开放面向社会车辆的充电服务。重庆、深圳等城市建设“光储充放智能微网”新型充电站，尝试更深度参与交能协同和电网互动。

(2)公交企业已基本建立面向新能源公交车的生产管理制度体系。大多数公交企业出台了针对新能源汽车技术特点的车辆操作、维护检测、事故处置等技术规范，定期开展相关培训。管理水平较高的企业已经能够统筹考虑车辆续驶里程限制、充电站满空状态、分时段电价差异等因素进行一体化调度。

(3)公交企业已基本建立适应新能源汽车特点的维保体系。面对传统维保技术和装备不适用、维保人员技能落伍的局面，公交企业更新了技术装备，技术实力强的企业还自主研发了专业的装备来提升维保的速度和精度；分流调整了原有队伍，培养了大量新能源车辆专业技能人才；与整车企业和关键零部件企业间磨合形成了特约维修服务站等新的合作机制和运修分离的专业化运作模式，并逐步开拓面向社会车辆的维修服务，打造新能源汽车维修行业的公交品牌。

2. 公交企业运营维保成本大幅降低

(1)新能源公交车电价便宜，运营成本大幅下降。以济南公交为例，10米纯电动公交车能耗为75千瓦时/百公里，按当地平均电价0.7元/千瓦时计算，百公里能源支出 52.5 元。对比 10 米柴油公交车百公里能源支出，运营能耗成本降低了 77%。

(2)新能源公交车结构简单，维保成本明显下降。新能源汽车的电动驱动系统结构简单，零部件更少，不需要进行传统车的发动机保养。因客流下降、运营补贴政策调整等原因，公交企业经营亏损剧增，新能源公交车较低的运营维保成本，一定程度缓解了公交运营企业的资金压力。以广州公交为例，2020 年以后采购的纯电动公交车维修材料费约 100 元/千车公里，仅为柴油公交车的约三分之一。

3. 推动公交运营服务数字化转型

伴随新能源公交车快速推广，车辆载具和配套设施的信息化水平大幅提升，带动了城市公交运营服务的数字化转型。北京公交集团等大型公交企业开始利用车辆和充电数据来改进运营组织方式，提升车辆安全性和维保针对性，并开始探索对于新能源公交数据资产的商业化经营。

（二）出租汽车领域推广成效

1. 技术路线多元化探索取得成效

(1)充电式纯电动出租汽车价格和续航能力逐步被用户接受。主流车型价格逐渐下降，多款车型续航里程达到 500 公里以上，支持 70 千瓦快充，基本缓解了一直以来困扰纯电动出租车驾驶员的需要多次充电和无法完成长距离订单等痛点。

(2)换电式纯电动出租汽车表现出较好的行业适用性。例如，截至 2023 年 7 月，北京、长春已分别推广换电式巡游出租车约 4 万台和约 7 千台，为城市充电站较少条件下发展新能源出租汽车提供了新选择，为解决纯电动汽车在寒冷条件下续航里程短、充电速度慢的难题提供了新思路。

2. 助力出租汽车行业发展作用明显

(1)提升了从业人员收入。新能源汽车能源成本较低，以长春换电式出租汽车为例，每公里能源成本 0.35 元，较汽油车每公里 0.5 元降低约

30%，驾驶员日均收入提高约45元。

(2)提高了出租汽车服务品质。新能源出租汽车不仅行驶安静平稳，车辆级别相比燃油车也有普遍提升。座位更宽敞、配置更丰富，为乘客提供了更加舒适的乘车体验，显著降低了驾驶员劳动强度。

三、存在问题

1. 极端条件下服务与保障能力仍待突破

北方城市寒冷天气条件下，电动汽车续航能力下滑，且充电速度变慢，影响了以电动汽车为主体的运输网络的服务能力。

2. 数字化技术的应用潜力仍待挖掘

新能源汽车运行数据向运输企业开放的程度不高，利用新能源汽车数据来优化运营、开拓业务、节支增收的应用案例不多。

3. 产品和服务的标准化程度仍待提升

动力电池等关键零部件的规格过多，产品接口不统一、难以互换；换电站的通用性不强，只能服务于单一品牌的换电式出租汽车。

四、对策建议

(一)发展原则建议

1. 坚持政策引导和制度保障的有机结合

立足新发展阶段，建立适应新形势、新需求的政策引导体系，持续优化完善行业管理制度，强化与能源、信息产业协同发展。

2. 坚持产品提升和高效应用的有机结合

积极开展产业链上下游的交流合作，推动新能源汽车和充换电加氢装备不断提升技术水平、克服技术短板，指导运输企业持续优化运营组织，更好地适应新能源汽车技术特点，更大地发挥新能源汽车优势。

3. 坚持实体硬件和数字技术的有机结合

支持和鼓励城市客运领域传统运输企业数字化转型，提升新能源汽车数据要素管理和数据资产运营水平，不断赋能新能源汽车的运营管理和价值挖掘。

（二）新能源公交车推广应用工作建议

1. 加强产用协同，促进技术创新

建立跨行业的新能源公交车协同攻关机制，以公交行业用户需求引导客车产业技术攻关方向，强化技术实践验证，加快解决适用于寒冷地区的全天候电池等技术难题。

2. 完善标准规范，鼓励通用化产品

鼓励动力电池企业研发标准化通用产品，统一车辆软硬件标准，推动不同车型间的电池互换，方便老旧电池换新。出台新能源公交车运行数据采集交换标准，推动数据共享，促进数据应用和数据经营。

3. 创新商业模式，提高新资源要素经营能力

研究完善电动汽车消费和储放绿色电力的交易和调度机制，推动绿色电力环境价值认证机制，加强城市交通智慧基础设施投资、建设与运营专题研究，引导广大公交企业主动成为新型电力系统的建设者和能源革命的参与者。

（三）新能源出租汽车推广应用工作建议

1. 因地制宜制定出租汽车电动化方案

建议进一步梳理纯电动、插电式混合动力及甲醇等不同类型新能源和清洁能源汽车在出租车领域的具体适用条件，形成出租行业新能源车辆选型的指引，指导各地合理制定出租汽车电动化工作方案。

2. 促进新能源出租汽车大数据技术应用

鼓励车辆生产企业、充换电设施运营企业向出租汽车行业管理部门和运输企业开放新能源汽车使用数据，加快出台数据交换相关标准规范，推动新能源汽车数据在降本增效、安全管理、巡网融合等方面的深度应用。

3. 强化对新技术和新商业模式的跟踪评价

针对各地开展换电、甲醇等新技术新模式的试点探索，构建新能源出租汽车应用效果评估指标体系，客观评估各类技术路线的实际表现，关注“电池银行”等新型商业模式发展，及时发现和应对问题，保障行业稳定发展。

氢燃料电池重型卡车在道路运输行业应用前景与挑战

赵洪雪　朱立伟　宋禹江　李　枭　周　炜　张婧嫄*

摘　要：本文分析了国际政策形势以及我国密集出台的氢燃料电池汽车支持政策，介绍了氢燃料电池重型卡车的技术和应用现状以及当前氢能发展仍面临的一些挑战，如关键共性技术研发不足、基础设施配套不完善、标准规范体系不健全等。最后，针对这些问题，本文提出了未来在行业内的发展建议，包括加大技术研发力度、完善基础设施建设、健全标准规范体系等，以促进氢能在道路运输行业的持续健康发展。

关键词：氢能；道路运输行业；氢燃料电池重型卡车

* 赵洪雪，交通运输部公路科学研究院，副研究员；朱立伟，交通运输部公路科学研究院，副主任/研究员；宋禹江，交通运输部公路科学研究院，助理研究员；李枭，交通运输部公路科学研究院，团队负责人/副研究员；周炜，交通运输部公路科学研究院，主任/研究员；张婧嫄，交通运输部科学研究院，助理研究员。

一、 氢能在道路运输行业发展的基本判断

在“碳达峰碳中和”目标的引领下，交通运输行业作为我国碳排放的重要领域，正面临前所未有的降碳挑战。当前交通运输装备动力仍以燃油为主，而我国石油的对外依存度超过七成，不仅碳排放量高，还危及国家能源安全。为响应“碳达峰碳中和”目标的号召，须通过丰富车用能源结构、提升能源多样性，实现行业深度脱碳，并逐步减少对化石燃料的依赖。

氢能作为一种清洁、高效的二次可再生能源，在交通运输领域应用价值广泛。氢燃料电池汽车以氢气为燃料，通过化学反应产生电能驱动车辆，具有补能时间短、续航里程长、高效节能等特点，是新能源车辆的重点发展方向。此外，氢燃料电池汽车具有更高的功率密度，在载重方面优势明显，适合重型车辆应用。实现交通运输绿色发展的关键是道路运输零碳排放装备选型，氢燃料电池汽车作为重要选项，随着氢能产业链的不断完善和技术的不断进步以及财政政策的大力支持，将在长途重载运输等领域发挥更大作用，推动道路运输行业的绿色转型。

二、 氢能发展的政策形势

（一）国际政策形势

世界多国在积极推进氢能源的发展，将其视为实现清洁能源转型的重要途径，欧洲、美国、日本、韩国等国家和地区已经制定了明确的氢能发展战略和政策框架，并通过技术创新、基础设施建设、市场推广、政策扶持等手段推动氢能技术进步及应用，氢能在多个领域呈现出多元且活跃的态势。

欧盟于 2023 年 3 月 15 日提出《净零工业法案》，同时成立“氢能银行”，投资 30 亿欧元助力欧洲氢能市场发展。美国作为氢能经济的先驱者，自 20 世纪 70 年代便开始通过修订氢能发展政策、实施财税优惠政策以及加强基

础设施建设，不断推动氢能领域的技术研发和市场应用。日本、韩国在氢燃料电池汽车技术方面处于世界领先地位，且两国政府都在积极推动氢能源基础设施的建设，以促进氢燃料电池汽车的普及。

总体来看，氢能发展呈现出政策推动、技术研发和市场应用并进的态势，但依然面临技术、成本、市场规模等挑战，需要各国加强合作，共同推动氢能产业的可持续发展。

（二）我国氢燃料电池汽车的支持政策密集出台

自2001年国家“863电动汽车重大科技专项”确立“三纵三横”的技术体系开始，推动燃料电池汽车发展的政策不断出台，尤其是进入“十三五”后科学技术部支持燃料电池汽车研发的力度明显加大。中共中央、国务院及各部委先后发布《国家创新驱动发展战略纲要》(2016年)、《中国制造2025》(2015年)、《汽车产业中长期发展规划》(2017年)等系列文件，均鼓励大力发展燃料电池汽车。2020年9月16日，财政部、工业和信息化部、科技部等五部委联合发布了《关于开展燃料电池汽车示范应用的通知》(财建〔2020〕394号)，启动燃料电池汽车城市群示范应用推广。2022年3月，由国家发展和改革委员会、国家能源局联合发布了《氢能产业发展中长期规划(2021—2035)》，该规划以“碳达峰碳中和”目标为指引，为我国新时期氢能大规模生产、推广、应用规划了发展路径。

（三）地方政策形势

在国家示范应用政策推动下，各城市群牵头城市所在省份根据本地实际情况发布氢能中长期发展规划及行动计划，如上海市政府于2022年6月发布《上海市氢能产业发展中长期规划(2022—2035年)》；广东省政府于2022年11月发布《广东省加快建设燃料电池汽车示范城市群行动计划(2021—2025年)》。北京、河北等二十余省市也先后出台了燃料电池汽车应用的鼓励政策，涉及氢燃料电池发动机工程技术研究中心、氢能与燃料电池产业园等。

三、我国氢能汽车示范运行有序开展

截至2023年，我国氢燃料电池汽车保有量约1.8万辆，建成加氢站400座，氢燃料电池汽车保有量及加氢站数量均居世界首位。

2020年9月，继五部委联合发布了《关于开展燃料电池汽车示范应用的通知》后，五大燃料电池汽车城市群为期5年的示范推广启动，重点推动燃料电池汽车在中远途、中重型商用车领域的产业化应用，计划推广燃料电池汽车超3.7万辆，对按期完成推广目标的城市"以奖代补"。2022年，我国氢燃料电池汽车加速推广，新增氢燃料电池汽车近5000辆，主要应用于钢铁、煤炭等中短途运输、城市公交及团旅大巴以及轻型城市物流；另外，在重型短途载货运输、城建渣土运输、市政环卫及中型城际物流等场景也均实现市场突破。

四、氢燃料电池重型卡车技术及应用现状

氢燃料电池重型卡车具有长续航和快补能的优势，尽管目前应用以城市内通勤和区域内短倒为主，随着技术的进步和配套设施的完善，其有望在长途重载运输领域发挥重要的作用。

（一）技术现状

我国氢燃料电池重型卡车主要采用氢电混合型技术路线，燃料电池功率覆盖30~240千瓦，气态储氢技术相对成熟，但液态储氢技术尚未应用。以49吨氢燃料电池重型卡车为例，纯氢续驶里程可达300公里，充氢时间为15~20分钟，最高车速为90公里/时，冷启动-40摄氏度，可在-45摄氏度环境下正常运营。

（二）应用现状

2017—2023年，氢燃料电池汽车保有量由1911辆增加到1.8万辆，其

中2023年销量5800辆，年均增长46.0%，燃料电池重型卡车销售3612辆，同比增长47%，其销量在新能源重型卡车销量中的占比为10.57%，取得阶段性突破。

购置成本方面，49吨氢燃料重型卡车购置成本约为130万(补贴后价格为30万元左右)，为燃油车的3～4倍；当氢气价格为30元/千克时，其使用成本与燃油车持平。在加氢站建设方面，截至2023年底，我国已建成加氢站400座(投入运营280座)。

(三)换氢路径探索

面对加氢站建设成本高、审批流程复杂、运营价格高昂且潜在危险性大的挑战，未来氢能源领域的发展可倾向于建设小规模换氢站，并对氢燃料电池重型卡车实施换氢瓶模组的新型补能模式。根据估算，换氢站的建站成本仅为加氢站的四分之一，而运营成本更是低至三分之一，补能时间缩短60%～70%，极大提升氢燃料电池重型卡车的运营效率和收益。该新型补能模式仍需进一步的市场验证和应用实践，以确保其在实际运营中的稳定性和可靠性。

五、存在问题

(一)关键共性技术研发需进一步加强

涉及补能、效率和安全等核心要素的关键共性技术研发仍需进一步加强。氢燃料电池车辆应用安全性能、液氢高效运输等关键技术仍需突破。

1. 氢气运输

当前我国氢储运技术以20兆帕高压长管拖车输运为主，单车运氢量不足400千克，受地域、运载能力及运输成本限制，道路运输高压气氢一般限制在200公里以内。但随着氢能产业的发展以及氢气需求的增加，液氢运输示范项目的推进尤为重要。

2. 氢燃料电池整车技术

燃料电池在电堆和系统寿命、可靠性、耐久性、氢耗以及车载储氢技术等方面面临着一系列挑战，这些挑战主要源于技术、材料和制造工艺等多个方面的限制。寿命方面，由于关键部件性能衰减，燃料电池电堆的寿命为10000～20000小时，与营运车辆的正常使用寿命相比仍显不足。可靠性方面，燃料电池的可靠性受高温、高湿、高盐等恶劣工作环境影响较大。耐久性方面，燃料电池工作过程中的化学反应导致电堆内部的材料和结构发生变化，从而影响其性能。氢耗方面，氢燃料电池车辆氢耗量较高，需要通过提升电堆效率、降低辅助功耗、提高氢气利用率以及优化整车热管理和能量管理等方式来降低氢耗量。车载储氢技术方面，当前技术瓶颈包括高压气态储氢的存储密度较低、低温液态储氢的技术门槛高、能耗大以及安全技术要求高等问题。系列问题的解决需要持续进行技术创新、系统优化和材料改进，同时加强跨学科的合作研究，以推动燃料电池技术的商业化应用和发展。

3. 应对经济性挑战

燃料电池的成本主要受到其材料、制造工艺和规模等因素的影响，全产业链尚未形成规模经济效益；同时，燃料电池的制造工艺相对复杂，需要高精度的设备和技术支持，这些因素都导致了燃料电池的成本难以降低。

氢燃料电池整车售价是燃油车的2～3倍，是电动车的1.5～2倍，以49吨燃料电池重型卡车为例，补贴前售价为130万元。煤制氢成本约6.77～12.14元每千克氢，商业用电解水制氢成本高于40元每千克氢。目前加氢站建设费用高达1200万～1500万元，加氢站运营费用30万～40万元/月，短期看不具备与燃油车竞争的经济基础。此外，氢燃料电池的寿命加剧了企业的成本压力。氢燃料电池系统寿命受质子交换膜、双极板等材料寿命的影响，国内品牌的电池寿命目前处于10000～20000小时之间，国外品牌处于20000～30000小时之间，与早期产品相比虽有明显提升。但是，按货车、工程车和港口拖车每天运行15～20小时算，若电堆寿命为20000小时，则其使用年限仅约 4 年，所需更换电堆等设备成本较高。

（二）基础设施配套需进一步完善

随着燃料电池重型卡车不断推广应用，加氢站配套基础设施仍不能有效与燃料电池重型卡车的补能需求相匹配，如加氢站缺氢、加氢排队、加氢站建设成本高等，需在配套基础设施数量、补能时间、配套设施合理规划以及技术标准统一等方面进一步完善，同时在换氢站、氢瓶组运输及更换技术上有待技术突破及应用验证。目前，国内 35 兆帕加氢站技术已趋于成熟，加氢站的设计、建设以及三大关键设备 45 兆帕大容积储氢罐、35 兆帕加氢机整机和 45 兆帕隔膜式压缩机均已实现国产化。2022 年以来，国内 70 兆帕加氢站逐步推广，但核心材料和设备仍依赖进口。

（三）标准规范体系需进一步健全

氢燃料电池重型卡车在交通运输行业的应用尚处于起步阶段，相应标准规范体系仍需进一步健全。氢燃料电池车辆应用方面的安全性能指标要求、氢气消耗量限值及检测方法、选型技术要求等相关标准有待研究。

六、 行业发展建议

（一）加强顶层设计

在重型卡车新能源化的重要关口，氢燃料电池重型卡车在解决中长途货运方面可补足纯电动重型卡车续驶里程短、电池载重大的问题。政府部门应加强顶层设计，制定宏观政策加大对氢能源车辆、电池等方面的技术研究的支持，建立国家及地方氢能应用协同机制，开展规模化示范。以“零碳走廊”为主线，在中长途、中重型、固定路线等运输场景加快推进氢燃料电池汽车的应用。

（二）布局加氢站建设

探索加氢/加油、加氢/充电合建站及换氢站等发展模式，发挥联合建站集约优势；重点关注加氢站和高速公路服务区、综合交通枢纽、物流园区等的衔接，充分利用公路沿线设施，统筹加氢站的建设。

（三）加快标准制修订

一是开展氢燃料电池汽车动力经济性、耐久性等性能指标评价方法研究，建立面向规模化应用的整车及零部件应用性能测试与评价体系；二是开展氢燃料电池汽车日常检查、维护保养、运营安全监控、应急操作等相关技术规范及安全操作指南研究和发布，保障示范运营车辆的科学、安全、有序应用。

（四）开展氢能运输攻坚行动

液氢运输技术在航空航天等领域已经得到了广泛应用，但在民用领域还处于起步阶段，建议规范液氢运输市场，提高液氢运输的安全性和可靠性，推动液氢运输示范运输，促进氢能产业的发展。

（五）开展氢燃料电池重型卡车领域试点示范

一是因地制宜探索在高速公路服务区、公路两侧空旷区等适宜区域合理布设光伏或风能发电设施及制氢加氢一体站的可行性和政策突破口；二是通过“绿电”制“绿氢”，构建绿色低碳的路域综合能源体系，满足服务区等公路沿线设施用电，在加氢站用氢的基础上推动余电上网，形成氢能与光伏、风电耦合的路域高效电氢系统，开展“氢能高速”试点示范；三是高速公路沿线布局加氢站，开展信息化建设、车辆信息监测技术、氢安全技术，以及氢燃料电池汽车快速应急救援方案、维修保养规范等相关技术研究。

新能源和清洁能源船舶发展分析

秦傲寒　董　静　王　双*

摘　要：航运业是国际贸易发展的重要保障，但与陆上交通相比，国际航行船舶载重大、航程远、功率大，单靠电动化难以实现减排目标，应用新能源和清洁能源是实现绿色转型的主要途径。国际海事组织(IMO)于2023年7月发布了航运温室气体减排战略，在为航运业带来巨大压力的同时，也给航运新能源和清洁能源相关产业带来了前所未有的机遇。本文为应对国际航运业减排战略及其影响，分析了新能源和清洁能源在航运中的应用现状、机遇与挑战，提出了我国发展相关产业的建议。

关键词：航运；新能源船舶；清洁能源；替代燃料；温室气体减排

一、引　言

国际航运承担了全球85%以上的国际贸易运输量，其2018年温室气体(GHG)排放量约为10亿吨，占全球总排放量的2.89%，航运减排问题受到国际社会高度关注。在我国，航运是支撑经济社会发展的重要力量，2023年承担了17.1%的营业性货运量和54.0%的营业性货运周转量。同时，航运也是交通领域减排的重点，需要与其他运输方式一道，实现绿色低碳转型。

政策和规则是航运业温室气体减排的最大驱动力。我国在《2030年前碳达峰行动方案》的重点任务中，明确要求重点实施交通运输绿色低碳行动

* 秦傲寒，中国船级社海外技术中心，工程师；董静，交通运输部科学研究院，副研究员；王双，交通运输部科学研究院，副研究员。

等。交通运输部一贯高度重视水运行业节能减排，“十三五”期间，国内营运船舶二氧化碳排放强度下降7.1%，“十四五”设定了较2020年下降3.5%的目标。

在政策驱动下，航运减排进程不断加速。从技术角度看，船舶仅依靠能效提升已无法达到减排目标，应用新能源和清洁能源，是航运业实现温室气体减排目标的主要途径。本文基于航运业温室气体减排政策驱动力，分析了新能源和清洁能源在航运中的应用现状，探讨了进一步发展面临的机遇与挑战，提出了相关产业的发展建议。

二、新能源和清洁能源在航运中的应用现状

航运业可用的新能源和清洁能源主要包括液化天然气(LNG)、甲醇、氢、氨和电能等，目前绝大部分仍源于化石燃料生产路径，未来有望逐步替换为绿色可持续生产路径。现阶段，LNG燃料应用最为广泛，已覆盖所有水域、所有船型；甲醇燃料主要应用于国际航行船舶，正处于实船应用阶段；氢燃料电池船处于试点探索阶段；氨燃料动力船处于船型研发和关键装备系统研制阶段；锂离子电池船舶近十年发展迅速，较为适合短途航线，主要集中在内湖、内河以及近海港口。据统计，截至2024年3月，全球船队已有6.4%的船舶使用替代燃料(按吨位计算)，主要为LNG、甲醇等燃料。近两年，替代燃料船舶订单大幅增加，目前新造船手持订单中采用替代燃料比例达49.8%(按吨位计算)。具体发展情况如下。

(一)LNG燃料动力船

目前LNG燃料在全球船队中的应用已初具规模。据统计，截至2024年4月，全球已有1034艘LNG燃料动力船(含营业中和在建船舶)。与此同时，LNG加注设施正在快速发展，全球已有114个港口可提供船用LNG燃料加注服务。技术成熟度方面，船舶应用LNG燃料涉及的燃料舱、供气系统、发动机等技术均已趋于成熟，目前主要针对减少甲烷逃逸、优化动态

特性、LNG 低温高锰钢材料应用等方面开展优化和降本工作。从全生命周期温室气体减排角度，与传统船用燃油相比，化石 LNG 可减排约 25%，生物质 LNG 可减排约 66%。总体而言，化石 LNG 燃料目前仍然是航运业减碳的有效解决方案，并将在中短期阶段发挥重要作用。面向长期减排目标，LNG 燃料的制备路径需要从化石能源向生物质等绿色制备路径转型。国内方面，自 2012 年我国开展 LNG 水上应用试点以来，目前已建成 LNG 动力内河船舶 400 余艘。

（二）甲醇燃料动力船

目前国际上已有近 30 艘甲醇燃料动力船投入运营，其中以甲醇货物作为燃料的甲醇运输船 20 余艘，其余为车客渡船、引航船等。截至 2024 年 4 月，全球甲醇动力船订单已达到 220 余艘，其中集装箱船 150 余艘，其余为散货船、油船、海工船、汽车运输船等船型。配套装备方面，业界正在拓展甲醇发动机产品谱系，并研制甲醇燃料供应系统。目前全球有 120 多个港口拥有甲醇储存设施，为实施甲醇燃料加注奠定了基础。甲醇主要通过煤、天然气等化石能源制备，基于生物质、可再生电力等绿色制备路径的产能相对匮乏。据统计测算，2027 年全球绿色甲醇产能仅 800 万吨/年，预计到 2050 年，全球绿色甲醇产量将达到 2.5 亿吨/年。在全生命周期排放规则体系下，绿色甲醇可减排 63% ~99%，能够实现船舶中长期减排目标，将成为航运业未来深度减排的重要替代燃料。国内方面，正在开展甲醇燃料动力船试点应用，主要包括内河 10000 吨甲醇动力散货船、装载 16000 标准箱的甲醇集装箱船等项目。

（三）氢燃料动力船

自 2000 年以来，全球范围内开展了一系列氢燃料动力试验船项目，对氢燃料动力系统在船舶上应用的性能、安全和环保进行了探索。目前已有数艘氢燃料电池试验船在开展示范运行，主要采用质子交换膜燃料电池和高压储氢技术。氢的高效储存对于船舶应用氢燃料至关重要，高压气态储氢技术目前已较为成熟，现阶段在船舶上应用可行性最高，但由于能量密度的局限性，氢燃料目前仅适用于小功率、短航程船舶。从全生命周期温室气体减排角度，基于化石能源(煤、天然气等)制备的氢气的排放高于传统燃油，可再生能源制氢则可实现约96% ~100%的减排效果。因此，未来要实现全生命周期净零排放，化石能源制氢要转向可再生能源制氢。国内方面，我国首艘氢燃料电池公务船“三峡氢舟1号”已于2023年10月首航，航行于三峡库区。

(四)氨燃料动力船

氨作为一种不含碳的燃料，其广泛应用将对未来航运领域温室气体减排带来巨大贡献。目前，业界正在开展氨燃料动力船型研发及配套装备研制，且已有船东下单订造全球首批氨燃料动力散货船。氨发动机方面，国外相关厂家预计在2024年底推出氨燃料中速机和低速机。国际能源署数据显示，2022年全球氨产量约为1.83亿吨，几乎全部由化石燃料生产，可再生能源生产的绿氨不足2万吨。其预测2030年全球绿氨产量将达到1500万吨，到2040年将达到7100万吨。从温室气体减排角度，可再生电力制取的绿氨可减少温室气体排放93% ~100%。氨燃料动力船方面，国际国内法规均未出台，目前国内主要开展了氨燃料发动机、供应系统等关键装备系统研发，以及相关船型设计、评估与认可等工作，预计我国将在2025年前后推出氨燃料中速机，“十四五”末期至“十五五”初期研制出氨燃料低速机。

(五)电动船舶

据统计，截至2024年4月，国内电动船舶共计360余艘，已建成310余艘，在建50余艘。其中纯电池动力船舶320余艘，混合动力船舶40余艘。经过近十年的发展，我国电池动力船舶产业取得长足进步。主要体现在以下几个方面：一是电动船舶数量大幅度增长；二是单船电池容量大幅提升，船舶搭载的电池总容量从不到100千瓦时提升至57600千瓦时(世界之最)；三是电池动力船舶类型逐步扩展，由最初的小型游览船扩展到游览船、客渡船、旅游船、游艇、散货船、集装箱船、港口拖轮等各种船型；四是运营模式有更多选择，充电、换电模式均有试点应用。目前我国电动船舶无论是数量，还是技术，已经处于世界前列。

三、新能源和清洁能源应用的机遇与挑战分析

(一)机遇分析

在“碳达峰碳中和”目标的牵引下，绿色低碳发展已成为我国航运业健康可持续发展的必由之路。为此，需积极开展新能源和清洁能源船舶试点、示范，加快制定配套法规标准，在安全的前提下，推广新能源和清洁能源、智能化、数字化、轻量化、环保型船舶及成套技术装备，有力促进水运行业绿色低碳发展转型，助力交通强国建设。

(二)挑战分析

1. 装备制造业配套能力不足

新能源和清洁能源在船上使用，极大地依赖于装备制造业提供相匹配的关键技术和装备。目前我国相应关键技术和核心装备方面的供应与配套能力不足，如双燃料发动机、薄膜围护系统等仍依赖国外专利拥有者，在远洋船舶动力装置方面存在明显短板。具体来说，在国家层面，船用氨燃料发动机、大功率甲醇发动机等关键装备立项研发刚刚启动，最早2025年可完成样机，距离配套上船时间更长；船用大功率燃料电池、船用液氢储存技术尚未开展研究。此外，造船行业在氨燃料动力船、液氢动力船等方面尚无建造经验。

2. 船用安全性面临挑战

与常规燃油相比，新能源和替代燃料普遍具有低闪点、易燃爆、毒性、腐蚀性等风险，比如液氨储存温度为零下33摄氏度，对人员具有毒性且刺

鼻难闻，对材料具有较强的腐蚀性；液氢储存温度为零下252摄氏度，爆炸范围广，泄漏后受静电影响可能造成火灾爆炸事故。虽然部分新能源和清洁能源，如氢、甲醇、锂离子电池等已在陆上交通领域得到应用，但由于船舶运行环境、系统复杂度、动力大小等方面的不同，并不能将陆上的设备和标准简单照搬到船上。此外，现有船员的知识、能力、数量，距离安全操作与运营新能源和清洁能源船舶的要求存在巨大差距。

3. 可获得性与可持续性难以保证

新能源和清洁能源在航运业规模化应用的最大挑战来自可获得性。尽管部分新能源和清洁能源（如甲醇、氨等）作为化工产品的规模化生产和储运、分销已经非常成熟，但在全生命周期评估框架下，需要供应端采用绿色制备路径。但目前，航运绿色燃料供应规模十分有限，全球绿色甲醇和氨的生产能力合计不到100万吨/年。另外，航运业作为能源终端用户，很难决定化工和能源领域绿色燃料生产和供应布局，使得绿色燃料供应和船舶燃料选择陷入“蛋—鸡之问”的困扰。

4. 规范标准尚不完善

目前，IMO、欧盟尚未制定氨、生物柴油船舶技术要求，对于氢、甲醇/乙醇燃料船舶也仅仅制定了临时性指南，技术要求较为苛刻，可操作性不强，导致标准的安全水平、风险控制有效性和业界统一实施等方面都存在不确定性。

四、发展建议

国际航运减排催生了对新能源和替代燃料的巨大需求，我国既是航运大国，也具备相关产业基础。大力发展新能源和清洁能源船舶相关产业，对我国而言既是现实需求，也是巨大机遇。为此，建议从以下方面抓住机遇加快产业发展：

（1）推动船舶装备制造转型升级，加大新能源和清洁能源船舶推广力度。我国船舶应用新能源和清洁能源技术研发起步较早，部分技术水平基本与国外持平。建议继续加强大型氨燃料发动机、甲醇发动机、大功率燃料电池等关键设备的研发制造，加大新能源和清洁能源船舶试点、示范和应用力度，以点带面推动船舶绿色低碳发展。

(2)加快试验验证能力建设，提升新能源和清洁能源应用安全水平。建议重点开展锂离子电池热安全、可燃气体扩散及燃爆、直流配电系统可靠性、低碳/零碳燃料发动机与储供系统工艺过程等方面的试验验证能力建设，促进船用锂电池、低碳/零碳燃料发动机等关键装备安全可靠水平持续提高。

(3)不断完善航运绿色燃料供应链，通过航运业需求撬动上游绿色燃料产业新业态。联合产业链上下游深入开展我国航运绿色燃料产能规模、成本效益、排放核算等方面的研究，结合我国可再生电力产业优势，通过试点、示范、推广的模式逐步实现航运绿色燃料规模化生产。

(4)不断完善新能源和清洁能源相关技术标准，保障其水上应用健康有序发展。加快开展氢、氨等替代燃料应用相关安全性研究，持续完善船舶应用新能源和清洁能源技术标准，结合不同应用场景与行业实践经验，形成协调统一的新能源和清洁能源船舶安全技术要求。

第四章　绿色高效交通运输结构构建

推进大宗物资“公转铁”有关运价问题及建议

刘　颖　刘振国*

摘　要：本文对国外铁路运输定价发展经验、国内铁路货物运价发展历程进行分析，对我国铁路货运定价体系、存在问题进行总结，探索运用价格手段，稳定铁路大宗物资运量，提高铁路货运占比，促进运输结构优化调整，进而减少交通运输行业碳排放，更好践行绿色发展。

关键词：运输结构调整；铁路运费；碳达峰；碳中和

2017 年，交通运输部部署加大公路治超工作力度；2018 年，发布《推进运输结构调整三年行动计划(2018—2020 年)》；2021 年，发布《推进多式联运发展优化调整运输结构工作方案(2021—2025 年)》。截至目前，大宗物资“公转铁”政策已经推进了 7 年。国家铁路货运量从 2016 年的 26. 5 亿吨增加到 2023 年的 39. 1 亿吨，7 年增长了约 47. 5％。从数据看，近年来铁路货运量逐年增加，但增幅整体收窄，2017—2023 年，国家铁路货运增量分别为 10. 1％、9. 3％、7. 8％、4. 07％、4. 0％、4. 7％、0. 2％。通过调研发现，铁

* 刘颖，交通运输部科学研究院，正高级工程师；刘振国，交通运输部科学研究院，正高级工程师。

路货物运价是影响大宗物资“公转铁”的重要因素，本文从铁路货物运价形成机制、运价组成、铁路货类构成等方面分析了铁路货物运价对大宗物资“公转铁”的影响，同时借鉴国外铁路货运定价发展经验，提出了稳定大宗物资铁路运量政策建议。

一、 我国铁路货物运价现状

（一）我国铁路货物的定价机制

定价机制作为一种价格的指导方式，也是一种经济机制，在市场供需过程中起价格调节作用。我国的铁路货运定价机制主要体现以下三个方面的内容：一是定价形成机制，核心是定价主体，以及由此主体形成的定价构成、定价形式和定价体系。定价主体起主导作用，它主要负责价格的形成、制定、调整和决策。二是定价约束机制是指社会、政府以及主管部门以维护和促进公平竞争为主要内容的法律、法规，用来规范各定价主体的行为。三是定价调控机制是指国家对运价形成和运行过程进行干预和宏观调控，保证运价的调整与改革服从整个国民经济协调发展的宏观要求。货运定价机制本质上来说是一种经济机制，是由我国的基本经济制度决定的。我国是社会主义市场经济，是使市场在社会主义国家宏观调控下对资源配置起决定性作用的经济体制，价格配置和资源调控是铁路货运定价机制的本质。

（二）我国铁路货物的运价组成

目前，铁路货物运价主要以《铁路货物运价规则》（铁运〔2005〕46 号）规定的取费标准为主，辅助各类补充说明和规定，同时赋予各路局一定的定价权，由货物运费、杂费、专项和代收费用、延伸服务费用等取费类别组成。

1. 货物运费

货物运费由发到运费和运行运费组成，用于铁路简单再生产支出的补偿，主要以计费重量和运价里程为征收费用的依据。

2. 杂费

铁路货运杂费是指铁路运输的货物自承运至交付时的全过程中，铁路运输企业向托运人、收货人提供辅助作业和劳务，以及托运人或收货人额外占用铁路设备、使用用具和备品所发生的费用。

3. 专项和代收费用

专项和代收费用主要包括铁路建设基金、新路新价均摊运费、电气化附加费。

4. 延伸服务费

延伸服务费用是指在铁路货物运输过程中，延伸服务经营者在提供延伸服务时，按照不同的服务内容向委托人收费，以补偿因提供各项延伸服务带来的成本支出。

二、我国铁路货物货类构成

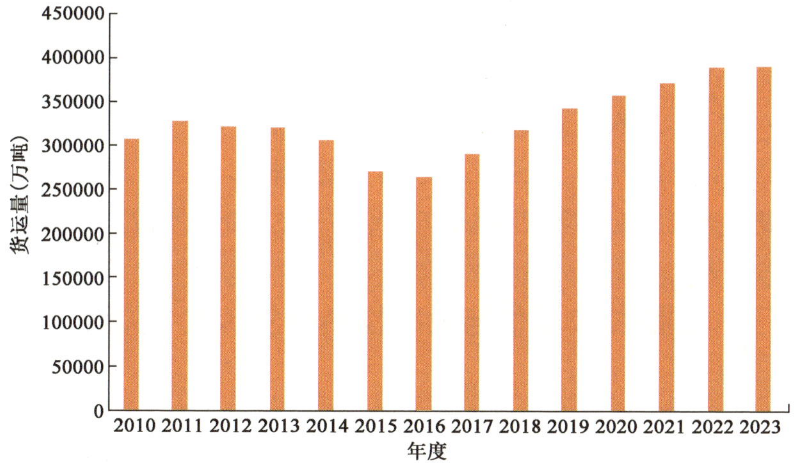

图 1　2010—2023 年国家铁路主要货运量统计❶

❶ 数据来源：国家铁路集团官方网站。

从以上统计数据看到，国家铁路主要货运量自2011年达到峰值32.8亿吨后，至2016年下降到26.5亿吨，2012年至2016年间，铁路货运增速为负，2017年以来铁路货运量呈逐年增长态势，铁路货物总量增速转正。

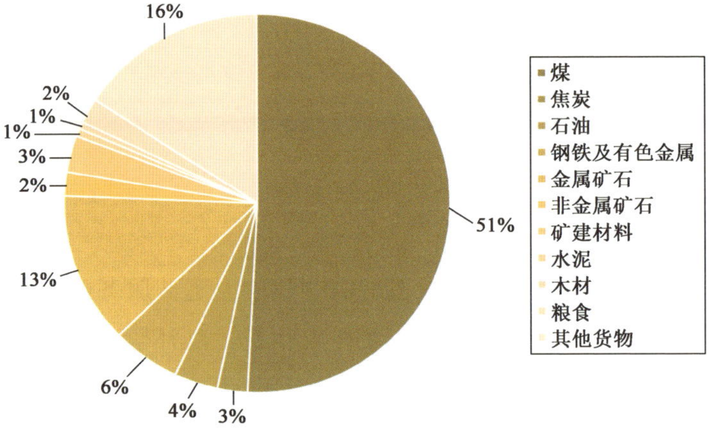

图2　国家铁路主要货类占比❶

上图数据为2015—2022年国家铁路主要货物占比统计(2015年后货类统计口径发生变化)。可以看出，铁路运输货类主要以大宗商品即所谓“黑货”的运输为主，其中煤炭、金属矿石、钢铁、焦炭、石油、建材等大宗原材料商品为主力货种，占比合计超过85%。货运结构中运量最大的为煤炭，占比50%以上，其次为金属矿石及钢铁有色金属，占比20%左右。从铁路货种货类分析可以看出，促进大宗物资往铁路转移、稳定大宗物资运量是提升铁路货运量的重要途径，也是运输结构调整的重要手段。

三、 铁路货物运价与大宗物资“公转铁”关系分析

分析当前我国铁路货运定价现状，结合我国铁路货运货种货类构成及历年运量数据分析，通过对河北省、山西省、内蒙古自治区、山东省等地钢铁生产制造厂的走访调研分析发现，铁路运费问题是制约大宗物资“公转

❶ 数据来源：国家统计局。

铁”的重要因素，主要存在以下问题。

（一）各项杂费在短途铁路运输中占比较大，大宗物资短途铁路运输缺乏吸引力

根据目前铁路货运运价组成，除基础运价外，还包括其他各项杂费。《铁路货物运价规则》(铁运〔2005〕46 号)中规定，杂费包括货运营运杂费，延期使用运输设备、违约及委托服务费用，租、占用运输设备费用等，杂费组成大约有几十项。2019 年中国铁路总公司发布《关于调整部分铁路货运杂费有关事项的通知》(铁总货〔2019〕46 号)，取消了部分货运杂费项目，如 D 型长大货物车使用费、货车篷布使用费、机械冷藏车制冷费、翻卸车作业服务费、清扫除污费、验关手续费等。但是仍然存在 20 余项杂费，对于短途铁路运输来说，杂费在全程货运运输费用中的占比较大，也是短途运输时大宗物资货主不愿意选择铁路运输的重要原因。

（二）淡旺季铁路运输费用不稳定，大宗物资货主长期合作关系难以维系

目前，中国国家铁路集团有限公司总体按照《铁路货物运价规则》(铁运〔2005〕46 号)的定价标准执行，但是各路局有一定的定价权。在运输淡季，各路局会给大宗物资用户一定的下浮空间，吸引货量；但是在运输需求旺盛而空箱调运比较困难的季节，则会取消下浮空间，恢复运价，这时候运力也难以保障。这种单方面的价格变动，使得大宗物资货主必须维持与公路运输企业的长期合作关系，一旦价格变动则由公路运输进行替代。

（三）计费规则复杂、取费标准繁多，难以取得大宗物资货主长期合作信任

根据《铁路法》规定，铁路货物运输杂费的收费项目和收费标准由铁路运输企业自主制定。《铁路货物运价规则》(铁运〔2005〕46 号)中，制定了铁路货运营运杂费费率表以及延期使用运输设备、违约及委托服务杂费费率

表，各种取费标准。另外，还出台了《关于铁路货运实行门到门运输及制定调整相关费目和费率的通知》(铁总运〔2013〕39 号)、《关于调整货运杂费有关事项的通知》(铁总运〔2017〕196 号)等多项调整杂费的文件，取费标准繁多，只有在 95306 网站查询后才能知道全程运费，很难对全程运费有直观认识，对运费的取费标准没有话语权，很难建立长期信任与合作关系。

四、 国外大宗物资铁路货运定价发展经验

(一)美国

美国有多种铁路运价形式，例如协议运价、公布运价、联运运价、本线运价等。主要有以下典型特点：

(1)协议运价和公布运价相结合，体现货主话语权。在按照货物类别、距离、重量确定的基本运价的基础上，货主可以和铁路运输企业进行多样化的协商，得到更优惠的合同运价。目前 60% 的铁路运量通过签订运价合同的方式来完成，太平洋联合铁路公司(Union Pacific Railroad，为美国最大的铁路货运公司)合同运价比例达 80%。在货主与铁路货运公司达不成一致意见时，使用公布运价。

(2)制定“多运低价”政策，提高铁路在中长途及重载运输市场的竞争力。美国公路网高度发达，在中短途运输中，铁路的优势得不到发挥，必须通过提高运距和运量来降低单位成本。美国铁路运价政策分为几个等级，具体如下：

①重载运价：规定最小载重量，鼓励多装多运，低吨位高价位，高吨位低价位。②整车运价：在规定整车运输的最小载重量的基础上，整车运输的运价明显低于非整车运输的运价。③多车运价：多车运价的依据是多车运输的改编成本低。多车运价适用于 5 车以上、25 车以下的运量，并且同样规定了每辆车的最小载重量。④混装运价：对于不同货物的混装，其价格要比装载单一货物的运价低。⑤整列运价：这是铁路为货主提供的最

优运价，运费按整列计算，但需要货主有较大的运量需求。可以看出，运价支持和鼓励方向是运量越多价格越低。

（二）德国

德国铁路货物运价没有政府指导价或保护价，不受政府调控，完全由货运公司按照货物的重量和运输距离自主决定。主要呈现以下特点：

(1)对大客户给予运价和服务上的特殊优惠。德国铁路货运企业目前大概有7500个客户，但是大客户集中度较高，4%的大客户运量需求占到整个货运公司总运输量的80%以上。这些大客户企业主要是一些大型的煤炭、钢铁、化工、汽车等企业。他们的货运需求主要是定期开行的整列运输，对于这些大客户，货运公司在服务和价格上都给予特殊的优惠，例如在地方和客户服务中心都有专人为大客户服务，商定使用的车辆、运输时间、增值服务项目、运费等，经过商定后向路网公司订购运行线，并最终与客户签订合同。

(2)大力发展联合运输，推行联运运价。由于德国地处欧洲中部，在发展国际联运方面，具有很强的地理优势。在德国铁路货运公司的联运运量中，国际联运占到60%以上。在联运运价方面，德国铁路货运公司通过控股欧洲最大的联运代理公司Kombiverkeh(持股50%)的方式，对客户实现了货物运输的一次全程报价，即一张运输合同覆盖了铁路、公路、水运和航运等全部运输过程。

（三）加拿大

加拿大幅员辽阔，属于自然资源密集型国家，铁路运输业在国民经济中占有重要地位。加拿大的铁路行业机构比较独特，它由两个占主导地位、线路相互平行的巨型铁路公司组成，分别为加拿大国营铁路公司(CN)和加拿大太平洋铁路公司(CP)。

(1)政府参与不同运输方式协调。1903年加拿大政府颁布《铁路法》，规定了铁路运价公开的原则，第一次对运价制定中的运价合理条件进行规定。1951 年加拿大颁布新的《铁路法》，要求提高所有铁路货物运输的价格，以降低政府交通补贴的金额。随着改革不断深化，铁路向托运人提出协议运价方式，市场化定价机制形成。

(2)发展初期对亏损线路给予补贴。20 世纪 50 年代，铁路运营成本大幅度上升，CN 和 CP 提出了全面涨价计划。90 年代后，CN 和 CP 在运营协作、合并以及线路交换等方面开始进行战略性调整。政府对调整过程进行严格控制，避免铁路公司放弃部分亏损支线，并以政府补贴的形式对由此给铁路运输公司造成的经济损失提供补偿。

五、 从运价层面稳定铁路大宗物资运量的政策建议

通过梳理国外铁路货运定价的典型做法，以及对我国铁路定价机制、运价改革的历程、铁路货运货类构成的分析可以看出，稳定铁路大宗物资运量是保证铁路货运量的重点，是促进“宜公则公”“宜铁则铁”的运输结构优化发展的重要手段，以下给出从运价层面稳定大宗物资运量的几点建议。

（一）保持整车或整列货物基准运价相对稳定，稳定大客户运量

参考美国和德国做法，铁路运输企业应该对大宗物资的运输(煤炭、矿石等)给予优惠运价。鼓励铁路企业与大客户签订量价互保协议，而不是仅仅签订运量互保协议，对运输量较大的客户按照年运量标准给予运输费用下浮，并在全国范围内进行统一推广，稳定大宗物资运量。通过稳定整车或者整列运输货主预期，长时间建立合作关系，培养大客户的运输习惯，稳定整车或者整列运输运量。

（二）对大客户提供精细化运价服务，增加大客户的话语权

参考美国和德国做法，货主可以和路企进行协商，得到更优惠的运价。铁路运输企业在对大宗物资货主或者整车运输货主报价时，可提前与其沟通运输服务方式，制订更加便利的运输方式及路线规划，制订不同的运输

方案，并与大客户协商确定运价下浮比例，实现整车、整列运输一口价，增加大客户的话语权，维护客户关系，营造双赢的运输环境。

（三）对短途大宗物资的铁路运输进行政府补贴运费

从相关调研成果看，短途铁路运输中基础运价和长途铁路运输基础运价一致，但是铁路杂费的占比较高，如河北省唐山市曹妃甸港到迁安钢厂的矿石运输和钢材运输，山东省、河北省、内蒙古自治区等钢铁企业原料和产成品的运输，500 公里范围内用铁路运输与公路运输相比没有任何优势。参考加拿大经验做法，建议除加大公路治超力度外，可以用政府补贴中欧班列的方式，对大宗物资运费进行补贴，对采用铁路进行短途大宗物资运输的企业，按照运量大小建立补贴等级，铁路运输量大的多补，铁路运输量小的少补。

补短板，强基础，优服务，加快推动多式联运高质量发展

赵南希　王馨梓*

摘　要：发展多式联运是促进交通物流降本提质增效的重要举措，是落实我国“碳达峰碳中和”目标的必然要求。本文系统梳理了国家多式联运发展的支持政策、设施设备、模式创新、信息共享、开放共享等基本情况，并对典型地区发展经验进行总结提炼，从优化环境、延展网络、增强动力、提升韧性等方面提出多式联运发展策略，为促进多式联运高质量发展提供政策指引和路径借鉴。

关键词：多式联运；高质量发展；模式创新；实施路径

* 赵南希，交通运输部公路科学研究院，高级工程师；王馨梓，交通运输部公路科学研究院，工程师。

多式联运是依托两种及两种以上运输方式的有效衔接，提供全程一体化组织的货物运输服务，具有产业链条长、资源利用率高、绿色低碳效益好等特点。党中央、国务院高度重视多式联运发展，制定印发系列重要政策文件，对多式联运发展方向、发展重点、发展动力、发展模式、推进路径等进行了部署安排，为推动多式联运发展指明了前进方向、提供了根本遵循。交通运输行业认真贯彻落实党中央、国务院决策部署，加快建设国家综合立体交通网，加强综合运输枢纽，深化运输结构调整，推进"公转铁""公转水"，发展多式联运"一单制""一箱制"，不断改善营商环境，持续提升交通物流整体效能，促进物流降本提质增效。

一、聚焦政策引领，多式联运发展环境持续优化

（一）制定出台系列支持政策

党中央、国务院为推动运输结构调整和多式联运发展，制定印发了系列政策文件。《交通强国建设纲要》《国家综合立体交通网规划纲要》明确提出推进大宗货物及中长距离货物运输向铁路和水运有序转移，提升多式联运效率与物流综合服务水平。国务院办公厅 2018 年、2021 年先后两次印发推进多式联运发展和调整优化运输结构工作方案，对多式联运进行统筹部署推进。交通运输部联合财政部开展国家综合货运枢纽补链强链，支持两批共 25 个枢纽城市，推动 300 个左右货运枢纽项目和 100 余个集疏运项目建设。交通运输部联合自然资源部、海关总署、国家铁路局、中国国家铁路集团有限公司(以下简称国铁集团)印发《推进铁水联运高质量发展行动方案(2023—2025 年)》，推动沿海和内河港口集装箱、大宗散货等铁水联运高质量发展。2023 年，交通运输部等八部门《关于加快推进多式联运"一单制""一箱制"发展的意见》，提出创新发展"一单制"服务模式和集装箱运输"不换箱、不开箱、一箱到底"的服务模式，多式联运发展的政策环境持续优化、政策保障更加健全。

（二）制定出台系列标准规范

多式联运发展重点要解决不同运输方式之间的衔接问题，央地合力推进综合货运枢纽补链强链，其中核心任务之一就是规则标准及服务软联通，统一多式联运技术标准和服务规则，更好发挥各种运输方式比较优势，提升全链条运输效率效能。这就要求我们加快建立健全多式联运技术标准体系，加快形成以集装箱为核心的基础设施、包装和运载单元、专用载运工具、装卸设备、数据交换等标准框架。交通运输部印发实施《铁水联运标准化行动方案(2023—2025 年)》，先后制定发布《多式联运运载单元标识》《多式联运货物分类与代码》《集装箱联运多式联运运单》等多式联运标准规范 40 多项，标准规范覆盖综合交通基础标准、联运技术装备、数据交换等方面，标准体系建设取得积极成效。

（三）实化多式联运工作举措

全国 20 个省(区、市)、6 家企业将运输结构调整优化和多式联运发展作为交通强国建设试点重要内容。江苏省、云南省、天津市、内蒙古自治区、黑龙江省、湖北省、广西壮族自治区 7 省(区、市)出台了“公转铁”“公转水”和铁水联运发展专项资金支持政策，安徽省、河南省、广东省等地积极开展省级多式联运示范工程建设，山东省、辽宁省、福建省、内蒙古自治区等地组织开展省级多式联运“一单制”试点，加大政策支持力度。东北三省一区多式联运发展联盟成立，在合力破解区域多式联运堵点难点问题，构建规范、开放、统一的运输市场持续发力，东北三省一区相关生产制造企业，铁路、公路、水运、航空、邮政等交通运输企业，多式联运平台企业、高校院所等 190 家企事业单位凝聚形成合力。

二、 聚焦互联互通，多式联运通道网络不断延展

（一）联运基础设施加快畅通

交通基础设施是经济社会发展的基础条件和重要支撑，具有基础性、先导性和战略性作用。《交通强国建设纲要》《国家综合立体交通网规划纲要》印发以来，综合立体交通网主通道积极开展，国家综合立体交通网主骨架空间布局已基本完成，路线里程超过 26 万公里，建成率约 90%，已连通了全国超过 80% 的县，服务全国 90% 左右的经济体量。重点区域之间，以多式联运为纽带进一步缩小区域差异，带动协调发展，西部陆海新通道铁水联运班列接近 1 万列，辐射范围拓展到 17 个省份。各地聚焦主要矛盾，推进集疏港铁路建设及“最后一公里”畅通工程。江苏省开行沿海港口 26 条海铁联运班列，实现所有设区市全覆盖。国家能源集团建设铁路专用线 111 条，总长度为 1858 公里。交通基础设施布局规模和结构功能的日益完备，服务支撑交通物流运行效率和服务品质提升。

（二）上下游各环节加快贯通

截至 2023 年底，100 多个国家多式联运示范工程加快创建，开通的联运线路基本覆盖国家交通枢纽城市和立体交通网络主骨架，带动上下游 1000 多家企业实现协同联动，促进运输企业与生产制造、商贸流通深入融合。广西壮族自治区打造“百色一号”“北部湾港”“防城港”等多式联运示范工程，北部湾港开通 10 条固定班列、内外贸航线 76 条，通达全球 119 个国家和地区的 393 个港口，支撑中国与东盟产业链、供应链、物流链、金融链、数据链、价值链深度融合。顺丰集团运营 99 架全货机，拥有航权时刻 307 对，全球运营航线 120 条，国内散航线路 2400 条、国际散航线路 3000 多条。多式联运示范工程深入推进，有效服务我国超大规模市场优势发挥和现代产业体系构建。

（三）联运信息数据加快联通

聚焦解决多式联运信息互联共享机制不健全、信息孤岛现象普遍存在、信息系统自我封闭严重等制约多式联运发展的关键问题，要求统一业务衔接口径，基于无缝的信息流转带动线下不同实体业务衔接。为此，交通运输部制定发布了多式联运电子运单等标准规范，发挥交通运输资源共享交换系统“数据枢纽”作用，促进各环节信息互联共享。湖北省建设“云上多联”智慧供应链综合服务平台，推动与铁路、多个港口实现数据对接；中国铁路济南局集团有限公司与日照港、烟台港、莱芜钢铁集团有限公司等实现海铁联运、路企信息互联共享；山东港口物流建立智慧物流“陆海通”数字物流平台，为3万多家企业、22万辆货车、24万名驾驶员提供信息服务；浙江省打造“四港联动”智慧物流云平台，整合1600多个系统，汇集90亿条数据，提升订舱效率40%以上。

三、 聚焦创新驱动，多式联运内生动力切实增强

（一）相关政策制度的创新突破

八部门联合制定出台促进多式联运“一单制”“一箱制”发展的意见，构建了多式联运模式创新的顶层制度设计，突破传统制度对多式联运发展的制约，切实解决了政策堵点，促进多式联运纵深发展。交通运输部重点推动“一单制”相关单证的标准规范建设，组织制定了集装箱多式联运运单、集装箱多式联运电子运单等多项国家标准、行业标准，明确了联运运单格式和使用流程说明，提出了运单样本式样，从制度标准层面解决单证内容重复、业务流程复杂、流转衔接不足的问题。商务部、金融监管部门聚焦多式联运贸易融资需求，依托自贸区开展制度创新，推进铁路运单金融服务试点，支持银行保险机构依托铁路运单开展金融创新，服务支撑跨境陆运贸易发展。国家发展改革委与交通运输部制定印发推进铁路专用线建设

的指导意见，简化专用线接轨条件，有效解决专用线进园区、进厂区、进港区的难题。自然资源部制定《关于做好占用基本农田重大建设项目用地预审的通知》，解决铁路专用线项目占用基本农田审批难题。重庆市、郑州市、成都市、武汉市、义乌市、西安市等地结合自贸试验区建设、中欧班列建设的业务需求，在借鉴海运提单的基础上，制定并试用铁路运单、多式联运提单等凭证。

（二）服务模式不断创新

各地将多式联运服务模式创新作为推动货运物流高质量发展、促进物流降本提质增效的重要抓手，结合业务实际，加快推进多式联运“一单制”“一箱制”发展，涌现出新模式、新路径。广西壮族自治区协同西部陆海新通道沿线省份签发提单约6000份，实现“一个平台、一个窗口、一次委托、一次保险、一次结算、一条龙作业”门到门全程物流服务。江苏省基于国际海运提单的海铁、江海河联运CCA(二程船协议)和多式联运运单的“一单制”模式，发展徐州至连云港海铁联运“铁路箱下水”新模式，创新35吨敞顶箱“铁水联运+集散转换”新模式。山东省青岛市开展海铁联运“全程联运提单”方式的“一单制”模式，在起运港(包括内陆港)将运输全过程委托船公司，作为全程承运人，船公司为其签发全程联运提单，全程单据不再进行更换，实现“一单到底+一票结算+一次委托+一口报价”。中外运、成都青白江铁路港等加强与货主企业、金融保险机构合作，探索多式联运“一单制”新模式。

（三）智能化水平持续提高

紧紧围绕科技赋能创新发展，推动人工智能、区块链、云计算、物联网、大数据等现代信息技术与多式联运深度融合，用数字化信息化方式提高物流效率，多式联运智能化水平不断提高。广西壮族自治区建设“五港”联动跨境物流综合信息服务平台，推动铁路、港口、船公司、民航信息互联互通。江苏省制定了《江苏省智慧港口建设行动方案(2022—2025年)》，从生产智能化、管理数字化、服务一体化及高新技术应用等方面，分类推进港口智慧发展，已建成太仓四期、南京龙潭集装箱码头和张家港散货等智慧码头。国铁集团探索建设数字化、自动化集装箱场站系统，实施中国铁路 95306 改版升级。中国物流集团有限公司改造升级网络货运平台为智慧多式联运平台，为客户提供“时效优先”“价格优先”的多套物流解决方案，通过“一次委托、一单到底、一次收费”，为客户提供门到门的国内国际多式联运物流服务与解决方案。

（四）清洁化水平不断提高

绿色是交通运输发展的底色。推动运输结构调整，大力发展多式联运，已经成为推进交通运输绿色低碳转型的主要抓手。交通运输部组织开展多式联运设施设备绿色化发展，特别是依托相关试点示范工程，推进建设零碳综合货运枢纽，利用新能源重型卡车开展港口、铁路枢纽集疏运。江苏省推进联运设备技术水平提升，首艘 120 标准箱纯电动内河集装箱船已投入运营，2 艘 200 标准箱液化天然气（LNG）集装箱滚装两用船投入运营，全省营运货车和货船单位周转量二氧化碳排放下降。山东省济南市依托补链强链，推动综合货运枢纽绿色化发展，购置更新绿色低碳设备 500 余台套，小清河绿色智能船舶项目，建造 2 艘内河兼海驳船及 1 艘海上顶推船，采用“内河自航 + 海上顶推”的运输方式，在山东省高速临空国际物流园、中国北方生活消费品济南分拨中心等园区铺设光伏发电设施，打造零碳物流园区，累计铺设面积 55400 平方米，装机容量 4400 千瓦时。

四、 聚焦开放共享，多式联运发展韧性有效提升

（1）中欧班列高质量运行有效支撑“一带一路”互联互通。依托多式联运持续提升中欧班列的质量，开行规模不断扩大、运行品质稳步提升，运行线已达 87 条，联通境内 122 个城市，拥有阿拉山口、霍尔果斯、二连浩特、满洲里、绥芬河、同江北六大口岸。在境外，中欧班列西、中、东三条运

输主通道日益成熟，外加跨里海、黑海的南通道新路径，通达欧洲25个国家(地区)223个城市，连接11个亚洲国家超过100个城市，服务网络基本覆盖欧亚全境。截至2024年5月，中欧班列已累计开行突破9万列，运输超870万标准箱，货值超3800亿美元，成为名副其实的亚欧贸易“黄金通道”，有效支撑中欧打造供应链、产业链、价值链相互交融、深度互嵌格局。重庆市依托中欧班列发展成为对外开放新高地，外向型产业产值年均增长30%；郑州市依托中欧班列实现大量外贸企业“成网出海”；义乌市依托中欧班列实现从“买卖全国”到“买卖全球”的转型升级。

(2)西部陆海新通道加快建设有效支撑东盟贸易区互联互通。西部陆海新通道利用铁路、公路、水运等多种运输方式，由重庆市向南，经防城港出海通达世界各地，是连接主要经济区、协同区域经济发展的重要举措，打造西部对外改革开放新高地、塑造新发展优势的重要路径。成渝经济圈依托西部陆海新通道，先后开通的“成都—临沧—仰光—印度洋”“重庆—瑞丽—缅甸”等多条海公铁联运国际线路，实现清水河口岸72小时到仰光港、成都市的物流布局形态。中老铁路运输服务网络已辐射至老挝、泰国、越南、缅甸等12个“一带一路”共建国家以及国内31个省(区、市)的主要城市，我国与东盟国家的铁路货物运输有超过一半都经过中老铁路。通过开展多式联运“一单制”试点、运费贷和信用证结算等多个“小而美”的物流金融试点项目，最大限度地为企业客户提供便利，助力降低社会物流成本，有效扩大了中国与中南半岛国家间的经贸往来。“中老铁路+中欧班列”运输模式，更是将老挝、泰国等国家至欧洲的铁路直达运输时间压缩了15天。

五、 多式联运发展面临的问题及对策建议

在国家政策的持续推动下，我国多式联运发展取得了积极成效，但与世界先进水平相比，与加快建设交通强国的目标要求相比，还存在诸多不足之处。一是多式联运结构还不够优化。各种运输方式的组合效率、集约效益和整体效能尚未充分发挥，竞争优势还不明显。二是多式联运组织化

水平还不够高。枢纽场站“邻而不接”“连而不畅”和“中间一公里”等现象依然存在，缺乏具有跨方式运营、全程运输组织能力的多式联运经营人，一单制、一箱制等服务模式尚处于起步探索阶段。三是多式联运信息共享机制还不够健全。部门间、方式间、企业间、区域间信息互联共享仍存在诸多堵点，共享机制尚未有效建立。四是多式联运政策措施还不够完善。创新、管用、好用的政策措施明显不足，既有政策落实不到位、效果不理想，在一定程度上也制约了多式联运的发展。

为有效应对多式联运发展面临的问题和挑战，加快推进多式联运高质量发展，建议在国家出台相关扶持政策，积极引导地方开展试点示范探索实践、积累经验的基础上，重点围绕补短板、强基础、优服务持续推进相关工作，提升综合运输服务质量和效率，促进交通物流降本提质增效。

(1)补短板，着力提升联运基础设施衔接水平。以实施国家综合货运枢纽补链强链为契机，依托国家综合立体交通网规划建设，切实打造一批基础设施衔接紧密、多式联运网络发达、合作机制灵活顺畅、运营组织高效规范的综合货运枢纽。加强规划衔接，积极推动铁路专用线向港口码头延伸，铁路站场向港口、机场、产业集聚区延伸，努力消除铁水联运物理阻断，有效提升不同运输方式之间的衔接水平。加快集疏运体系建设，提升主要港口、重点园区、民航机场和铁路货站等枢纽节点的货运保障能力，有效缓解既有货运网络的瓶颈制约。

(2)强基础，健全完善多式联运法规标准体系。以综合交通运输一体化融合发展为指引，加快推动相关法律、制度、标准、规则制修订，打牢行业发展基础，为多式联运高质量发展提供坚强的制度保障。鼓励地方积极探索，通过研究制定地方法规、制度规范等方式，加强各种运输方式法规制度的协调衔接和综合配套，为行业立法提供基层实践经验。尽快制修订一批行业急需、制约明显、切实管用的标准规范，进一步提高企业在标准制修订过程中的参与度，保障标准制定的可行性、科学性、落地实践性，引导多式联运规范有序健康发展。

(3)优服务，持续推动多式联运服务模式创新。以多式联运“一单制”为载体，争取尽快在信息互联共享、标准化运单推广应用、多式联运单证物权化等方面取得突破。支持铁路、港口、船公司、货运企业等运用股权合作、数据交易、资源置换等市场化机制，实现信息互联共享。鼓励具有信息化基础的骨干企业向多式联运信息集成服务商发展，整合集成不同运输方式信息数据，提供一站式服务。积极引导铁路企业、水路企业在内贸铁水联运中探索应用标准化运单，做好与空运、海运运单的衔接，实现陆海空多式联运运单的统一。培育壮大具有全程组织服务能力的多式联运经营人。支持多式联运相关经营主体，通过订立合同等方式实现全程控货，保障赋予单证物权凭证功能。

发挥示范工程引领作用，打造城市绿色出行体系

李振宇*

摘　要：发展绿色出行是落实交通强国建设及实现低碳绿色发展的重要内容。近年来，我国绿色出行政策体系不断完善，城市公共交通快速发展，同时通过发挥示范工程的引领作用，推动建立跨部门的协调工作机制，开展了全国绿色出行创建行动，明确创建目标、重点任务和创建标准，创建工作取得了显著成效，对加快打造我国城市绿色出行体系发挥了重要作用。

关键词：城市交通；绿色出行；公交优先；示范工程

促进城市绿色出行对实现城市及交通的可持续发展意义重大。党的十八大以来，我国积极出台相关政策，将绿色出行作为城市交通高质量发展

* 李振宇，交通运输部科学研究院，副研究员。

的重要工作内容。《国务院关于印发2030年前碳达峰行动方案的通知》(国发〔2021〕23号)提出了"'十四五'期间，绿色生产生活方式得到普遍推行，到'十五五'期间，城区常住人口100万以上的城市绿色出行比例不低于70%，绿色生活方式成为公众自觉选择"的目标。党的二十大报告提出"加快发展方式绿色转型，推动形成绿色低碳的生产方式和生活方式"。

交通运输行业深入贯彻党中央、国务院决策部署，持续推进城市公交优先和绿色出行发展，相关政策、规划和标准体系不断完善。2019年6月，交通运输部等十二部门和单位印发了《绿色出行行动计划(2019—2022年)》(交运发〔2019〕70号)，提出提高公交供给能力、运营速度和公众的出行体验，明确优化慢行交通系统服务等重点任务。为落实《交通强国建设纲要》有关要求，2020年到2022年间，交通运输部和国家发展改革委联合开展了"绿色出行创建行动"示范工程，加快推动城市绿色出行发展，提升了绿色出行服务水平。本文重点介绍该示范工程的发展政策、建设内容等，总结取得的主要成效和典型案例经验。

一、发展政策

2020年7月，《交通运输部　国家发展改革委关于印发〈绿色出行创建行动方案〉的通知》(交运函〔2020〕490号)印发，标志着全国绿色出行创建行动正式启动。以直辖市、省会城市、计划单列市、公交都市创建城市、其他城区人口100万以上的城市作为创建对象，鼓励周边中小城镇参与绿色出行创建行动。通过开展绿色出行创建行动，引导公众出行优先选择公共交通、步行和自行车等绿色出行方式，降低小汽车通行总量，整体提升我国各城市的绿色出行水平。

2021年10月，交通运输部、国家发展改革委发布《绿色出行创建行动考核评价标准》，明确了绿色出行创建行动的考核标准和评价指标体系，要求创建城市绿色出行比例达到70%以上，绿色出行服务满意率不低于80%。

二、 创建内容和验收标准

（一）创建内容

1. 推进机制健全有效

建立跨部门、跨领域的绿色出行协调机制，形成工作合力。

2. 基础设施更加完善

城市建成区平均道路网密度和道路面积率持续提升，步行和自行车等慢行交通系统、无障碍设施建设稳步推进，加快充电基础设施建设。

3. 新能源和清洁能源车辆规模应用

重点区域（京津冀及周边地区、长三角地区、汾渭平原等区域）新能源和清洁能源公交车占所有公交车比例不低于60%，其他区域新能源和清洁能源公交车占所有公交车比例不低于50%。新增和更新公共汽电车中新能源和清洁能源车辆比例分别不低于80%。空调公交车、无障碍公交车比例稳步提升，依法淘汰高耗能、高排放车辆。

4. 公共交通优先发展

超大、特大城市公共交通机动化出行分担率不低于50%，大城市不低于40%，中小城市不低于30%。公交专用道及优先车道设置明显提升。早晚高峰期城市公共交通拥挤度控制在合理水平，平均运营速度不低于15公里/时。

5. 交通服务创新升级

手机应用（App）或者电子站牌等方式提供公共汽电车来车信息服务全面实施。公共交通领域一卡通互联互通、手机支付等非现金支付服务全面应用。建立城市交通管理、公交、出租汽车等相关系统，促进系统融合，实现出行服务信息共享，并向社会提供相关信息服务。

6. 绿色文化逐步形成

每年组织绿色出行和公交出行等主题宣传活动。广泛开展民意征询、志愿者活动和第三方评估等工作。

（二）验收标准

2021 年 10 月，交通运输部办公厅和国家发展改革委办公厅印发了《关于印发〈绿色出行创建行动考核评价标准〉的通知》（交办运函〔2021〕1664 号），进一步细化工作要求，指导各地深化绿色出行创建行动。评价标准从创建实施方案完成情况、创建目标完成情况两个方面对绿色出行创建城市进行考核评价，满分为 100 分。其中，实施方案完成情况包括：政策体制机制保障、基础设施建设、交通服务创新、宣传和文化建设等四方面考核内容；创建目标完成情况包括绿色出行比例、绿色出行服务满意率、城市公共交通机动化出行分担率、新能源和清洁能源公交车比例等十项评价指标。

绿色出行创建行动指标体系　　表 1

指标	创建目标		
	超/特大城市	大城市	中小城市
1. 绿色出行比例	≥70%		
2. 绿色出行服务满意率	≥80%		
3. 城市公共交通机动化出行分担率	≥50%	≥40%	≥30%
4. 新能源和清洁能源公交车比例	重点区域比例不低于 60%，其他区域不低于 50%		
5. 新增和更新新能源和清洁能源公交车比例	≥80%		
6. 早晚高峰期公共汽电车平均运营速度	≥15 公里/时		
7. 新增和更新低地板及低入口城市公交车比例	≥70%	≥60%	≥50%
8. 公共汽电车来车信息实时预报率	100%	≥90%	≥80%
9. 人行道设置比例	≥20%		
10. 特色指标	城市根据自身发展情况确定特色指标和目标值		

2022 年 5 月，交通运输部办公厅和国家发展改革委办公厅印发《关于做好绿色出行创建行动考核评价有关工作的通知》（交办运函〔2022〕744 号），

部署对绿色出行创建城市开展考核评价工作。按照通知要求，考核评价工作分为城市对标自评、省级核查推荐、部级考核评价和考评结果公布四个阶段。

三、创建成效

2022 年 12 月，交通运输部和国家发展改革委公布绿色出行创建考核评价达标城市名单。经城市自评、省级核查推荐、专家评审、交叉复核、社会公示等程序，北京市、天津市、上海市、重庆市等 97 个城市完成了创建任务，达到绿色出行创建目标。总体上看，各城市通过开展绿色出行创建行动，绿色出行基础设施明显改善，公共交通服务品质显著提高，绿色出行装备水平持续提升，人民群众对选择绿色出行的认同感、获得感和幸福感不断加强，我国城市绿色出行水平得到整体提升。创建成效具体体现在以下方面：

（一）预期创建目标圆满完成

各地认真贯彻落实习近平生态文明思想等决策部署，全国 28 个省份 109 个城市积极开展绿色出行创建行动，创建城市覆盖了直辖市、省会城市、计划单列市、公交都市创建城市以及部分中小城市。

（二）多部门协调机制建立健全

各地普遍建立了多部门协同联动机制，共同推进绿色出行创建行动，协同开展推动交通基础设施绿色化、推广节能和新能源车辆、提高公交供给能力等。

（三）绿色出行基础设施更加完善

各创建城市稳步推进公共交通基础设施建设、慢行交通系统和无障碍设施建设。北京市、上海市、杭州市大力推动轨道交通网络建设，促进轨道公交两网融合。温州市、济南市、兰州市加快推动 BRT 系统建设。大连市、昆山市、宁波市积极推进公交枢纽以公共交通为导向的开发模式（TOD）综合开发新模式。苏州市、枣庄市、商丘市加强公交专用道建设，保障公交路权优先。

（四）绿色出行装备水平明显提升

各创建城市以实施新增和更新节能及新能源车辆为突破口，推进绿色车辆规模化应用，加快充电桩配套建设。济南市、潍坊市推进氢燃料电池公交车辆应用。

（五）公共交通服务品质显著提高

各创建城市积极发展多元化、多样化公交服务，大力提升公共交通服务品质。北京市、苏州市、临沂市创新公交运营组织模式，定制公交及多样化专线，实现了互联网与传统公交运营模式的有效对接。杭州市、温州市、绍兴市尝试接驳服务多元化，实现社区居民“门到门”“门到站”和“门到点”服务。

（六）绿色出行文化逐步形成

大力培育绿色出行文化，不断增强绿色出行方式吸引力。呼和浩特市坚持蒙汉文并用，在城市公交、地铁内设置蒙语报站和蒙语宣传，打造具有内蒙古特色的绿色出行文化。

基于绿色出行创建行动的成效与经验，2023 年 9 月，交通运输部印发了《城市公共交通优先发展和绿色出行典型案例》，其中包括加强公交用地保障，促进公交优先发展、推进公交专用道成网运行、慢行交通等 13 个典型案例，加强了宣传推广。例如：

（1）云南省玉溪市大力推进慢行系统建设，畅享绿色出行环境。主要做法包括：一是完善慢行系统建设。玉溪市建成骑行道 32.91 公里，完成绿道建设 17.41 公里，改造非机动车道 7.85 公里，加快完善了慢行交通系统。

二是推进公共自行车配套。积极完善自行车停车相关配套设施，在城区所有公交站点周边配套施划自行车停车位，实现公交与自行车的便捷换乘。三是加强慢行环境治理。对慢行环境实行精细化、网格化管理，对违反禁令标志停车等现象“零容忍”，全力整治车辆乱停乱放。目前，人行道面积达到388.03万平方米，网络连续、功能完善、环境优美的城市慢行系统基本成型。

(2)重庆市完善微循环公交网络，打造“小巷公交”服务品牌。主要做法包括：一是拓展网络层级，完善线网布局。在已有快线、干线、支线三级公交网络的基础上，增加“微循环”线路层级，将公交线路延伸进社区的背街小巷。小巷公交线路站间距200~500米，串联社区、医院、学校、菜市场等，与城市轨道交通、干线公交和公交枢纽场站无缝接驳，实现“出门乘公交、换乘通全城”。二是选用小型车辆，适应道路环境。针对小巷公交主要在次支道路等背街小巷运营的特点，选用小型纯电动车型投入运营，以适应路窄、坡陡、急弯等道路环境。小巷公交选用空调车辆，提升了乘坐体验。三是统一服务标准，打造服务品牌。区别于快、干、支线公交，小巷公交以“3”字开头的四位数字作为路号，车身统一印制“小巷公交”标志，方便群众辨识乘坐。票价与其他常规公交线路一样，执行2元“一票制”，并享受同等的优惠政策。四是加大扶持力度，保障持续发展。重庆市交通局会同市财政局联合出台支持中心城区小巷公交发展的通知，明确建立市区共担的“小巷公交”财政补贴机制，市级财政将小巷公交纳入补贴范围，各区根据线路实际，按照每车每年不高于10万元的标准给予运营补贴，确保企业运营服务可持续。截至2023年7月，重庆市已开通30余条小巷公交线路，日均运送乘客超过4万人次，累计服务近1545万人次，公交服务吸引力不断增强。

四、小　结

通过开展绿色出行创建行动，城市绿色出行快速发展，城市绿色出行供给水平、服务能力等大幅提升，在缓解城市交通拥堵、发展低碳运输装备、优化交通出行结构等方面取得了显著成效，大大减少了碳排放。

截至 2023 年底，全国公共汽电车运营车辆数达 68.25 万辆，较 2010 年增长了 62.3%；新能源公共汽电车保有量达 55.70 万辆，较 2010 年增长了 113 倍；公共汽电车运营线路突破 7.98 万条，长度达 173.39 万公里，分别较 2010 年增长了 1.37 倍、1.74 倍。全国公交专用道总里程超过 2 万公里，较 2010 年翻两番。同时，城市轨道交通实现跨越式发展，目前已有 54 个城市开通运营城市轨道交通，运营里程超过 1 万公里。南京市、上海市、杭州市等城市公共交通出行分担率超过 60%。根据《典型城市绿色出行发展研究报告(2023 年度)》，对 36 个典型城市的调查显示，其高峰时段绿色出行比例均超过 70.0%，我国城市绿色出行体系正在加快形成，有力支撑了城市社会经济的高质量发展。

互联网租赁自行车的发展成效与对策建议

李　超*

摘　要：互联网租赁自行车绿色健康、灵活方便、经济高效，受到人民群众的广泛欢迎。经过近十年的发展，相关政策不断完善，运营企业已经将经营目标由单纯的盈利向为人民提供更好的服务转变。在此基础上，本文对互联网租赁自行车的行业定位、法律法规保障和碳交易等领域取得的成效进行总结，分析了存在的问题，提出了针对性的发展对策建议，为行业管理决策提供参考。

关键词：互联网租赁自行车；绿色出行；碳交易；新业态

互联网租赁自行车(俗称“共享单车”)是我国共享经济下一种典型的城市交通新业态，为解决“最先和最后一公里”出行难题提供了一种有效方案，

* 李超，交通运输部科学研究院，助理研究员。

对丰富城市绿色出行体系及优化交通出行结构、减少城市交通碳排放起到了积极作用。经过多年发展，已成为城市交通行业的重要组成部分。

一、 互联网租赁自行车的发展成效

（一）互联网租赁自行车规范化发展

互联网租赁自行车是移动互联网和租赁自行车融合发展的新型服务模式。自 2015 年互联网租赁自行车在我国出现以来，经历了由乱而治的发展阶段，已逐步实现规范化发展。

在互联网租赁自行车发展前期，先后有 70 余家企业进入市场，部分运营企业为了抢占市场份额，在城市大量投放车辆，并采取低价竞争策略，不计成本吸引用户，由此造成中小企业因生存空间受到不断挤压而逐渐退出市场。在发展中期，运营市场进一步洗牌，随着行业竞争的加剧以及市场逐渐饱和，互联网租赁自行车的热度逐渐退却，投资者也不再集中涌入，没有雄厚资本支撑的企业难以为继。资金实力较弱、产品创新能力不强的中小企业面临日渐增长的资金链压力，不得不退出市场，整个行业已从爆发式增长进入洗牌阶段，并逐步实现规范化发展。截至目前，行业整体呈现趋于理性发展态势，企业经营逐渐回归本位，主要精力用于更加关注提升车辆周转率、注重提升线下运维服务等方面，在全国范围内，市场份额最大的三家企业分别是哈啰单车、美团单车和青桔单车，三家企业占全国市场份额合计超 95%，在全国 410 余个县级及以上城市投放运营车辆，在营车辆约 1200 万辆，注册用户超过 5 亿，全国日均订单量约 2700 万单❶。

随着互联网租赁自行车的发展普及，服务人次不断增加，已成为城市范围内一种主要的出行方式。在企业互联网租赁自行车加大投放运营的同时，城市政府不断优化骑行环境，配套停放点位，改善自行车与公共交通

---

❶ 数据来源：主要互联网租赁自行车企业的统计数据。

等交通方式的接驳，推动城市交通绿色化发展，扭转了之前自行车出行分担率逐年下降的趋势。据主要企业反映，互联网租赁自行车的出行距离主要在 5 公里以内。通过对 36 个城市开展的出行调查可知，互联网租赁自行车出现前，小汽车出行分担率占总出行量 29.8%，自行车出行分担率为 5.5%；在互联网租赁自行车出现后，小汽车占总出行分担率降至 26.6%，自行车出行分担率提升至 11.6%❶。互联网租赁自行车由于绿色健康、灵活方便、经济高效，为出行者“最先和最后一公里出行”提供解决方案，受到人民群众的广泛欢迎。互联网租赁自行车的发展优化了城市交通出行结构，降低了部分小汽车出行量，缓解了交通拥堵，已成为城市绿色出行的重要组成部分。

（二）政策制度体系逐步完善

在行业发展初期，由于激烈的行业竞争、资本投入等原因，企业出现了快速扩张、抢占市场、无序投放的现象。行业管理尚处于摸索阶段，企业主体责任落实不到位、车辆乱停乱放、用户资金安全难以保障等问题突出。在此背景下，各级行业管理部门积极制定相关管理政策，以加快推进规范有序发展。

在国家层面，2017 年，交通运输部等十部门联合印发《关于鼓励和规范互联网租赁自行车发展的指导意见》（交运发〔2017〕109 号，以下简称《指导意见》）是互联网租赁自行车行业第一部管理政策文件。《指导意见》明确了互联网租赁自行车的发展定位和基本原则，针对行业发展存在的突出问题，从实施鼓励发展政策、规范运营服务行为、保障用户资金和网络信息安全、营造良好发展环境四个方面提出了 16 项具体政策措施，明确各方职责，鼓励政府、企业、社会组织和公众共参共治。其中也对互联网租赁自行车行业在城市交通中的作用予以肯定：互联网租赁自行车在更好地满足公众出行需求、有效解决城市交通出行‘最后一公里’问题、缓解城市交通拥堵、

---

❶ 数据来源：《共享单车与城市发展白皮书》。

构建绿色出行体系等方面发挥了积极作用，推动了分享经济发展。2019 年，交通运输部等六部门联合印发《交通运输新业态用户资金管理办法(试行)》(交运规〔2019〕5 号，以下简称《管理办法》)，针对互联网租赁自行车等新业态建立了用户资金监督管理工作机制。为有效落实运营企业的主体责任，对运营企业加强用户资金管理提出以下要求：一是原则上不收取用户押金，确有必要收取的，应当提供运营企业专用存款账户和用户个人银行结算账户两种存管方式，供用户选择。不得挪用用户押金。二是应当在中国大陆境内注册地银行分别开立全国唯一的用户押金、预付资金专用存款账户存管用户资金，并将专用存款账户开立、变更和撤销情况向行政主管部门报告。三是按《管理办法》提出的限额要求收取用户资金的同时，建立预付资金备付金制度，备付金额度不得低于预付资金余额的 40%，可用部分预付资金只能用于与服务用户有关的主营业务。四是按照用户资金管理要求，与相关银行签订用户资金管理协议存管用户资金。五是定期向注册相关管理部门提供用户资金存管报告，暂停、终止业务前应当制定完善的业务清算处置方案和用户权益保护措施，并提前向相关管理部门报告。2022 年 6 月，交通运输部等部门对《管理办法》进行了修订，进一步完善了用户资金管理，增加了信用管理措施。

在省级层面，为落实《指导意见》，截至 2023 年底，10 余个省(市)级印发了实施意见，云南省、陕西省、北京市由交通运输主管部门牵头印发；上海市由市人民政府印发；天津市由公用事业管理局印发；河北省由住房建设厅印发。

在城市层面，截至 2023 年底，全国 130 个城市已出台市级或区(县)级相关政策文件，多以城市层面部门规章和行政法规的形式印发，印发部门包括市人民政府、交通运输局、城市管理局等，印发内容除了管理暂行办法外还包括考核办法、备案通知等。同时，一些城市政府在运营服务质量考核、规范停放秩序、行业信用管理方面出台具体文件进一步规范行业秩序。

(三)积极探索绿色出行发展市场机制

为提升互联网租赁自行车服务水平，通过建立绿色出行市场机制，从需求侧引导市民选择自行车出行具有重要意义，不少城市结合自身实际在碳交易、碳普惠方面做了积极探索，积累了宝贵经验。

2022 年，由深圳市生态环境局、美团单车与深圳排放权交易所联合开发形成的《深圳市共享单车骑行碳普惠方法学(试行)》正式发布，为深圳市推出的第一个碳普惠方法学。2023 年 10 月，根据《广州市生态环境局关于印发广州市碳普惠自愿减排实施办法的通知》(穗环规字〔2023〕3 号)，广州市生态环境局印发《广州市互联网租赁自行车骑行碳普惠方法学(试行)》，将其登记为广州市碳普惠方法学。2022 年，生态环境部环境发展中心牵头发布了《共享骑行全生命周期减污降碳报告》，与深圳市、广州市等城市的方法学不同。该报告的方法学包括了互联网租赁自行车全生命周期的碳排放，其中包括生产阶段和试用阶段。生产阶段原材料生产排放共核算单车车架、外胎、链条等零部件，铝合金、复合聚氨酯、塑料、铁/铝合金、铝镁合金、铸造生铁、铁等材料的生产排放，以及烤漆、组装等生产制造过程及仓储过程所使用能源的碳排放。通过生产厂商提供的“产品材料组成配比表”获得单个产品原材料使用量数据，结合排放因子，进行计算得到原材料的排放。

除了广州市、深圳市等互联网租赁自行车减排方法学外，还有重庆市助力车方法学、上海市单车方法学、北京市低碳出行方法学和青岛市低碳出行方法学。不同方法学排放因子、替代率均结合本市情况而有所不同，详见下表。

部分互联网租赁自行车骑行减排方法学　　表 1

类别	广东省助力车 PHCER[a]	重庆市助力车 CQCER[b]	深圳市单车 PHCER	上海市单车 PHCER	北京市低碳出行方法学	青岛市低碳出行方法学
可替代的交通领域	私家车、出租车、网约车	公共汽车、小汽车，出租车、网约车、拖车、轨道交通轮车、非机动车	公交、地铁、出租车、私家车、网约车、大巴车	公共汽车、出租车、私家车、电动车、轨道交通	私家车、出租车、公交、地铁	私家车、出租车、网约车

续上表

	广东省助力车PHCER[a]	重庆市助力车CQCER[b]	深圳市单车PHCER	上海市单车PHCER	北京市低碳出行方法学	青岛市低碳出行方法学
普惠性论证	减排量归属用户、收益可惠及公众	—	经由市场机制向公众反馈碳积分，与公众分享减排量收益	确保不低于规定比例的减排量收益，以公开透明方式回馈给公众	—	—
交易规则	可纳入广东省地方强制碳交易履约市场；交易比例限制：2021 年 CCER + PHCER 不超过 100 万吨	可纳入重庆市地方强制碳交易履约市场。交易比例限制：不超过年度碳排放的 8%	可纳入深圳市地方强制碳交易履约市场；CCER + PHCER 最高抵消比例不超过不足以履约部分的 20%	碳普惠减排量可通过抵消机制进入上海市碳排放权交易市场	减排量可通过抵消机制进入北京市碳排放权交易市场	—

注：[a]PHCER 指省级碳普惠核证自愿减排量(Provincial Certified Emission Reduction)，与国家核证自愿减排量(China Certified Emission Reduction)相对应。

[b]CER 指核证减排量(Certified Emission Reduction)；CQCER 指重庆碳惠通项目自愿减排量。

在互联网租赁自行车减排方法学日益完善的基础上，部分城市开始探索互联网租赁自行车碳交易。例如：2018 年 3 月，摩拜单车与国泰君安、北京小绿碳链科技有限公司签署三方协议，就碳普惠减排量交易及碳积分兑换与使用达成协议。这是互联网租赁自行车行业的首笔碳交易。2021 年 12 月，深圳市生态环境局排放权交易所与哈啰单车完成战略签约，共同研究互联网租赁自行车骑行减碳方法学，提出了《深圳市共享单车碳普惠方法学》。2023 年 3 月，第三方核证机构对哈啰单车 2022 年深圳市骑行所产生的碳减排量进行核查，最终确认了二氧化碳当量减排量。2023 年 8 月，因超标排放大气污染物造成生态环境损害的深圳某公司，通过深圳市碳排放现货交易系统完成了一笔碳交易。

二、行业发展存在的问题

目前，互联网租赁自行车正朝着为用户提供更加优质服务、为人民带来更高经济效益的方向发展，但仍存在如下主要问题：

(1)互联网租赁自行车定位有待进一步明确。互联网租赁自行车无污染，替代了部分机动化出行，部分城市将其作为公共交通的补充。但与传统公共自行车、公共交通、出租汽车行业相比，互联网租赁自行车行业在税收、政策、补贴等方面受到的支持普遍有限，而在价格、服务、秩序等管理方面受到的关注较高，企业经营压力较大。

(2)行业管理法律法规体系有待进一步完善。当前行业管理的法律法规存在空白，例如车辆无序投放和停放问题，仍依靠《城市道路管理条例》《城市市容和环境卫生管理条例》和本市出台的运营企业服务质量考核办法，采取的暂扣车辆的措施，其针对性和适用性不足。

(3)企业主动参与碳减排市场认识不足。联网租赁自行车企业虽已在绿色出行碳交易、碳普惠方面进行了积极探索，取得了宝贵经验，但由于交通运输行业的碳交易、碳普惠制度和机制尚未成熟，碳减排核算方法学和相关机制研究不足等原因，与行业的发展需求还存在较大差距。

三、对策建议

（一）明确互联网租赁自行车的发展定位

建议各地因地制宜，根据当地实际情况研究确定互联网租赁自行车的发展定位，积极探索互联网租赁自行车行业管理方式手段。如将其作为单纯市场行为，则对价格波动、运维人员与车辆投放比例等由市场调节或企业自身决策等内容给予企业更大的自主空间；如将其作为准公共服务产品进行管理，则采用政府购买公共服务等方式对行业重点问题加以约束。在此，建议在保证行业稳定的基础上，探索互联网租赁自行车行业作为竞争性市场予以管理，对骑行价格、企业决策、运维管理给予企业更多的自主权。

（二）加强新业态相关法律研究

完善的法律法规体系是实施行业监管的根本依据和手段，互联网租赁自行车行业作为新业态，离不开完善的法规制度作保障。由于互联网租赁自行车新模式在我国发展时间较短，相关法律法规建设存在相对滞后。互联网租赁自行车是共享经济的典型业态，具有共享新业态的共同特点，建议相关部门加强对共享新业态在国家层面的立法研究工作，解决行业上位法依据不足的问题。同时，建议相关部门积极鼓励和指导具备条件的地方开展行业立法先行先试工作，根据各地实际，加快完善互联网租赁自行车法规体系，制修订相关地方性法规规章，为互联网租赁自行车规范发展提供法律保障。

（三）加大互联网租赁自行车碳交易市场建设

在碳市场方面，建议加快建立交通行业碳交易市场机制。将互联网租赁自行车纳入碳市场交易体系，让企业提供更好的低碳出行服务；鼓励互联网租赁自行车企业用好、用活、用足碳交易等相关政策，为企业发展拓宽资金来源。在行业碳减排核算方法上，加强利用大数据技术，开展互联网租赁自行车碳核算方法研究，并随行业发展进行迭代。

第五章　绿色交通基础设施建设

加快推进公路基础设施与光伏可再生能源深度融合发展

高硕晗　王新军　简　丽　陶双成　卢春颖*

摘　要：推进公路基础设施与可再生能源融合发展是构建绿色低碳交通基础设施体系的重要举措，是贯彻交通强国战略的必然要求。光伏技术作为国际能源转型的主流方向，近年来成为公路基础设施领域应用前景最为广阔的可再生能源技术。为推进公路基础设施能源结构优化，深化“碳达峰碳中和”目标下交能融合，助力公路基础设施可持续发展，本文在全面梳理光伏技术在公路基础设施中的应用现状、系统总结前期实践中存在主要问题的基础上，通过综合分析，提出了推进公路基础设施与光伏可再生能源深度融合发展的对策建议，供决策和研究参考。

关键词：光伏技术；交能融合；交通碳排放；对策建议

2019年9月，中共中央、国务院印发的《交通强国建设纲要》强调“构筑多层级、一体化的能源交通融合的综合交通枢纽体系”，同时要求“推进新

* 高硕晗，交通运输部科学研究院，副研究员；王新军，交通运输部科学研究院，研究员/副主任；简丽，交通运输部科学研究院，高级工程师/总工程师；陶双成，交通运输部科学研究院，研究员/副主任；卢春颖，交通运输部科学研究院，助理研究员。

能源、清洁能源应用”。2021年10月,国务院印发《2030年前碳达峰行动方案》,在“交通运输绿色低碳行动”中要求积极扩大新能源、清洁能源在交通运输领域的应用。

光伏技术作为一项相对成熟的可再生能源技术,是构建清洁、绿色和高弹性的交通能源系统的重要途径。2022年1月,国务院印发的《“十四五”现代综合交通运输体系发展规划》提出“鼓励在交通枢纽场站以及公路、铁路等沿线合理布局光伏发电及储能设施”。《绿色交通“十四五”发展规划》《交通运输部关于推动交通运输领域新型基础设施建设的指导意见》等行业政策文件也均鼓励因地制宜在服务区、边坡等公路沿线合理布局光伏发电设施。

截至2023年底,我国高速公路里程已达到18.4万公里。随着新能源汽车、智慧化公路的快速发展,公路沿线将新增大规模用电、充电设备,因此耗电量将呈现增长趋势,加上既有的桥隧照明通风设施、服务区用电设施,光伏发电的用能潜力将进一步增加。因此,推动光伏可再生能源技术与公路基础设施融合发展,优化公路基础设施能源结构,对于促进公路基础设施绿色低碳转型意义重大。

一、应用现状

太阳能光伏组件最早应用于公路交通各种小型安全产品中,如交通信号灯、指示灯等。这些交通安全产品在道路沿线数量较多且分布零散,集中布设供电线路的成本较高。随着光伏组件光电转化效率和储电设施性能稳步提高,交通安全产品采用光伏供电越来越成熟。随着交能融合理念的推进及光伏技术的快速发展,越来越多的高速公路开始探索与光伏发电技术系统集成,利用高速公路服务区建筑屋顶、停车棚以及互通区、中央隔离带等设施空间布置安装光伏发电系统,探索了“光伏+公路”多样化应用场景,部分项目开展了规模化应用。例如,江苏省曾先后启动了连徐高速公路、京沪高速公路、沿海高速公路、宿淮盐高速公路、沿江高速公路、宁宿徐高速公路沿线服务区屋顶、车棚的分布式光伏电站的建设,又以沿海高速公路四个互通区实行高速路网清洁能源规模化应用为突破口，组织投建了高速公路的互通区分布式电站；湖北省在鄂西北片区高速公路16对服务区、34个收费站和36个隧道出入口中央隔离带安装了分布式光伏发电，总装机容量约为10兆瓦，年发电量可达1000万千瓦时，每年可减少二氧化碳排放约7900吨。

此外，光伏声屏障、光伏公路廊道、光伏边坡、光伏路面等新型"光伏+公路"技术相继问世，为高速公路太阳能利用提供了新场景。例如，2015年，江苏省苏州市西环高架主线劳动路段铺设了1公里双面光伏太阳能声屏障试验段，每月发电量稳定在8000千瓦时左右；2017年，江苏省盐城市经济技术开发区建设了一个170千瓦光伏公路廊道示范项目，光伏组件以廊道形式建于道路上方，道路总长80米，廊道顶面宽15米，年发电量约16万千瓦时；2021年，山东高速集团在荣乌高速威海段建设了边坡光伏发电试验项目并成功并网，这是全国首个高速公路边坡光伏试验项目，铺设长度2290米，装机容量2.01兆瓦，年发电量201万千瓦时；2022年建成的杭绍甬高速公路探索应用了光伏路面，通过光伏发电补充插电式充电桩电量，进而实现移动发电。

二、存在问题

虽然交通运输行业光伏开发与应用理念已得到广泛认可，各地多个工程开展了实践探索，但总体来看，光伏应用仍处于初期阶段，应用规模不大、智能化水平不高、布局不均衡。主要问题分析如下：

(1)光伏发电与公路用能及电网存在融合性问题。由于光伏发电受影响因素较多，夜间、阴雨、遮挡等因素都会导致较大的波动性和不稳定性。此外，当前大规模光伏发电的用能场景比较有限，公路自身消纳电量较少，余电并网接入困难。

(2)公路沿线"光伏+公路"技术安全性未充分论证。依托于公路服务区场地、屋顶、停车棚等的分布式光伏发电技术较为成熟，但光伏边坡、光伏声屏障、光伏路面等依托公路沿线的“光伏 + 公路”技术在具体应用中仍存在很多安全性方面的问题，例如边坡架设光伏发电设备后的边坡稳定性和交通事故后的二次伤害问题、光伏声屏障的防眩光和防撞性能问题等仍需进一步论证。

（3）新型光伏发电技术仍存在技术经济性问题。由于目前光伏组件的价格仍较为昂贵，光伏发电的效率仍然不高，光伏路面、光伏公路廊道和光伏边坡等技术均存在初始建设成本高、运营维护较为困难以及电能损耗较高等问题，整体投资收益率不高，市场投资活力不足。

（4）公路光伏发电存在无序化发展问题。虽然各地都进行了零散且很有意义的实践，但多缺乏与交通负荷适配的“光伏 + 公路”多场景分布式光伏发电集成应用与系统规划，可复制可推广的成功模式及案例较少，且缺乏相配套的标准规范体系指导。

三、 推进公路与光伏深度融合发展的对策建议

（一）深化交能融合新理念，做好统筹协调

1. 落实交能融合一体谋划

“公路 + 光伏”是推动交能融合理念落地的重要抓手，加强对公路基础设施规划、能源规划、新能源汽车和电力市场等相关工作的统筹协调，面向未来公路能源供给需求和新业态发展趋势，协同提出“公路 + 光伏”融合发展的顶层设计与技术路线。

2. 制定“公路 + 光伏”产业发展规划

建议联合工信、能源等行业主管部门协商制定“公路 + 光伏”产业发展规划，从公路基础设施自身运行的特点和各类交通负荷的需求出发，做好“公路 + 光伏”场景整体规划，坚持因地制宜的原则，分区分类差异化推进太阳能清洁能源在公路基础设施中的规模化应用。

3. 建立跨部门协调机制

联合发展改革、工信、能源等行业主管部门，制定涵盖“建、管、养、运”全过程的支持政策，进一步明确“公路＋光伏”项目备案审批流程、电网接入政策和运行管理要求，出台鼓励发展的联审联批政策，在土地、资金、消纳指标、电网接入、上网电价等方面明确保障支持政策。

（二）加速关键技术研发，健全标准规范体系

1. 开展跨行业联合创新

加快适用于高速公路沿线（隧道出入口、公路上下边坡、互通区、取弃土场）、典型服务设施（服务区、停车区、收费站、管养中心）及空间场地（公路周边沙漠、草原、林地）等不同场景的光伏基础材料、关键部件的研发与制造，进一步提高光伏材料和部件的安全性、耐久性、稳定性和易维护性，并在此基础上结合储能技术进行光-储-充一体化系统成套装备、源-网-荷-储一体化智慧运营控制平台研发。

2. 强化公路光伏设施的安全建设

将光伏设施抗风力稳定性评估纳入交通基础设施安全评估范畴，建立公路分布式光伏建设可能带来的眩光、交通事故二次伤害及路基边坡稳定性等问题与风险的科学评估或防范方法，有效控制公路分布式光伏项目建设的安全风险。

3. 建立“公路＋光伏”全产业链的标准规范体系

研究建立适应不同自然环境条件，涵盖勘察设计、装备制造、建设施工、智慧运维等“公路＋光伏”全产业链的标准规范体系，科学推动“公路＋光伏”技术规范化发展。

（三）推进交能融合新业态，激发市场潜力

1. 探索交能融合路衍经济新模式

随着交通与能源行业新技术、新模式、新业态的不断涌现，呈现出汽

车加速向智慧用能与移动储能终端转变、新型电力系统向源-网-荷-储协同互动演进的两个显著特点。电动汽车光储充一体化电站能给电动汽车充电，而且能够就地消纳光伏能源，光伏发电和电动汽车充电需求之间存在潜在的协同效应。因此，可结合新能源汽车的快速发展，立足路域范围鼓励综合性的光-储-充一体化电站的投资建设运营，加强充电桩、储能、光伏电站的系统集成与相互融合，通过交能融合促进路衍经济的发展。

2. 推进“公路＋光伏”产业市场化

联合工信部门制定相关“公路＋光伏”企业质量监管与产品认定、市场准入和投建多主体融合机制，协调推动“公路＋光伏”纳入全国碳排放权交易市场、用能权交易市场、绿色电力交易市场建设，发挥市场机制在资源配置方面的决定性作用，引导社会各方投入“公路＋光伏”产业，激发市场活力。

（四）分类分区推进，开展试点示范

1. 推进“光伏＋公路”工程化应用

针对太阳能辐射资源不同的地区和不同规划类型的公路基础设施，在评估其光伏发电潜力的基础上，稳步推进公路分布式光伏工程化、规模化应用试点示范，建设光伏智能微电网，实施光-储-充一体化电站，探索建立绿色能源全生命周期管理机制，建立一套灵活、高效、可靠运行的基于光伏发电系统的公路能源自洽技术体系，总结经济适宜的开发与经营模式，提出分区域、分类型的符合公路规划、运营和管理特色的一体化解决方案。

2. 鼓励开展光伏创新技术先行先试

支持有条件的地方和单位开展光伏公路廊道、光伏边坡、光伏声屏障等试点示范工程建设，进一步加强安全、环境、经济和社会效益综合评估及集成技术创新，逐步完善技术体系，总结管理经验。

低碳目标下道路交通与能源基础设施协同规划与管控展望

宋国华　吴亦政　于　雷*

摘　要：交通的物理本质是能量驱动的物质位移。目前，道路交通网与能源网的关联耦合尚不显著，针对二者的研究相对独立。二者之间的协同规划和管控策略及技术发展都局限于交通、能源系统自身效率、安全和可靠性需求，未考虑两网间的动态响应与耦合。随着交通侧与能源侧的时空动态性与不确定性逐渐凸显，交通网与能源网的动态响应和耦合将成为交通电气化发展的关键因素。未来，在交通流能耗时空演变规律表征、道路交通和能源网络协同规划设计、交通网能源网协同运行管控与韧性提升三个方向将成为需要突破的重点，以实现道路交通网与能源网的融合发展。

关键词：交能融合；网络韧性；规划与管控；低碳交通

一、世界道路交通能耗排放特点及思考

（一）发展历程与特点

第二次工业革命以来，内燃机和发电机的普及带动了化石能源的广泛应用，提升了社会经济水平，同时也显著增加了碳排放量。机动车作为内燃机技术的重要应用对象，已经成为交通运输行业的主体，但也使得交通运输行业对化石能源的依赖加剧。交通领域中，道路交通能耗排放占比大，控制道路交通的能耗排放已成为全球减碳的重要途径。

* 宋国华，北京交通大学，教授；吴亦政，北京交通大学，副教授；于雷，北京交通大学，教授。

（二）发展趋势研判

我国作为全世界最大的发展中国家，目前仍处于并将长期处于工业和城镇化快速发展阶段，碳排放将保持持续增长状态，这也加剧了交通能源革新的挑战难度。

为了实现“碳达峰碳中和”目标，交通运输行业需要加快能源结构转型，发展绿色低碳交通方式。近年来，我国在新能源汽车领域取得了显著进展，新能源汽车产销量连续多年居世界首位，但新能源汽车的发展也面临挑战，如续航里程和供能方式的限制，以及高新能源机动车渗透率条件下的交通网络和能源网络的协同问题。需要加快建设充换电站等基础设施，并解决动态不确定性的电力需求和供给问题，提升电网的可靠性和服务水平。

综上所述，在我国道路交通能源低碳化转型升级的关键节点，亟须加快布局交通与能源融合发展战略，从规划、设计、运营、管控角度为交通网、能源网基础设施提供理论技术支撑，适应交通-能源网络协同需求，践行国家“碳达峰碳中和”目标。

二、 道路交通与能源融合发展的现状、需求与挑战

（一）发展现状

1. 交通网络的能量需求表征

燃油车辆的能耗相对稳定，而新能源车辆依赖电网供能，使得交通网络和能源网络的关系更加紧密复杂。交通能耗测算模型主要分为两类：自上而下模型和自下而上模型。自上而下模型基于宏观数据，适用于大尺度交通能耗的规划预测，但难以表征动态特征。自下而上模型基于微观交通流数据，能够细致分析短周期交通能耗，但复杂度高且数据获取难度大，模型测算结构和生成的交通流功率分布图谱如下图所示。在交通大数据时

代，有必要基于大数据、云计算、物联网等智能新技术，综合考虑能源结构、交通规划、技术发展、需求管理、外部环境等影响因素，直接监测与能耗直接关联的功率参数，提升交通网络能耗的高分辨表达。

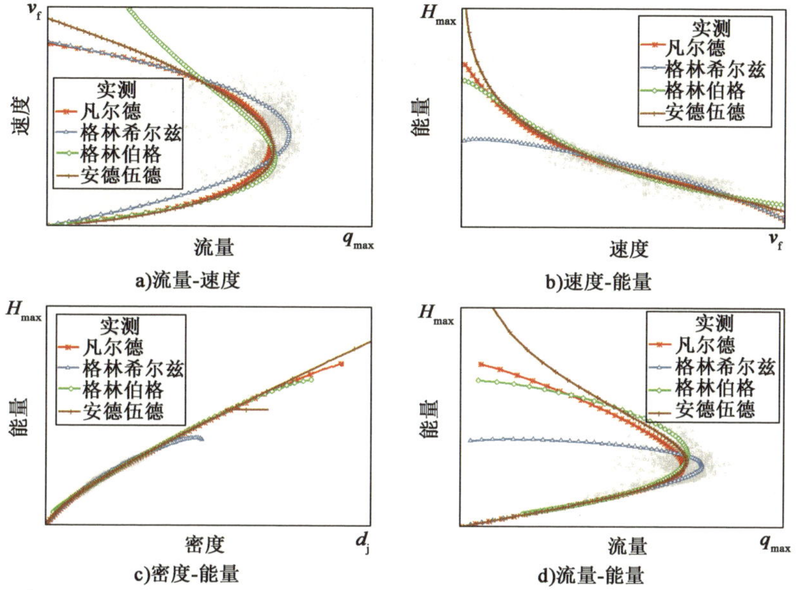

图1　基于交通流数据与模型（自下而上）的路网能耗排放表征

2. 交通与能源基础设施规划设计

交通与能源设施统筹规划中，需充分研究煤、油、电以及多种形式电力资源的供给、输送和储能特点，强化交通与能源基础设施共建共享，提升交通系统能源自洽率和可靠服务。然而，由于交通对能源需求与光、风等新能源的供给都存在时空分布离散、状态不稳定的特征，传统不以交通为重要用电需求的电力系统发电、输电、配电、用电、调度、通信规划难以适应即将迅速增长的交通用能变化。同时，以化石燃料为主的道路交通的传统规划方法，也未考虑电力系统的制约性。换言之，目前交通和能源网络基础设施规划和设计方法仍然是相对独立的。

因此，在考虑清洁能源资源禀赋的交通能源协同规划设计过程中，应同时从风光资源供给侧与动态交通需求侧的数据分析出发，构建供需两端时空动态协同自洽的交通和能源基础设施规划设计方法。

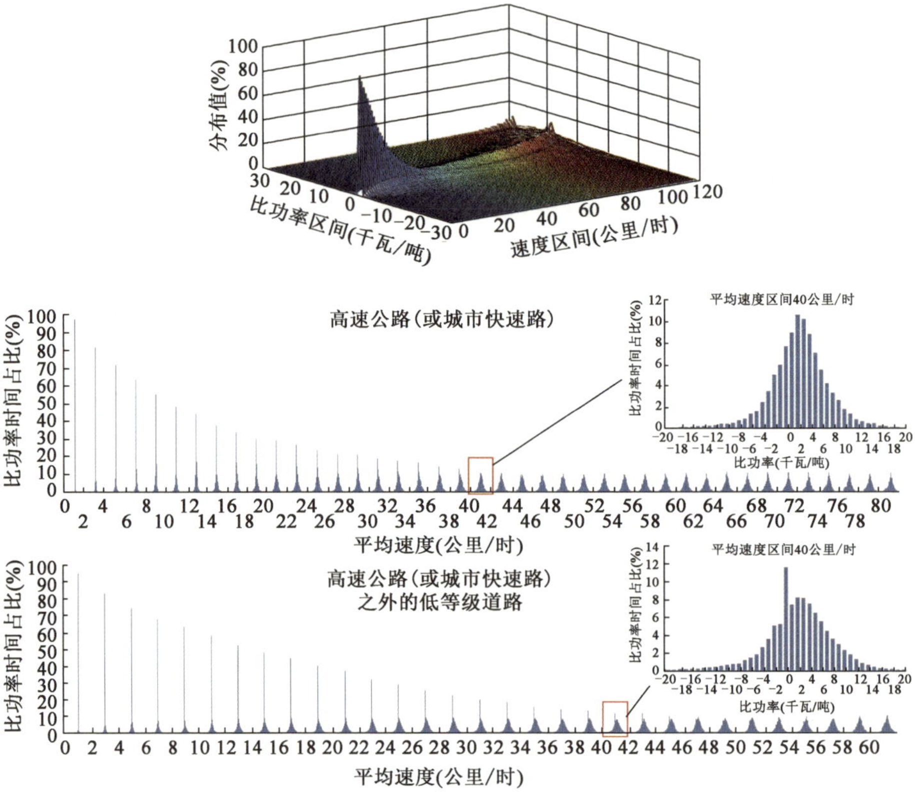

图2 随速度变化的交通流功率分布图谱

3. 交通与能源网络运行管控

现阶段，交通网络自身的韧性研究较多，包括自然灾害和突发事故下交通系统功能损失机理、不同规模功能损失的跨方式网络传播机理与失效边界表征理论、多层级交通迟滞机理、交通系统功能重构和韧性提升方法等。目前关于能源网韧性的研究主要从两个方向展开：一是设计研究韧性的方法框架和研究提升韧性的政策措施；二是建立量化韧性的参数体系。这些研究中经常考虑的因素包括组成能源网的基础设施，设施的配置和负荷及对电压、频率、攻角稳定性影响，以及局部并网、离网平稳过渡等。

由于智能能源网是由众多或独立或关联的基础设施组成、地理分布广泛、随时间不断变化、受众多情况影响的复杂系统，所以交通能源网韧性分析面临诸多挑战：挑战之一即需要为如此庞大规模且复杂的网络建立量化评价体系；挑战之二是建立基于的“源-网-荷-储”动态特性的交通与能源网协同运行韧性提升方法。

（二）发展需求

1. 绿色低碳需求

加快交通与能源融合发展，提升道路交通电气化水平，推进交通设备升级，实现绿色低碳运行。然而，仅改善交通侧用能结构无法根本消除碳排放，需要同步推进光伏、风力、氢能等清洁能源的开发利用，构建以清洁能源为主体的新型电力系统，从根源上实现碳减排。

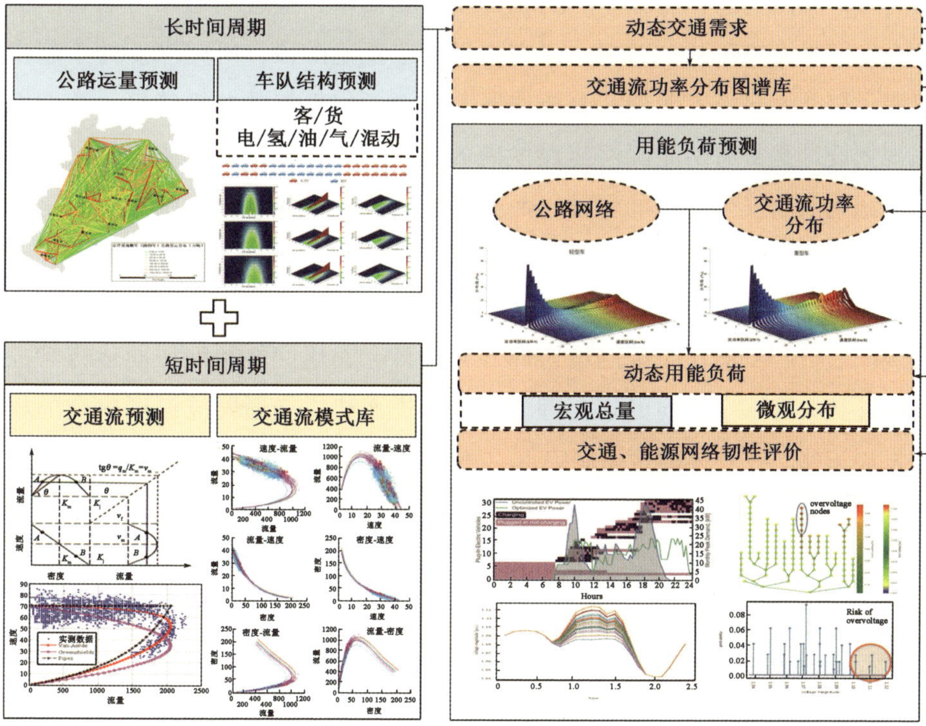

图3　基于交通网能源网动态特征耦合的交通能源协同管控

2. 能源安全的需求

我国经济可持续发展依赖于稳定的能源供给。目前，我国能源消费规模大且高度依赖进口。随着人口增加、工业化和城镇化进程的持续，能源需求量将大幅上升，能源安全问题日益突出。交通运输系统与可再生能源的自洽耦合更是由于能源需求时空分布不均而面临诸多挑战。

综上所述，实现交通与能源的融合发展，既能推进绿色低碳目标，又能保障国家能源安全，需要从供需机制、设施规划和网络运行管控等全方位开展系统性研究和应用，推动交通与能源网络的协同可持续发展。

三、 道路交通与能源融合的研究方向与发展策略

考虑我国交通和能源发展的现实压力和需求，推进交通网与能源网的耦合发展是大势所趋，但现有研究多局限于理论阶段，研究深度处于起步阶段，研究方向尚不明确。分析交通与能源领域发展的共性特征，基础设施规划设计是交通网能源网建设发展的前提，运行管控优化调整是交通网与能源网高效安全运行的保证，而交通流、能量流的理论刻画建模则是实现规划设计与管控优化的核心依据。

我国交通能源融合发展的重点方向是突破并构建交通流能量流时空耦合规律表征、交通和能源网络协同规划设计、交通网能源网协同运行管控与韧性提升等三个方向的核心理论框架，进而建立交通网能源网融合的核心发展策略。在具体的策略制定上，建议实行“理论 + 工程”同步推进策略，以理论基础为科学指导，推动交能融合工程重点难点技术攻关。

（一）交通和能源网络耦合理论

1. 交通与能源网络的能耗特性及需求预测理论

研究油、电、氢、混合动力车辆的能耗特性及其演变规律，通过实际测试数据总结不同类型车辆的速度、加速度和功率特征，考虑车型渗透率

对车队运行状态的影响，量化扰动不确定性并预测车队结构演变。识别交通流状态宏观和微观参数，构建不同能源类型车辆的功率分布和能量流表征方法，为能源网络设计提供理论基础。更新电气化场景下交通流速-密度-能耗基本图理论，研究多时间尺度交通能量流预测模型，预测区域节点能源需求。分析交通能源需求和供给的不确定性，建立基于历史数据和气象参数的数值模拟模型，刻画可再生能源发电的不确定性。

2. 交通多态能源供给与跨网络耦合优化理论

从能源供给角度，分析风、光、氢、电、储等能量设施的分布及规划，构建能源供给的时空网络分布模型。研究多态能源转化方式及设施布设，将不稳定能源转化为可储存能源，评估多态能源网络容量及传输损耗。结合交通能源需求和供给时空分布，优化跨网络供需匹配和设施布局。综合考虑交通和能源网络内的基础设施，研究新型设备可用性和系统布局模式，优化交通运行和能源产储运成本，实现能源自洽规划。

3. 交通网与能源网的协同运行管控与韧性提升理论

为提升交通网与能源网的协同运行与韧性，研究交通流与多态能流的随机特征及多时间尺度供需耦合，构建随机过程模型和数理仿真模型。考虑交通动态位移和能量消耗，研究定点充电和无线充电等供能方式，优化能源功率匹配和储能配置策略，发挥储能设备的“削峰填谷”作用。分析交通负荷与电力负荷网络的拓扑结构，构建动态阻抗变化模型，评估关键节点效能。基于风险因素，构建跨网络风险量化指标体系和网络级联失效模型，提出韧性提升策略。基于源-网-荷-储一体化理论，研究区域智能微网管控方法，应用虚拟电厂、车网互动等技术，优化交通网与能源网的多时空协同，实现能流网络的自洽和能损降低。

（二）交通和能源网络规划与管控工程应用

1. 交通与能源融合工程路径探索

在交通运输场景创新发展光伏、风力发电等绿电，推动交能融合发展，提升交通运输行业绿电自洽水平，既能大幅减少交通运输碳排放，又具有显著的经济效益和社会效益。

在统筹协调推进新能源在公路领域的全面发展，努力实现公路区域性绿色能源自给自足，打造交通领域特色应用场景，探索道路交通交能融合工程和绿色低碳转型工程的路径上，要推进公路规划、建设、运营、管理并重，提升发展整体质量和综合效益。强化多部门协作，形成推进合力，及时总结经验，形成推动交能融合发展的新思路新措施。此外，还应充分挖掘并用好交通领域资源禀赋，结合实际发展需要，整体谋划、分步实施，按照先易后难、分期分批的思路，综合考虑土地资源、路网交通流量及组成情况等因素，因地制宜推进高速公路和普通公路实施交能融合发展。

2. 交通和能源网络协同规划与设计方法

在交通网和能源网规划设计层面，需研究交通电气化趋势以及各能源类型车队的碳排放特性和结构演变规律；剖析油、电等各种交通能源供给、输送、储能和消耗的网络化时空分布规律；提出交通能源需求与供给网络间的不确定性度量方法及可靠性优化技术，进而建立交通与能源基础设施协同自洽的规划设计理论与方法。

在工程应用的规划阶段，应依托前期积累和调研结果，因地制宜地确定交能融合工作任务，及时开展前期设计，通过新能源发电与传统发电相结合的方式解决建设期及运营期的全线用能问题。通过优化光伏发电方案，结合风能和快速充电桩业务，开展交能融合建设试点，实现能源自发自用。同时，研究和确定高速公路交能融合的总体实施路径及场景，以确保新改建高速公路在规划、建设和运营阶段实现可持续的能源供给。

3. 交通和能源网络协同管控与韧性提升

在实现交通网和能源网的协同管控层面，需剖析各能源类型车辆的混合交通流功率分布图谱及能耗碳排特征；研究交通运行状态与交通能耗排放间的长短周期时空演变特征；研究动态交通的多态能源功率协同和可靠储能配置理论与技术；研究交通能源网络融合的跨网络风险量化和韧性提升理论与技术，进而建立交通网与能源网的“源-网-荷-储”协同运行管控方法。

基于交通用能即插即用的特点，以交通用能便捷性、经济性和路域微网运行经济指标最优为目标，考虑路域微网中光伏、风电、储能等运行成本和备用成本、负荷投切成本和交通用能设备的时空特性，建立多时空尺度交通网和能源网调度模型。在风电场群、光伏电站场群、交通用能负荷联合出力基础上，考虑从时间角度采用日前计划、滚动计划和实时计划的多个时间尺度联合发电系统调度策略，达到路域微电网运行和交通用能设施用能的时空、经济特性最佳匹配。

（三）交通与能源融合发展平台保障

由于交通、能源、电气长期以来分属不同学科、专业以及行业部门，交通能源融合发展存在着学科交叉人才和行业壁垒等瓶颈。故除了在交能融合理论、协同规划设计、协同运行管控方面开展科研攻关外，还需要在交能融合新兴交叉学科建设、复合人才培养、科研平台建设等方面提供创新条件保障。在行业管理方面，建议通过交通、能源系统的统筹规划和协同建设，打破行业壁垒，建立道路交通与新能源用地的统筹规划和协调机制，提高两大领域的资源协同配置与保障能力。在科技成果转化方面，建议开展交通能源融合发展试点和示范工程建设，加强交能融合前沿技术标准研究与制定，促进工程技术示范应用和产业化推广。在国际合作方面，建议抢抓先机参与或主导国际组织框架下的相关规则、标准制修订，推进交能融合优势技术、方案、标准的国际化。

四、结　束　语

交通网络和能源网络是未来经济社会发展的重要基础设施网络。在能源革命与“碳达峰碳中和”目标新形势下，二者长期以来相对独立的规划、建设与运营管理，制约着新型低碳交通方式的发展。推进交通能源融合发展已成为交通运输实现绿色低碳的必由之路。基于我国新能源产业与交通电气化的广阔前景，加快建设交通能源融合发展科技体系，将为交通强国建设提供有力科技支撑，也具有引领未来全球交通科技发展的巨大潜力。

近零碳港口建设实施路径及示范

刘磊磊*

摘　要：港口是综合交通运输系统的重要组成，也是能源消费和碳排放的重点环节之一，交通运输部组织开展了近零碳港口试点，有力推动了我国港口企业积极探索低碳发展路径，助力近零碳港口建设。本文分析了近零碳港口内涵，对示范港口建设期、运营期碳排放量进行了测算，从清洁能源供应基础设施、节能低碳设备应用、能源智能管控、高效生产调度、绿色建筑建设等方面提出了近零碳港口建设路径。

关键词：近零碳；港口；路径；示范

港口是对外开放的重要窗口，也是能源消费和碳排放的重点领域之一。交通运输部大力推进港口节能降碳工作，开展了近零碳港口试点，首批获评的港口包括天津港第二集装箱码头、江阴港口集团、黄骅港煤炭港区三期码头、潍坊港干散货码头、连云港新东方国际货柜码头等 5 个试点单位，有力促进了港口企业通过采取完善清洁能源供应设施、优化装卸生产工艺、加大清洁能源设备应用、提升物流组织效率等措施，不断从源头加大清洁能源应用比例、从过程严控能源消耗、从末端增加碳汇能力，形成全过程节能降碳体系，加快推动近零碳港口建设。

* 刘磊磊，交通运输部天津水运工程科学研究院，副主任/副研究员。

一、近零碳港口内涵

近零碳港口是指通过优化运输结构和工艺、应用节能减排技术、实施清洁能源替代、强化碳排放管理，从能源消费端方面考虑，码头全部使用电力、氢能等清洁能源，实现运营期各类能源直接排放二氧化碳总量趋近于零。其空间边界范围为码头区域内装卸设备、非道路移动源、办公生活生产场所，包括岸边装卸、堆场作业、水平运输、生产办公建筑等耗能设备，不包括新水制备、垃圾处理以及集疏运车辆、靠港船舶、私家车等外部装备。

二、近零碳港口建设路径

（一）源头控制，结构调整实现燃油替代

提升港口集疏运软硬件配套能力，加强进港铁路专用线建设，加强与铁路部门协同，实现数据共享共用，持续提升“公转铁”；完善配合“公转铁”“公转水”等绿色集疏运体系的信息调度平台，建立完善的通信设施，持续降低港口集疏运公路运输比例，提升运输组织效率，提高大运力、低能耗的运输方式承运比重，减少因拥堵、怠速等造成的能耗增加，降低集疏运系统能耗与碳排放。针对通用和多用途码头，大力推进专业化工艺改造和流程化设备应用，减少堆场车辆倒运量，科学调度减少水平输送距离和转运环节，大幅降低港区散货转栈车辆能耗与碳排放。

（二）夯实基础，建设清洁能源供应设施

结合自然条件和能源需求，充分利用港区建筑屋顶及港区空闲土地等空间资源，建设分布式光伏发电系统；在对港区所在地风资源评估基础上，推进分散式风电项目建设；推进“风光储一体化”，建设智慧电站，加强

供配电网络保障能力，适应新增用电负荷需求以及港口生产连续用电的需求，满足分布式能源及电动非道路移动机械等多元化负荷发展需求；合理规划建设港口充换电设施和岸电设施，保障清洁能源机械、车辆和船舶使用。

（三）终端提升，推广清洁能源驱动设备

探索实施基于能源消耗限值的设备准入与退出机制，提高港口能耗设备准入门槛，提升港口耗能设备能效水平，加快淘汰耗能高、污染大的在用耗能设备。推动港作机械动力低碳替代和装备升级，应用电牵引车、智慧型引导运输车（IGV）、人工智能运输机器人（ART）、无人集装箱卡车等智能化电力驱动设备，推动港口水平运输设备“油改电”。优化设备装备运行调度，在保证安全的前提下减少无效运动路径，降低作业能耗。

（四）优化调度，强化能源消费智能管控

建立智能化调度系统，优化智能水平运输设备和外集装箱卡车作业路径，创新堆场管理策略，减少水平运输车辆数量及在场作业和停留时间，减少设备空驶。建设分布式能源智慧管控系统，实现对港区内清洁能源发电系统、储能系统的监控管理；建设能耗监控信息采集系统，统一采集港口风、光、荷、储各环节信息和数据，构建多能互补智能微电网，对用电情况进行分析，达到节能减排、降本增效的目的。

（五）创新模式，促进高质量可持续发展

建立健全港口低碳转型发展体系，科学合理确定近零碳港口建设路径，建立数字化碳排放统计监测平台，完善能耗和碳排放监测、报告和核查体系，积极探索应用节能降碳市场化机制，适时参与国内碳交易，开展自愿减排项目。建立港口企业能效领跑者激励机制，打造低碳领跑者亮点工程。建立近零碳港口建设成效评估考核办法，建立与评估结果挂钩的激励机制，促进近零碳港口建设可持续发展。

三、近零碳港口建设示范

（一）码头简介

研究对象码头岸线总长1100米，顺岸式布局三个智能化集装箱泊位，堆场平行于码头岸线，堆场区按集装箱箱型组成比例布置自动化堆场。装卸设备全部采用清洁能源驱动设备，装卸船设备采用单小车双20英尺(约6.1米)岸桥，水平运输设备采用无人集装箱卡车。自动化堆场空、重箱混堆，装卸车及拆码垛设备采用轨内11排箱的双悬臂轨道桥。堆场和双悬臂轨道桥走行方向平行于码头岸线布置，组成“单小车双20英尺岸桥 + 无人集装箱卡车 + 双悬臂轨道桥”的平行边装卸方案。

（二）建设期碳排放分析

港口建设期碳排放包括建材生产及运输阶段碳排放、主要设备制造及码头施工碳排放。

对建设期间主要建材消耗量及对应碳排放量进行汇总，碳排放系数参照《建筑碳排放计算标准》(GB/T 51366—2019)。

建设期间主要材料碳排放量测算表　　表1

序号	名称	单位	数量	备注	碳排放系数（千克二氧化碳/吨）	碳排放量（吨）
1	钢筋	吨	48750	—	2340	114075
2	钢材	吨	3692	—	2380	8786.96
3	水泥	吨	238718	—	735	175457.73
4	砂	立方米	234906	1.5吨/立方米	2.51	884.42
5	碎石	立方米	688660	1.5吨/立方米	2.18	2251.92
6	块石	立方米	136974	1.6吨/立方米	336	73637.22
7	山皮土	立方米	510000	1.4吨/立方米	2.69	1920.66

续上表

序号	名称	单位	数量	备注	碳排放系数(千克二氧化碳/吨)	碳排放量(吨)
8	建筑碎料	立方米	224000	1.6 吨/立方米	2.18	781.31
9	电缆	立方米	10000	约 500 吨	7300	3650
合计						381445.22

建设期间水泥运输距离平均值 40 公里，其余建材运输距离平均值为 500 公里，运输材料选取重型柴油货车运输(载重 30 吨)，对应排放系数为 0.078 千克二氧化碳/(吨·公里)。

建设期间主要材料运输碳排放量测算表 表 2

序号	项目	总重(吨)	碳排放量(吨)
1	其余建材	2612396.4	101883.46
2	水泥	238718	744.80
合计			102628.26

主要装卸设备包括岸桥、轨道桥及智能运输机器人(ART)，统计其制造过程中的碳排放量。

主要装卸设备制造碳排放量测算表 表 3

序号	设备名称	数量(台)	单台碳排放(吨)	碳排放量(吨)
1	岸桥	12	3320	39840
2	轨道桥	41	830	34030
3	ART	76	52	3952
合计				77822

码头施工期间共消耗柴油约 9250 吨，柴油碳排放系数为 3.1605 吨二氧化碳/吨，则其施工期间碳排放量为 29234.63 吨。

综上所述，工程建设期碳排放总量如下：

工程建设期碳排放总量测算表 表 4

序号	项目	碳排放量(吨)
1	建材制造碳排放	381445.22
2	输运碳排放	102628.26

续上表

序号	项目	碳排放量(吨)
3	主要设备制造碳排放	77822
4	施工期间作业碳排放	29234.63
合计		591130.11

(三)运营期能耗及排放预测

预测对象港口吞吐量及能耗，达产年(250万标准箱)耗电量为4006万千瓦时，间接二氧化碳排放量为37733吨，吞吐量峰值年(300万标准箱)耗电量为4713万千瓦时，间接二氧化碳排放量为44392吨。

吞吐量及能耗预测表 表5

年度	2022	2023	2024	2025
箱量(万标准箱)	160	200	250	300
电量(万千瓦时)	2733	3298	4006	4713

(四)近零碳港口建设内容

1. 清洁能源供应基础设施建设

结合建设期及运营期碳排放测算结果，按照运营期能源自洽进行清洁能源供应系统规划建设，一期建设2×4.5兆瓦分散式风电、1.83兆瓦太阳能光伏发电，二期再建设2×4.5兆瓦分散式风电、2兆瓦太阳能光伏发电，同时配套建设智能微网、港内自动驾驶水平运输设备充换电站和综合智慧能源监控平台，建立“风、光、储、荷”一体化的多能源供应网络，实现多能源融合系统与码头负荷的匹配与优化控制。一期年发电量约2350万千瓦时，其中风力2100万千瓦时，光伏250万千瓦时；二期年总发电量约4730万千瓦时，其中风力4200万千瓦时，光伏530万千瓦时，能够确保码头吞吐量达到峰值时的电力需求，通过清洁能源的使用实现码头运营期净零碳排放。

2. 应用节能低碳的设备装备

岸桥采用轻量化设计，利用先进的自动化检测技术实现了无司机室设计，利用精确的有限元分析计算使钢结构得到优化设计，整机重量与 42 米起升高度的人工岸桥相同，较现有自动化码头双小车岸桥自重低 40%，降低了原材料生产制造过程中产生的碳排放。电控方面，利用 10 千伏高压供电显著降低线损；采用先进的基础电控设备，提高机械转化效率；通过精确的照度分析计算，合理布置作业照明发光二极管(LED)灯具数量和位置，同时采用分段控制、自动调光等技术，降低照明电耗 74.3%。通过精确的三维激光扫描，可以实现岸桥小车机构、起升机构的运行路线优化，在保证安全的前提下减少无效运动路径，降低作业能耗。轨道桥采用双悬臂轨道桥，能够实现堆场内“堆六过七”作业；采用边装卸作业工艺，不需要带集装箱运行大车机构，实现低能耗运行。

3. 建设多源融合的能源智能管控系统

建立先进的全场绿色能源智能管理和控制系统，集成能耗管理、照明控制、智能用电监测、岸电监测、冷箱监控、变电所辅控，实现能源环境全要素监测管理，通过能源智能调配，最大程度使用码头风力、光伏产生电能，减少弃风、弃光率，大幅提升管理水平和用电设备安全水平。

(1)建立能耗采集和分析系统。准确掌握码头能源负荷的时空变化趋势，结合清洁能源供应系统能量的产生、转换与消耗规律，利用大数据分析，建立码头用能负荷及能量匹配模型，形成“源、网、储、荷”配置方法，实现清洁能源高效利用。

(2)建设照明智能控制系统。照明系统全部采用 LED 节能灯具，灯具单独控制，单独实现能耗统计计量分析，并根据装卸生产设备状态对堆场和设备灯具智能调光，在设备待机状态下，实现二次节能，降低能耗约 70%。实现电气室、高压室等房间内照明灯人走断电智能控制。将雷达探测器应用于堆场现场照明控制，将雷达探测器的反馈信号作为核心控制器的指令源，常规状态高杆灯照明设备保持 30% 亮度(达到道路基本照度要求)，当检测到车辆来临时，雷达探测器将信号反馈给核心控制器，调整灯具亮度至 100% 亮度，当车辆离开 1 分钟(可以根据需要进行设置)后，系统将照明设备亮度调至 30% 亮度。

(3)建立岸电监控系统。应用岸电是降低到港船舶污染和碳排放的有效手段，为提高岸电使用率，建立岸电监控子系统，实现对岸电系统的各配电回路、信号检测、供电记录、连船记录、故障记录等信息进行监测，通过岸电系统的稳定、高效运行，有效降低到港船舶靠泊期间燃油消耗排放的二氧化碳。

4. 采用智能高效的装卸工艺及调度系统

通过信息化技术建立智能化调度系统，根据码头吞吐量、作业工艺、作业设备等条件，提供完整的码头生产作业管理系统解决方案和码头生产作业管理系统运行环境。系统实时采集作业数据以确保作业计划和操作的及时性、准确性，在多线并行作业时通过全场车队调度充分利用智能水平运输设备，优先实现重进重出调度策略，优化作业路径。通过外集装箱卡车手机应用引导系统，对外来集装箱卡车行驶路线、进场时间进行合理规划，减少在场作业和停留时间。根据实际情况合理安排内集装箱卡车和外集装箱卡车的目标箱区，降低内集装箱卡车和外集装箱卡车水平运输距离，减少装卸设备等待时间，尽可能减少无效作业，提高堆场装卸作业效率。

5. 建设绿色建筑

港区建筑应以被动式技术优先、主动技术优化原则，应用经济适宜的节地、节能、节水、节材以及环保的绿色建筑新技术，创造良好的环境；利用场地自然条件，合理设计建筑体形、朝向和窗墙面积比，使建筑尽量获得良好的日照、通风和采光；通过优化围护结构保温隔热设计，从而符合建筑节能标准的要求；合理采用钢框架结构，优化布置墙、柱，以合理的结构方案达到减少主体结构用材，实现节材、节能的经济目标，通过绿色手段实现低成本绿色建筑技术的集成运用。

四、结　论

港口企业通过实施风能、太阳能等清洁能源供应系统建设，实现能源自洽，能够从源头降低港口生产碳排放量。在港口运营过程中，通过应用高能效设备、实施智能化调度、建设低碳建筑、提升碳汇能力，能够持续降低能源消耗量及碳排放量，支撑港口零碳排放目标的实现。在实现港口自身零碳排放的基础上，结合国家道路运输领域相关工作部署和要求，通过生产调度系统、闸口管理系统等信息化平台，对进出码头集疏运车辆能源品种、排放等级进行综合管理，通过优先集疏港等措施推动第三方物流企业配备清洁能源驱动车辆进入码头作业，不断推进装卸生产和物流组织全链条低碳化。

交通基础设施网与运输服务网、信息网、能源网融合发展路径与政策研究

欧训民　丁　琪　刘建喆　杨一方*

摘　要：加速交通基础设施网、运输服务网、信息网与能源网融合(简称四网融合)发展，对我国建设交通强国意义重大。本文在开展四网融合有机衔接理论体系分析的基础上，研究了我国四网融合技术的发展现状及未来趋势，分析了我国四网融合面临的主要挑战，并提出应对思路，以期促进我国四网融合平稳高效进行。

关键词：交通基础设施网；运输服务网；信息网；能源网；融合发展

一、引　言

新型交通能源基础设施作为中央枢纽，可实现城市设施、交通服务、信息传输以及能源系统的相互连接与深度融合。通过交通基础设施网完成

* 欧训民，清华大学能源环境经济研究所，副教授；丁琪，清华大学能源环境经济研究所，博士研究生；刘建喆，清华大学能源环境经济研究所，硕士研究生；杨一方，清华大学能源环境经济研究所，硕士研究生。

交通流、能源流和信息流的多向传递及共享，由条块分割的各自发展转变为集成共享的协同融合发展。交通基础设施网与运输服务网、信息网、能源网融合(简称四网融合)可以适应先进技术革新、支撑交通低碳发展、提高交通运输效率，实现高水平交通服务，但现阶段仍存在机制规划不足、体系标准缺乏、协同程度不高、组织水平较低等问题。

二、四网融合的有机衔接理论体系

（一）系统架构

四网融合不是单网功能的简单叠加，而是通过物理层、感知层和业务层的高效对接，统筹规划数据、能源、设施、业务等核心交通要素，实现各要素高效协同运作，从而形成开放共享、清洁高效的交通综合基础设施体系。

物理层主要由能源、交通、信息系统、基础设施等物理实体以及融合设施组成，主要包括公路、铁路、桥梁、隧道、机场、数据中心以及储能设备等；感知层主要由传感器、数据采集终端、通信网、分布式计算设备组成，用于采集并传输物理层的信息与数据，监测并感知物理实体的运行状态；业务层是四网融合的核心价值体现，可推动产业跨界融合，打造智慧交通、智慧能源等以新型交通能源基础设施为代表的新兴产业。

（二）主要特征

1. 高度互联

四网融合使得能源、交通、通信等领域实现了前所未有的连接与交融，构建了高度互联的网络架构。从技术层面来看，5G高速通信、物联网、云计算等为四网的互联互通提供了基础支撑；从业务层面来看，数据在四网之间自由流动，能够推动不同行业、不同系统的跨界合作，打破了信息孤岛，形成协同效应；从管理层面来看，政府与运营商需加强合作，共研共享，统一标准，促进四网融合有序发展。

2. 灵活调度

在单网模式下，各个网络的信息获取和资源利用相对独立，四网融合能够将物理实体、交通流、能源流和信息流整合在一个统一的框架中，使得资源的配置和利用更加合理、高效，在满足交通需求的同时减少不必要的重复投资，例如建设“光储充放”一体化项目，能够满足多种场景的用能需求，在提高建筑利用率、降低企业运营成本的同时，还能有效解决新能源发电间歇性、不稳定及消纳问题，起到削峰填谷的作用。

3. 智能感知

四网融合借助各种先进机器学习算法和大数据分析技术，通过软硬件的高度耦合，能够快速完成数据处理及行为决策，确保了信息在四网中流动的准确性、高效性与安全性。路侧感知系统和车载传感器可以实时采集各种交通道路信息，对交通流进行有效调度和合理预测；智慧化数字能源管理平台能够实时监测用能设备的能源消耗、运行状态和环境因素，及时发现和预警潜在的问题，为用户推荐最佳的能源补给时段和方式。

三、 四网融合发展现状及未来趋势

（一）发展现状

四网融合主要分为“交通基础设施网 + 运输服务网 + 信息网 + 能源网”“交通基础设施网 + 信息网 + 能源网”“交通基础设施网 + 运输服务网 + 能源网”“交通基础设施网 + 运输服务网 + 信息网”“运输服务网 + 信息网 + 能源网”五种主要形态，同时也包含传统的两网融合，是当下最高级的交通发展形态。

其中，“交通基础设施网 + 运输服务网 + 信息网 + 能源网”包含城市综合交通枢纽、综合管廊、多模态交通联运、多站融合基础模式、一体化充电服务网络等典型融合场景。作为交通、信息、能源和服务的汇聚点，城市综合交通枢纽还涉及智能交通指挥系统、智慧车站、一体化补能设施和车联网大数据平台等两网或三网融合应用，能够极大地提高交通效率、减缓交通拥堵并优化能源使用。

"交通基础设施网 + 信息网 + 能源网"包含综合能源服务站、智能充换电网络和智慧停车场等典型融合场景。综合能源服务站作为新型交通能源基础设施，除燃油外能够提供电能、氢能及生物质燃料等多样化补能服务，通过与能源网和信息网的联动，能够根据能源系统的实时负荷数据和用户历史用能数据，预测短期的能源消耗情况，合理安排能源补给的时段，调整价格策略，为用户提供定制化的用能服务，从而实现能源的高效调度和供应，并降低成本。

"交通基础设施网 + 运输服务网 + 信息网"包含智慧交通管理系统、车联网平台、自动驾驶技术、智慧物流以及智能票务等典型融合场景。以车联网平台为例，通过信息技术与交通系统的深度融合，能够实时收集、分析并交换车辆、道路和周围环境的数据，从而为乘客提供有关交通、路况及天气的实时信息更新，并推荐最佳的出行方式及路线。

两网融合仍是四网融合的重要组成部分，代表了最基础、最直接的技术融合和资源交互，为四网融合奠定了坚实基础。相较于四网融合的高门槛和复杂性，两网融合的运行机制往往比较简单，技术和资金门槛相对较低，实施周期也更短，能够迅速对接市场需求并产生显著效益，许多两网融合场景已经快速落地并得到市场的初步验证，产生较强的经济和社会效益。

（二）未来趋势

四网融合的未来发展趋势可概括为高度智能化、集成高效化和绿色清洁化。

1. 高度智能化

依托先进信息技术与各类基础设施的深度耦合，四网融合将具有极高的自主运行和独立决策能力，真正实现多系统、多平台和多设备之间的智能协同。高度智能化的四网融合将大大提高系统的响应速度和处理能力，具有较好的自适应学习能力和反馈优化机制。

2. 集成高效化

四网融合下的各类基础设施将呈现设施共用、资源共享、信息互通的发展趋势，完成从离散化到集成化、从低效到高效的转变。不同网络间的技术标准、数据接口与通信协议需要进行进一步统一，以确保各网络之间的无缝对接和有效协同，提高资源配置效率，通过业务整合发挥四网融合的联动价值。

3. 绿色清洁化

积极采取措施应对气候变化已成为全球共识，随着绿色发展、以人为本的理念深入人心，四网融合的未来发展必须紧紧沿着绿色清洁化的关键方向进行。一方面，要对网络型基础设施制定严格的环保标准，通过技术创新和共享共用有效降低对能源及其他资源的需求；另一方面，必须大力推动和优化生产侧和消费侧的能源结构转型，未来的四网融合应以清洁能源作为主要能源供给，从而提高能效水平，大幅降低碳排放和减少环境污染。

四、 我国四网融合的挑战与应对思路

（一）主要挑战

1. 资源共享难

我国能源及交通基础设施布局整体以“点点连接”及“点线连接”为主，现阶段数量庞大的单点终端设施仍处于“线线连接”的发展阶段，如建设高铁廊道电力专用通信光缆、光伏高速公路等融合基础设施。“网状融合”仍处于起步阶段，四网间的资源共享仍存在诸多困难。各个网络所使用的数

据格式及存储标准不同，同时也遵循着相对独立的设计原则和运营模式，会直接导致网络融合时出现难兼容、不协调等问题，改造存量设施需要大量资金及社会投入，成本较高。

2. 发展差异大

我国幅员辽阔，存在明显的区域发展差异，基础设施体系的完善程度也明显不同。东南沿海地区往往具有完备先进的交通、通信、能源和信息基础设施，四网融合的基础条件较好，同时能够集中资本投入及政策支持，从而形成良好的循环互补发展；而在一些欠发达的中西部地区，基础设施建设相对滞后，呈现出数量少、容量小、效率低等特征，难以实现信息资源在多网间的大范围、大规模高效配置。

3. 统筹协调弱

四网融合需要多领域多部门协同建设，系统性的顶层设计和规划协调是保障四网融合健康有序发展的重要政策基础。不同网络出于维护自身利益最大化的目的往往会追求单网最优发展路径，通常与四网融合的总体目标存在偏差甚至冲突，重复建设、资源浪费等问题层出不穷。四网融合的资源共享及整合牵涉众多利益相关方，需要建立能够协调多方意见，确保收益共享，形成相互补充与协调发展的四网发展机制。

（二）应对思路

1. 加强科技创新

科技创新是四网融合的核心驱动力，政府应加大对大数据、人工智能、云计算、新材料、储能、可再生能源、智能电网、电动交通、自动驾驶、车联网等前沿技术领域的资金投入和创新激励，并注重交叉学科及跨界融合技术的发展。鉴于四网融合技术研发资金需求量大、回收周期长、不确定性高以及商业模式不成熟等风险，建立稳健、灵活的投融资机制显得尤为重要，需要针对四网融合的特点，研究投融资机制，创新金融服务，以吸引多元化的资金来源，如建立四网融合发展投融资平台，积极推进政府和社会资本合作(PPP)模式、不动产投资信托基金(REITs)以及绿色债券等业务，确保四网融合项目获得充足、持续的资金支持。同时可在国家层面设立交通基础设施产业投资基金，引导资金、资源和要素向推进四网融合发展的领域和项目聚集，以支持新型交通基础设施的建设发展。

2. 注重统筹规划

考虑到四网融合系统工程的复杂性、高投入及高难度，必须加强顶层设计，建立健全统筹规划机制。四网融合涉及的领域及部门众多，发展路径和运营状况各不相同，统筹规划机制能确保四网融合的方向性和长远性，提供清晰、可行的蓝图，保证四网在融合的过程中能朝着同一目标稳健前进，避免因无序发展导致的方向性偏差。同时，四网融合作为前瞻的综合性基础设施体系，仍处于项目示范初期，缺乏较为成熟的商业模式和推广机制，现阶段亟需高效的运营管理机制以推动项目建设、挖掘应用场景并快速开拓市场。由于交通基础设施网、运输服务网、信息网和能源网都有较为独立的商业逻辑和盈利模式，需要深度解析用户需求，构建一个能够包容单网差异、同时确保整体协同效益的商业模式，以及一个通用的、可扩展的、高度互通的运营管理平台，从而推动更具针对性的业务创新和服务升级。例如打造集“油气电服”一体的综合能源站，以“综合能源补给＋多元商业服务”为运营模式，能够为用户提供更好的增值服务和消费体验。

3. 统一标准与监管

准协同是四网融合的稳定运行基础，对于保障四网间的信息互通与资源共享具有至关重要的作用，能够做到降本增效、提高运行效率和安全性。现阶段四网融合技术标准体系尚未建立，数据标准、接口标准、质量标准、环境标准以及法律标准等均不够统一，需进行深入研究和完善。以新能源汽车为例，现阶段采用的换电接口标准和规格仍然不够统一，由此造成换电站建设的非标准化，阻碍了新能源汽车的进一步渗透。政府应引导并支持相关部门和专家团队共同研究和制定四网融合的标准体系，为四网融合提供运行规范支撑。同时，政府应在已有监管体系的基础上，建立一套完善的四网融合监管框架，确立明确的监管目标和职责划分，确保多方共同受益，为四网融合提供稳健制度支撑。

绿色货运枢纽发展趋势及评价方法

王肖文　杨　勇　王　娟*

摘　要：作为交通运输领域节能减排重要战场，绿色货运枢纽近年来发展迅速，类型更加多样、绿色化程度更高、市场接受度更好。为建立健全地区绿色货运枢纽标准体系，更加科学地评判货运枢纽的绿色化等级，本文在分析绿色货运枢纽发展趋势的基础上，构建了由节地与可持续发展的场地、节能与能源利用、节材与材料资源利用、交通运输组织、绿色服务、环境保护与污染防治等6类指标构成的绿色货运枢纽评价指标体系，对货运枢纽的绿色化发展水平进行评价，从而指导地方找出短板弱项，并形成有针对性的政策措施。

关键词：绿色货运枢纽；评价指标体系；评价方法；对策建议

绿色货运枢纽是在全寿命周期内，符合国家绿色交通设施评估要求，以实现土地节约、资源合理利用、保护环境、降低污染与排放、提高运输效能等为目的建设的，并提供集疏运、仓储、信息、停车等物流服务的场所。当前，在全面推进绿色低碳转型成为高质量发展重要内容的要求前提下，货运枢纽作为货物运输、搬卸、分拣、配送等活动的集结场所，必然成为交通运输领域节能减排的重要战场。如何对其绿色化程度进行科学评

* 王肖文，交通运输部科学研究院，副研究员；杨勇，交通运输部科学研究院，副研究员；王娟，交通运输部科学研究院，高级工程师。

价，从而实现因地制宜、分类施策，是亟待解决的问题。

一、 绿色货运枢纽发展趋势

（一）规模逐年增加

近年来，中共中央、国务院以及交通运输部等部委，对绿色货运枢纽建设提出一系列要求。《交通强国建设纲要》提出打造绿色高效的现代物流系统；《国家综合立体交通网规划纲要》提出促进交通基础设施与生态空间协调，加强可再生能源、新能源、清洁能源装备设施更新利用和废旧建材再生利用；《绿色交通“十四五”发展规划》提出建设绿色交通基础设施、推进交通资源循环利用。上述文件明确了未来绿色交通发展的路径和重点，指明了绿色枢纽发展的方向，强调了绿色物流技术创新等方面工作，为绿色货运枢纽规模化发展提供了良好土壤。

各地面临节能减碳压力，在绿色货运枢纽方面积极开展探索和实践。广东省印发了《广东省生态文明建设“十四五”规划》，提出要支持绿色货运枢纽建设，搭建起“通道 + 枢纽 + 网络”的现代物流运行体系，依托货运枢纽大力发展多式联运，为绿色货运按下“加速键”。浙江省政府办公厅印发《深化“四港联动”发展推进运输结构优化实施方案》，强调以海港为引领、陆港为基础、空港为特色、信息港为纽带，着力优化多式联运通道和绿色枢纽布局。在企业层面，京东物流率先提出“供应链共享碳足迹”的减碳路径，京东“亚洲一号”西安智能产业园成为我国首个“零碳”综合货运枢纽，普洛斯上海宝山物流园获得美国绿色建筑评估标准体系(LEED)铂金级认证，万纬物流 11 个冷链园区获得 LEED 铂金级、金级认证。这些成功案例，为绿色枢纽的规模化发展提供了样板。

（二）类型更加多样

仓储领域，上海智慧仓储园区通过引入智能化系统和可再生能源，不仅提高了仓储效率，还有效减少了对环境的负面影响。青岛港在能源转型和清洁能源利用上下足功夫，充分挖掘光伏发电潜力，引进光伏、氢能等新能源技术，全港光伏年发电量可达100万千瓦时。顺丰等物流龙头企业致力于打造绿色产业园，通过铺设屋面光伏、优化仓库空间布局等多种方式，提高中转效率与节能效益；鄂州花湖机场建成首个全场景电动化绿色货运机场，最大限度实现了机场内部的低碳节能和可持续发展。绿色货运枢纽的类型从车站、仓储到港口、园区、航空货运站，覆盖范围更加广泛。

（三）绿色化程度更高

交通运输部陆续发布了《绿色交通设施评估技术要求　第5部分：绿色货运站》(JT/T 1199.5—2022)、《绿色港口等级评价指南》(JTS/T 105-4—2020)、《绿色机场评价导则》(MH/T 5069—2023)等货运枢纽的绿色评价标准，在节地与环境保护、节能与能源利用等方面提出更加严格和规范的要求，在全社会层面大大提高了货运枢纽建设、运营的绿色化水平，也为企业提供了更加明确的指导。

随着绿色技术的不断成熟，绿色货运枢纽建设、运维成本逐渐降低。企业有能力和资源实现设施和装备的绿色化改造升级。例如，太阳能和风能等可再生能源技术的进步，使得越来越多的货运枢纽采用清洁能源降低运营成本和碳排放。智能化、自动化技术的推广，尤其是在“推动大规模设备更新和消费品以旧换新”的号召下，货运枢纽必将实现绿色智慧升级提速，货运枢纽运营将更加高效，“零碳货运枢纽”将陆续出现。

（四）市场接受度更好

相比于传统枢纽，绿色货运枢纽致力于提供更加优质、安全、舒适的服务环境，不仅提高了物流运输的效率和及时性，还为货物提供了更安全的存储和运输环境，为客户提供了全方位的服务体验，从而更容易赢得客户的信赖和支持。

绿色货运枢纽还给地方带来广泛的正向效应和品牌效应。截至2023年5月，以洋山四期集装箱码头和国能黄骅煤炭码头为代表的53家港口企业(集装箱和专业干散货码头)获得"中国绿色港口"称号。百利威集团旗下八个物流园区获得了"一级(三星)绿色仓库"认证。北京大兴国际机场、杭州萧山国际机场等十六家机场获得2023年度"双碳机场"星级称号。通过这些评选活动、试点或评奖机制，既提高了企业积极性，又给地方经济社会发展带来正反馈。

二、 绿色货运枢纽评价总体原则和思路

(一)因地制宜、经济适用

充分考虑各地经济社会发展水平、资源禀赋、气候条件、物流发展条件、建筑特点，合理制定地区绿色货运枢纽发展规划和技术路线，建立健全地区绿色货运枢纽标准体系，实施有针对性的政策措施。

(二)整体推进、突出重点

积极完善政策体系，从整体上推动绿色货运枢纽发展，并注重集中资金和政策，支持国家综合交通枢纽城市在加快绿色货运枢纽发展方面率先突破。

(三)合理分级、分类指导

对绿色货运枢纽按照绿色化程度进行绿色星级评定，为后续实施有区别的财政支持政策奠定基础。鼓励有条件的地区适当发展高星级绿色货运枢纽，引导低星级绿色货运枢纽建筑规模化发展。

(四)激励引导、规范约束

在发展初期，以政策激励为主，调动各方加快绿色货运枢纽发展的积

极性，加快完善绿色货运枢纽系列标准建设，提高绿色货运枢纽标准执行率。

三、绿色货运枢纽评价方法

将评价方法分规划设计阶段和建成运营两个阶段进行。其中，建成运营评价应在试运行后至少 1 年后进行。

（一）绿色货运枢纽评价指标体系

绿色货运枢纽评价体系由节地与可持续发展的场地、节能与能源利用、节材与材料资源利用、交通运输组织、绿色服务、环境保护与污染防治等六类指标构成。

绿色货运枢纽评价指标体系　　表 1

一级指标	二级指标	三级指标
节地与可持续发展的场地	总体规划	用地规模
		功能布局
	节约用地	容积率
	土地弹性	周边可拓展用地
节能与能源利用	建筑	建筑主体
		围护结构
	节能设备	通风空调
		照明电气
		搬运装卸节能设备
	能源利用	能源结构
		新能源利用
		满载率
节材与材料资源利用	材料利用	绿色材料应用比例
		再生资源回收利用率
	材料节约	建筑节材
		减量化包装

续上表

一级指标	二级指标	三级指标
交通运输组织	多式联运	多式联运量
		多式联运线路
	交通距离	交通中心最远端与枢纽出入口的距离
	交通流线	交通动线设计
绿色服务	信息服务	信息门户
		货运资源管理交易平台
	安全保障	应急保障措施
		监控措施
	作业	作业工艺
		作业标准化
	转运	中转、装卸时间
	宣传	绿色标识及引导
		绿色宣传与教育
环境保护与污染防治	环境保护	场地设施
		园区绿化
		仓库环境
	污染防治	废水有用物质回收利用率
		有用气体回收率
		固体废物回收率

(二)评价过程及结果

绿色货运枢纽评价应按照评价项目的建设内容、重要性和难易程度,采用权重计分法。按照规定的各指标计算方法及设定权重进行打分,最后总得分满分为100分。

按照五星、四星、三星从高到低对绿色货运枢纽进行评级。得分在(75,100]区间的为五星级,属于物流基础好的城市鼓励支持的方向,但由于相关技术和设备会比较先进,造价较高,需要政府给予一定支持;得分在(50~75]区间的为四星级,属于基础较好城市发展的主要目标;得分在(25,50]区间的为三星级,属于全国绿色货运枢纽评级的基本门槛。

四、对策建议

（1）尽快出台《绿色货运枢纽评估标准体系》，并细化得分细则。编制《绿色货运枢纽评分标准》，通过建立细化的评估标准体系，可以更准确地衡量绿色货运枢纽的环保性能和运营水平，为其可持续发展提供指导和保障。

（2）争取相关政策支持。紧抓交通强国示范工程建设、国家综合货运枢纽补链强链、物流降本增效等工作契机，提升绿色货运枢纽在政策层面的地位和重要性，争取政府资金支持和政策倾斜。

（3）建立绿色货运枢纽运行监测体系。借助绿色货运枢纽评价指标，设置常态化、可操作的节能减排监测分析机制，对绿色货运枢纽的环保、能源消耗、运输效率等方面进行常态化监测和评估，及时发现问题、解决问题，为其持续改进和优化提供科学依据和支持。

（4）开展绿色货运枢纽评级授牌工作。鼓励各地积极申报绿色货运枢纽，并通过评级授牌的方式，对符合标准的绿色货运枢纽进行认定和表彰，提升其品牌价值和市场竞争力，进一步推动全国绿色货运枢纽建设深入开展。

工业固体废物在公路建养中综合利用情况研究及实践

程　寅　雒亚莉　魏道新　于　浩　李钦栋*

摘　要：工业固体废物产存量巨大、资源利用有限、环境隐患突显，寻求有效可持续的资源化利用路径成为目前亟须解决的问题。随着交

* 程寅，交通运输部科学研究院，副研究员；雒亚莉，交通运输部科学研究院，高级工程师；魏道新，交通运输部科学研究院，教授级高级工程师；于浩，交通运输部科学研究院，工程师；李钦栋，交通运输部科学研究院，工程师。

通绿色低碳发展的转型，工业固体废物在公路建养工程中的综合利用成为近年关注重点。通过对工业固体废物在公路建养中的综合利用情况的概述，分析工业固体废物难以在公路建养中大规模应用的关键制约因素，结合典型工业固体废物应用的工程实践及可行经验，提出解决工业固体废物在公路建养中利用关键难题的措施。

关键词：工业固体废物；公路建养；交通行业；综合利用

工业固体废物指在工业生产活动中产生的固体废弃物，主要类别有尾矿、赤泥、冶炼渣、粉煤灰、煤矸石、冶炼废渣和炉渣等，是固体废弃物的重要组成部分，占固体废弃物总量的80%以上。根据《中国统计年鉴》，2022年我国工业固体废物年产量约为41亿吨，但综合利用率不到60%。目前工业固体废物年均产量40亿吨以上，历史累计堆存量超过600亿吨，占地超过200万公顷，不仅占用土地、浪费资源，而且对环境和安全产生了极大隐患。

当前，我国交通基础设施建设总量跃居世界前列，但仍存在碳排放强度较高、与生态环境协调发展不足的问题。2019年，中共中央、国务院印发《交通强国建设纲要》，提出促进资源节约集约利用，提高资源再利用和循环利用水平，持续推进交通资源循环利用产业发展。2021年，中共中央、国务院印发《国家综合立体交通网规划纲要》，提出要加快推进绿色低碳发展。公路建设及改造养护工程体量大，对材料、能源消耗投入量大，对生态环境扰动范围广，是交通运输行业绿色低碳转型的重要领域。

2022年印发的《国家公路网规划》提出，到2035年国家公路网总规模约46.1万公里，由国家高速公路网和普通国道网组成，其中国家高速公路网规划总里程约16.2万公里，未来建设改造需求约5.8万公里(含扩容改造约3万公里)。未来一段时期，我国公路仍将处于快速建设期。公路建设及改造养护绿色低碳转型迫在眉睫。

鉴于我国面临的固体废弃物堆存处置和公路建养减碳的紧迫压力，将工业固体废弃物作为筑路材料加以资源化利用以减少对水泥、砂石等碳排资源的依赖，从而实现资源的可持续利用，成为解决上述问题的有效途径。开展工业固体废物在公路建养领域的资源化利用，对加快公路建养低碳转型提供有力支撑，对促进工业固体废物实现绿色、高效、高质、高值、规模化利用发挥重要作用，对促进生态文明建设和高质量发展具有重要意义。

一、综合利用现状

（一）基本情况

对我国2018—2022年工业固体废物的产生及综合利用情况以5年为计量单位进行统计，其产生量和综合利用量在2020年后呈逐年增长的态势，2022年工业固体废物的综合利用率为57.61%。就总体利用情况来看，工业固体废物的待利用量空间还很巨大。

2018—2022年我国工业固体废物产生及利用情况❶　　表1

年度	产生量(亿吨)	综合利用量(亿吨)	综合利用率(%)
2018	33.16	18.12	54.64
2019	38.68	20.62	53.31
2020	36.75	20.38	55.46
2021	39.79	22.67	56.97
2022	41.14	23.70	57.61

在规模化利用方面，建筑行业对工业固体废物利用程度最高，占总利用量的80%以上，主要利用途径是生产水泥、混凝土及其他建筑行业耗材。公路建养领域对工业固体废物的综合利用起步较晚，利用量占工业固体废物综合利用量的比重不足1%。

❶ 数据来源：中国统计年鉴。

（二）利用情况

工业固体废物分为Ⅰ类工业固体废物和Ⅱ类工业固体废物。Ⅰ类工业固体废物指可以安全利用或处置的废物，不会对环境和人体造成危害，如粉煤灰、煤矸石、钢渣、尾矿、高炉矿渣等。Ⅱ类工业固体废物含有害成分，处理不当可能会对环境和人体健康造成严重影响，如磷石膏、赤泥、脱硫石膏、锰渣等。

目前我国工业固体废物综合利用率超过50%，但不同种类工业固体废物利用率并不均衡，如高炉矿渣、钢渣等冶炼废渣的利用率可达70%左右，而尾矿、磷石膏的利用率则只有30%左右，赤泥利用率则不足10%。近年政府出台了一系列法律法规和产业、产品的技术标准与技术规范指南，用以促进固体废物综合利用产业的发展。在这些政策法规的支持下，各省交通系统在公路建设过程中开展了路基、基层、路面的试点示范应用，部分省份在公路建养领域开展工业固体废物资源化利用的应用情况如下。

工业固体废物在公路建养领域的应用情况　　表2

省(区)	利用固体废物种类	利用情况
河南	电石渣、赤泥、尾矿、钢渣等	针对粉砂土、黄土、膨胀土等典型不良土质类型，研发4大类7种工业固体废物绿色生态土壤固化材料，替代水泥、石灰等传统高能耗建筑材料用于道路工程建设
内蒙古	钢渣、煤矸石、粉煤灰、尾矿、建筑垃圾	在公路工程中进行高值化规模化利用。近几年，已累计消纳利用钢渣20000余吨，节约工程造价5000余万元
山西	粉煤灰、循环流化床锅炉(CFB)灰渣、煤矸石、钢渣等	生产具有更高品质、更加环保的交通产品
新疆	建筑垃圾、废弃渣土、工业废渣	绿色低造价高性能水泥混凝土技术可实现工业固体废物的100%循环利用，生成各种强度等级的水泥混凝土建材。与传统混凝土技术相比，采用此项技术可节约综合工程造价50%，节约工期50%
山东	赤泥	研发赤泥基胶凝材料等系列绿色低碳土木功能材料，其中赤泥基胶凝材料能够替代水泥，用于路面基层稳定碎石、路基改良土、交通工程预制构件及采空区填充等基础建设工程，可实现赤泥综合利用的经济、社会、生态三重效益

续上表

省(区)	利用固体废物种类	利用情况
甘肃	钢渣	G312线清傅公路完成了国内首个钢渣改良黄土路床试验段并投入使用。为省内其他地区钢渣应用于黄土路基改良提供理论指导和实践参考
江苏	钢渣	苏州市高速公路管理有限公司在G1522常台高速公路路面养护工程中，创新引进钢渣沥青混合料作为路面材料运用于试验段

根据调研分析，多地已在公路建养领域开展Ⅰ类工业固体废物现场试验应用研究，包含钢渣、粉煤灰、煤矸石、尾矿等，作为在公路建养工程中的主要利用对象，占交通行业利用工业固体废物总量的90%以上。而Ⅱ类工业固体废物赤泥、磷石膏、锰渣等无害化综合利用技术还需要攻关突破，并受限于政策、标准等条件的制约，真正实现规模化利用还有一段距离。

（三）政策法规支持情况

2020年4月，《中华人民共和国固体废物污染环境防治法》进行了第二次修订，并于2020年9月开始施行。此次修订，将固体废物污染环境防治明确纳入了我国的法律体系。

2021年3月，国家发展改革委等十部门印发的《关于“十四五”大宗固体废弃物综合利用的指导意见》(发改环资〔2021〕381号)提出，到2025年，煤矸石、粉煤灰、尾矿等新增大宗固体废物综合利用率达到60%，存量大宗固体废物有序减少。

2022年1月，工业和信息化部、国家发展改革委等八部门联合印发《关于加快推动工业资源综合利用的实施方案》(工信部联节〔2022〕9号)，提出到2025年力争大宗工业固体废物综合利用率达到57%。其中，冶炼渣达到73%，工业副产石膏达到73%，赤泥综合利用水平有效提高。

2023年12月，《中共中央　国务院关于全面推进美丽中国建设的意见》发布，提出强化固体废物和新污染物治理。到2027年，“无废城市”建设比例达到60%，固体废物产生强度明显下降；到2035年，“无废城市”建设实现全覆盖，东部省份率先全域建成“无废城市”，新污染物环境风险得到有效管控。

具体的，近5年来(2019—2023年)，我国出台的工业固体废物主要相关政策时间汇总如下。

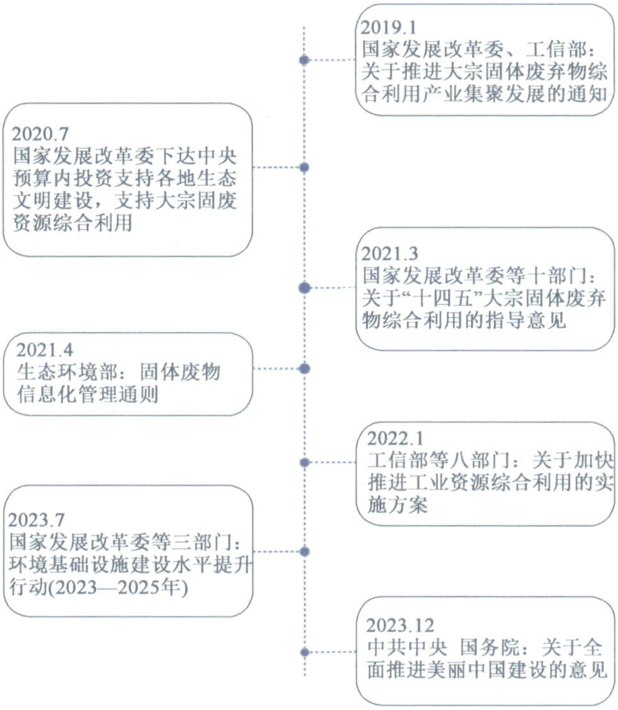

图1　相关政策近5年出台时间线

国家层面围绕工业固体废物利用出台了相关政策，但现有政策并无交通运输主管部门参与制定，以致对公路建养领域工业固体废物资源化利用引导和鼓励不足，且工业固体废物利用或处理的税费减免和资金奖补政策未涵盖交通建设领域。

二、工程实践

受制于政策及技术，工业固体废物在公路建养中的利用场景少，应用面窄，技术成熟度低，尚无太多工程实践积累。

（一）现状分析

由于我国重点产废行业具有一定的地域聚集分布，因此我国工业固体废物还具有分布不均衡、区域差异大的特点。工业固体废物综合利用多为工程本身产生或就近获取，整体利用率偏低，且由于工业固体废物的综合利用具有明显的社会公益属性，介于成本等因素，制约了其大规模应用。

从产业链条角度看，产废企业偏重于工业固体废物的简单处置和低成本处置，不注重综合利用项目培育；环保类公司对有处置费用的项目优先投资，因而缺少工业固体废物项目投资经验；跨领域投资机构没有形成有效入场模式，致使工业固体废物的工程实践面临环境、技术、安全等多重风险。

如上所述，交通运输行业尚未专门出台关于工业固体废物综合利用的相关政策或指导意见，同时行业对于工业固体废物利用的标准体系也不健全，目前行业标准只有钢渣 1 项，即《沥青混合料用钢渣》(JT/T 1086—2016)，其他品类工业固体废物行业标准缺失。由于政策支持不足、标准体系支撑薄弱，导致公路建养在工业固体废物综合利用方面的发展动力不足，工程实践大都停留在试验路段或示范路段，还未形成大规模工程推广应用。

（二）实践经验

研究团队围绕工业固体废物多元协同处置与资源化应用技术开展研究，探索工业固体废物自聚合内在作用机理，开发适用于工程建设的低碳新材料和利用新技术，探索建立工业固体废物路用整体协同解决方案，整体推进工业固体废物无害化、资源化综合利用，并在部分地区开展工程实践。

综合利用工程实践　　表 3

省(区)	工程实践	意义
宁夏	乌玛高速公路全线 44 公里路基路面 100% 实现粉煤灰、煤矸石、钢渣、废旧塑料、固体废物基胶凝材料等五种固体废物利用量不少于 280 万吨	为宁夏回族自治区首个交通运输科技示范工程，对开展宁夏回族自治区资源化综合利用研究和技术推广具有典型代表意义和重要示范效应

续上表

省(区)	工程实践	意义
云南	会巧高速公路铺设填方试验路段，拟消耗磷石膏约30万吨	拓宽磷石膏资源利用有效途径。探索大掺量磷石膏作为道路路基填料应用的关键技术，提升云南省磷石膏综合路用能力
江西	宜丰县公路再生基地、宜春市经开区交建公司厂区道路、宜春市经开区宜创路南延伸项目，累计消纳锂渣20余万吨	示范引领。省内普通国省干线升级改造项目开展锂渣路基实体填筑，近三年计划消纳锂渣1549万吨
贵州	贵州省铜仁市松桃县境内省道S304大修工程，预期实现无害处理电解锰渣120万吨/年，每公里经济效益额超2000万元	该试验路为国内电解锰渣无害化处理与场外环境路面基层资源化利用的首例实体工程
新疆	新疆S21线阿勒泰至乌鲁木齐高速公路建设项目铺筑炉渣-矿渣-电石渣三渣稳定特殊土路基试验段，利用三渣稳定路基土方量约为2000立方米	节省废弃土、工业废渣的堆存用地720平方米，消除堆存和维护费用4.32万元、节省环保税费18万元，碳减排效益和社会效益突出

(1)以Ⅰ类工业固体废物综合利用为例。宁夏全区工业固体废物年均产量6000余万吨，产废强度高，历史累计堆存超1.7亿吨，而综合利用产业规模小，利用路径单一，利用率较低。依托乌海至玛沁公路惠农(蒙宁界)至石嘴山段，研究团队与宁夏交通投资集团开展“大宗工业固体废物道路资源化综合利用科技示范工程”，项目混合运用了钢渣道路化梯级综合应用技术、粉煤灰和煤矸石路基填筑技术，工业固体废物综合利用量超过280万吨，包含国家重点研发计划项目和省部级科研课题8项，地方标准5项，技术规范6项，对推动跨领域、跨行业、多产业的固体废物综合利用具有典型的示范效应。

(2)以Ⅱ类工业固体废物综合利用为例。由于Ⅱ类工业固体废物的综合利用率更低，提高其有效综合利用率成为工业固体废物在公路建养领域利用的关键。云南省磷石膏产生量占到全国1/5左右，目前堆存量超2亿吨，堆存的磷石膏占用大量土地，且对水体和土壤构成潜在威胁；未来5至10年，云南省将在镇雄打造千亿级磷化工产业基地，磷石膏在云南省的综合化利用压力较大。依托云南省会巧高速公路项目，研究团队开发了适配于污染物离子化学靶向结合的三维网络状无机地聚合物固化剂，从物理和化学两个角度设计“改性磷石膏＋包边土＋防水土工布”路基结构形式，推动磷石膏在公路工程中的资源化、规范化综合利用。2023 年 10 月在会巧高速公路铺设填方试验路段，消耗磷石膏约 30 万吨；项目产出行业标准 1 项，地方标准 1 项，发明专利 1 项，对提高磷石膏综合利用技术成熟度，推进磷石膏在公路建养工程中的综合利用具有很大的指导意义。同时，云南省政府近期出台了一系列支持性文件，《云南省全面推进磷石膏综合利用工作方案的通知》就实施磷石膏路基材料利用类工程提出了工作指导，对磷石膏在交通建设领域的综合利用起到积极的推进作用；《云南省磷石膏综合利用省级财政以奖代补实施方案(征求意见稿)》对磷石膏作为路基材料试点示范项目，磷石膏利用量在 1 万吨(含)以上的，按照每吨 10 元予以一次性奖补，最高不超过 3000 万元。云南省在攻关磷石膏关键技术和出台鼓励政策方面的措施，对推进工业固体废物综合利用具有很强的参考借鉴意义。

综合来看，Ⅰ类工业固体废物的综合利用主要依赖政策层面，通过工程实践能够为政策顶层提供经验。Ⅱ类工业固体废物推广应用的关键点在于解决技术瓶颈，如磷石膏水稳性能差、锂渣存在浸出污染、锰渣具有毒性及拌合困难等，通过工程实践，推进技术攻关，为Ⅱ类工业固体废物在公路建养中综合利用提供技术支持。同时，依托工程项目经验，将先进技术转化为标准规范，为工业固体废物的综合利用提供有力支撑。

三、对策建议

（一）强化政策引导

目前交通运输行业工业固体废物利用政策空白，建议交通运输主管部门出台相关政策、指导意见或实施方案，指导行业加快推进工业固体废物综合利用，并辅以多种形式，促进各方机构对固体废物资源的主动积极应用。对于公路工程优先选用尾矿、钢渣、粉煤灰、煤矸石等作为筑路材料的公路建设项目给予资金、政策支持，如设立“以奖代补”制度、专项资金，开展工业固体废物在交通领域综合利用科技示范，支持各地建设固体废物资源化利用交通科技园等。

（二）加快标准制定

目前相关规范和标准的制定处于起步阶段，应尽快构建适应交通高质量发展的固体废物标准体系。一是加快交通运输行业固体废物利用行业标准的编制工作；二是鼓励地方政府结合区域内固体废物利用现状，制定地方固体废物利用标准；三是支持各地交通企业开展固体废物利用团体标准的编制工作。重点推进公路工程工业固体废物材料应用标准、钢渣在养护工程中应用标准、锰渣在公路路基填筑应用标准等编制工作，加快制定赤泥、工业副产磷石膏、脱硫石膏等交通运输行业相关标准体系。

（三）深化技术研究

针对工业固体废物在公路建养领域综合利用存在的技术瓶颈，亟须对工业固体废物的无害化处理技术及装备、多源固体废物协同综合利用技术及装备、路用耐久性机理等方面开展研究。加强Ⅱ类工业固体废物工程应用的固化剂、激发剂、稳定剂等技术产品研制，重点突破高值综合协同利用关键共性技术，形成产业链核心技术，为工业固体废物在交通运输行业的综合利用提供科学依据。

（四）加强信息化管理

公路建养尚未建立工业固体废物利用信息中心，建设项目路域工业固体废物信息不对称，上游产废企业和下游用废企业信息脱节，工业固体废物信息化管理水平低。建议明确各类工业固体废物产生、收集、转移、利用、处置等环节的部门职责边界，提升监管能力，形成分工明确、权责明晰、协同增效的综合管理体制机制，建立信息发布制度，提升工业固体废物在公路建养的综合利用信息化管理水平。

（五）加大宣传培训

由于固体废物资源化应用意识普及度不足，投资主体对工业固体废物在公路建养中的应用持观望态度和质量环保担忧态度。建议组织开展工业固体废物在公路建养领域的培训和研讨，搭建技术成果交流和固体废物资源交流平台，充分发挥交通相关新闻媒体、绿色公益组织、产业联盟、学协会等机构的积极作用，提高从业人员践行节约集约循环利用的资源观，为工业固体废物资源化利用创造良好的社会氛围。

第六章　交通运输碳排放监测与核算

交通基础设施碳排放测算标准体系探索与应用

杨　柳*

摘　要：本文对中国交通建设集团有限公司(以下简称中交集团)系列交通基础设施碳排放测算标准及定额体系进行了概述。以《公路工程建设期碳排放测算标准》和《公路工程碳排放估算指标》为例对标准主要内容进行了说明，详细介绍了标准核心技术难点碳排放计算方法、碳排放消耗量定额和碳排放因子缺省值的研究方法，介绍了"公路工程碳排放计算软件"的功能模块及其推广应用情况，为交通建设领域碳排放标准体系建设提供经验借鉴。

关键词：交通基础设施；碳排放；计算标准；定额

一、工作背景与开展情况

（一）工作背景

碳核算是科学制定"碳达峰碳中和"管理举措、评估相关工作成效的基

* 杨柳，中交公路规划设计院有限公司绿色低碳业务部，总工程师/正高级工程师。

础。《中共中央　国务院关于完整准确全面贯彻新发展理念做好碳达峰碳中和工作的意见》要求，建立健全碳达峰碳中和标准计量体系。加快完善地区、行业、企业、产品等碳排放核查核算报告标准，建立统一规范的碳核算体系。加强二氧化碳排放统计核算能力建设，提升信息化实测水平。2022 年，建筑领域开始实施强制性工程建设规范《建筑节能与可再生能源利用通用规范》(GB 55015—2021)，要求建设项目可行性研究报告、建设方案和初步设计文件应包含建筑能耗、可再生能源利用及建筑碳排放分析报告。2023 年，国家发展改革委等部门《关于加快建立产品碳足迹管理体系的意见》(发改环资〔2023〕1529 号)提出，行业主管部门组织有关行业协会、龙头企业、科研院所等，研究制定重点产品碳足迹核算规则标准。鼓励龙头企业根据行业发展水平和企业自身实际建立产品碳足迹管理制度，带动上下游企业加强碳足迹管理，推动供应链整体绿色低碳转型。

作为能源消耗和温室气体排放的主要部门之一，交通运输行业高度重视绿色低碳理念在交通基础设施建设中的落实，先后提出了低碳公路、绿色公路等建设理念。中共中央、国务院于 2019 年印发的《交通强国建设纲要》再次提出绿色发展、节约集约、低碳环保等相关要求。低碳交通基础设施建设是交通运输绿色低碳工作的重要方向之一。然而梳理我国现行的交通运输行业相关碳排放计算标准，如《省级二氧化碳排放达峰行动方案编制指南》《陆上交通运输企业温室气体排放核算方法与报告指南(试行)》《民用航空企业温室气体排放核算和报告通则》(GB/T 32151.6—2015)等，均是围绕运输活动制定，无法满足未来在交通基础设施建设领域以项目为主体推进碳排放管理和碳排放交易的基础数据需求、全面开展绿色低碳考核管理需要，必须直面相关领域国家和行业标准匮乏的难题，尽快补全碳排放计算标准规范这一短板，才能支撑行之有效的工程降碳减排技术管理措施推广相关政策制定。

(二)标准体系建设

中交集团依托企业在交通基础设施规划、设计、施工、运营方面的丰富经验，以中交集团绿色低碳发展研究中心为牵头单位，自2021年启动交通基础设施项目碳排放测算系列企业标准制订，已发布实施企业标准13项、在研企业标准5项，形成覆盖八大领域的碳排放测算标准体系。

中交集团碳排放测算标准体系 表1

序号	标准名称	标准号/状态
1	《公路工程建设期碳排放测算标准(试行)》	Q/CCCG GL 105—2022
2	《公路工程碳排放估算指标(试行)》	Q/CCCG GL 106—2022
3	《公路工程碳排放概算定额(试行)》	Q/CCCG LD 108—2023
4	《公路工程碳排放预算定额(试行)》	Q/CCCG GL 107—2022
5	《水运工程建设期碳排放测算标准(试行)》	Q/CCCG SY 105—2022
6	《水运工程碳排放测算定额(试行)》	Q/CCCG SY 106—2022
7	《机场工程建设期碳排放测算标准(试行)》	Q/CCCG JC 101—2022
8	《机场工程碳排放测算定额》	在研
9	《市政工程建设期碳排放测算标准(道路土建工程)(试行)》	Q/CCCG LD 301—2023
10	《市政工程碳排放测算定额(道路土建工程)(试行)》	Q/CCCG LD 302—2023
11	《地铁工程建设期碳排放测算标准(车站、区间土建工程)(试行)》	Q/CCCG LD 403—2023
12	《地铁工程碳排放测算定额(车站、区间土建工程)(试行)》	Q/CCCG LD 404—2023
13	《铁路工程建设期碳排放测算标准(试行)》	Q/CCCG LD 401—2023
14	《铁路工程碳排放测算定额(试行)》	Q/CCCG LD 402—2023
15	《建筑工程建设期碳排放测算标准》	在研
16	《建筑工程碳排放测算定额》	在研
17	《城市综合开发项目碳排放测算方法指引》	在研
18	《城市综合开发项目碳排放估算标准》	在研

此外，为加强碳排放测算的规范性和便捷性、提升标准的可操作性，中交集团进一步配套研发了碳排放测算软件工具，可独立或基于交通基础

设施工程建设项目造价文件实现碳排放的快速测算。

二、 公路工程碳排放系列标准

（一）《公路工程建设期碳排放测算标准》（试行）

1. 主要内容

《公路工程建设期碳排放测算标准》（试行）由 6 章和 2 个附录组成，规定了公路工程建设期碳排放源构成、测算时间范围和对象、测算依据资料、工程建设直接碳排放测算方法和供应链间接碳排放测算方法，并规定了公路工程建设期碳排放测算的细目和测算表格体系。

2. 研究方法

通过调研收集温室气体盘查议定书（The Greenhouse Gas Protocol，GHG Protocol）、温室气体核算体系，包括企业价值链（范围三）核算与报告标准（范围三标准）、《商品和服务在生命周期内的温室气体排放评价规范》（PAS 2050：2008）、《温室气体—产品碳足迹—要求和量化指南》（ISO 14067：2018）等国外温室气体排放核算标准和《工业企业温室气体排放核算和报告通则》（GB/T 32150—2015）系列、《环境管理　生命周期评价　原则与框架》（GB/T 24040—2008）、《环境管理　生命周期评价　要求与指南》（GB/T 24044—2008）等国内温室气体排放核算标准，采用了生命周期碳排放计算思路，以公路工程建设项目为计算对象，将工程建设过程中的范围一排放和范围二排放以及工程建设上游的建材生产和运输为范围三排放，进行碳排放源梳理和层次分析。

在碳排放计算方法上，以《2006 年 IPCC 国家温室气体清单指南》及其 2019 修订版给出的碳排放因子法为基本公式，参考挪威 VegLCA、国际路联 CHANGER、苏格兰 The Highway Agency Carbon Accounting Tool 等公路项目碳排放计算模型以及《建筑碳排放计算标准》（GB/T 51366—2019）计算思路，以工程建设中的人工、材料、机械消耗作为活动水平的基础数据，解决了工程建设中能源消耗统计体系不健全、能耗数据获取困难的问题，对标《公路工程建设项目概算预算编制办法》(JTG 3830—2018)的人工、材料、机械分解方式，开展建立了一套基于消耗量定额的碳排放计算方法体系。经过北京市、黑龙江省、河南省、甘肃省、广东省、新疆维吾尔自治区等在建公路工程项目的实地调研和对中交集团范围内的公路勘察设计单位、公路施工单位、公路工程管理单位的问卷调查，这套计算方法体系具有活动水平数据获取便捷、算法逻辑便于工程技术人员理解的优势，各项目工程造价人员经过简单培训即可实现标准应用。

(二)《公路工程碳排放估算指标》(试行)

1. 主要内容

《公路工程碳排放估算指标》(试行)由总说明、7 个分项工程碳排放估算指标和 7 个附录组成，规定了符合碳排放计算原理的路基工程、路面工程、隧道工程、桥涵工程、交叉工程、交通工程和临时工程的人工、机械、材料消耗量定额。定额的颗粒度划分和表达方式与公路造价估算指标相一致，但消耗量数值根据碳排放产生的原理进行了修正和重构。其中的 4 个附录分别给出了材料(设备)生产过程碳排放因子、施工机械台班耗能碳排放因子、施工机械台班消耗量、运输装备单位周转量碳排放因子的缺省值，便于工程技术人员选用。

2. 研究方法

首先，按照公路工程建设中各类碳排放源的排放原理，研究提出符合碳排放规律的人工、材料、机械消耗量定额数据；其次，研究制定公路工程建设中使用的主要材料生产过程的碳排放因子。

(1)人工、材料、机械消耗量定额数据采用“造价定额 × 消耗量调整系数”的方式进行研究。

人工消耗量调整系数在部颁定额规定的幅度差基础上，考虑碳排放特点，对全国8个区域9个工程项目进行工价调查，样本数量548个，分析得到人工消耗量调整系数平均值0.36±0.09，在标准中统一取为0.5。

材料消耗量调整系数综合考虑从材料生产厂家到工地仓库或现场集中堆放地点的运输损耗、装卸损耗、仓库储存或现场堆放损耗等因素，通过全国8个区域9个工程项目内业数据调查统计确定。调查内容包括材料采购量、入库量、出库量和设计使用量等统计资料，建材种类包括钢筋（HPB300、HRB400、HRB500）、其他钢材、水泥（32.5、42.5、52.5）、沥青、砂、碎石、块石，样本数量达到210组。例如HPB300钢筋，经粗大误差处理后材料消耗量调整系数变化区间为1.00～1.39，平均值为1.07±0.10，与《公路工程建设项目概算预算编制办法》（JTG 3830—2018）规定的材料损耗率1%基本相符，在标准中其材料消耗量调整系数统一取为1.01。

施工机械台班消耗量调整系数主要用于消除施工机械必要停工时间对碳排放的过高估计，研究中首先采用部颁定额规定的幅度差进行基准计算，然后使用全国8个区域9个工程项目的施工机械燃料消耗量统计资料和4个在建工程项目现场技术测定数据进行核验。其中，施工机械燃料消耗量统计获取了土、石方工程机械调查样本272组、路面机械样本8组、混凝土及灰浆机械样本262组、水平运输机械样本249组、起重及垂直运输机械样本118组、打桩、钻孔机械样本15组、金属、木、石料加工机械样本9组、动力机械样本9组。以1.6立方米履带式单斗挖掘机为例，基于幅度差算得的施工机械台班消耗量调整系数为0.91，23个能耗统计样本得到的能源消耗量平均值为87.29千克/台班，约为《公路工程机械台班费用定额》（JTG/T 3830—2018）规定值的97%，即调整系数为0.97。而现场实测的履带式挖掘机台班消耗量调整系数取值范围为0.63～0.83、平均值为0.72。综合考虑，在标准中期施工机械台班消耗量调整系数取为0.91。

（2）材料生产过程碳排放因子通过文献调研开展，包括生态环境部环境规划院组织构建的中国产品全生命周期温室气体排放系数库（CPCFFD）、四川大学牵头构建的中国生命周期基础数据库（CLCD）等国内产品碳足迹数据库和瑞士Ecoinvent、欧洲生命周期文献数据库ELCD、德国GaBi Databases

数据库、美国 NREL-USLCI 数据库等国外产品碳足迹数据库。在标准编制中优先采用《建筑碳排放计算标准》(GB/T 51366—2019)附录数据，其次采用国内数据库和文献数据，最后采用国外数据。对于混凝土构件、钢构件等现场加工建材，主要采用其原始材料的碳排放因子和质量构成进行折算。

(三)公路工程项目碳排放测算软件

软件碳排放测算模块包括标准基础库管理、项目管理、碳排放测算编制和成果报表。

(1)标准基础库管理：包括碳排放测算标准库(测算系数)、各阶段碳排放定额库、材料(设备)生产过程碳排放因子库、施工机械台班耗能碳排放因子库、施工机械台班耗电量库、运输装备单位周转量碳排放因子库等。

(2)项目管理：通过建立项目及阶段、设置测算依据、工程项目信息等，快速新建项目碳排放模型，软件表现为一个项目为一个独立的文件。

(3)碳排放测算编制：碳排放测算项目表的编制；碳排放测算定额的套取及碳排因子调整；施工条件影响增加碳排放测算系数调整；碳排放测算；测算过程维护管理等。

(4)成果报表：生成《公路工程建设期碳排放测算标准》测算表格、导出、打印等。

此外，软件还设计有软件运维管理平台，由此可进行系统管理、基础数据管理、软件管理和用户个人中心管理。

三、应用成效

截至 2024 年 6 月，公路工程碳排放测算软件累计开通账户 285 个，累计上线登录 2552 人次，使用者遍及中交集团 18 家二级公司。使用总时长 8873 小时，完成了 460 个公路工程项目的碳排放测算。目前，中交公路规划设计院有限公司已选取百余个公路工程项目，建立起了一套细化的公路工程碳排放数据库，可为后续构建行业碳排放强度指标体系提供有力的技术支持。

总体而言，交通基础设施项目建设碳排放管理是全国性的碳排放管理体系的重要一环，在这一领域建立健全碳排放测算标准及定额体系，对工程建设产生的二氧化碳进行定量计算，能够在前期阶段清晰描绘工程建设二氧化碳排放的来源和特征，指导规划设计方案、材料供应方案和施工组织方案的源头改进，从而使减少建设期实际的碳排放成为可能，也能够为政府、企业及公路建设管理者拟定公路工程低碳化要求的政策与法规提供数据支撑和理论根据。中交集团系列企业标准的制定实施，为相应行业标准乃至国家标准的制修订奠定了坚实的技术基础，提供了丰富的实践经验，贡献了企业智慧，形成了良好的社会效益和环境效益。

全生命周期视角下港口碳排放核算方法及减排建议

周亿迎　卢熠蕾　李　静*

摘　要：交通运输行业是我国新质生产力的重点发展领域，港口是综合交通运输系统的重要节点和基础设施。开展港口全生命周期碳排放核算，对于推动港口实现更好的可持续发展和上下游产业链绿色转型具有重要意义。本文将港口全生命周期划分为建设施工、生产运营和废弃改造三个阶段，在识别各阶段主要碳排放环节和排放源的基础上，建立了港口全生命周期碳排放核算模型，并从全生命周期角度提出了减少港口碳排放的建议。

关键词：港口；全生命周期；碳排放核算；减排措施

* 周亿迎，交通运输部水运科学研究院，助理研究员；卢熠蕾，交通运输部水运科学研究院，助理研究员；李静，交通运输部水运科学研究院环保节能中心，副主任/副研究员。

一、 形势与需求分析

气候变化是全球面临的严峻挑战。交通运输行业是应对气候变化和新质生产力发展的重要领域之一，港口作为综合交通运输系统的重要节点，是衔接“双循环”、服务新发展格局的重要枢纽节点和战略资源。

全生命周期评价理论是对产品的资源消耗和环境影响进行定量评估的常规工具。目前，对于港口碳排放核算与减排路径研究更多地关注长周期的运营阶段，而对建设阶段的碳排放量则相对缺乏关注和考虑。采用全生命周期评价理论，明确涵盖港口建设施工、生产运营至废弃改造全过程的碳排放核算方法，识别各个阶段的碳排放特征，不仅有助于从全生命周期的角度提出更加全面的减排建议，而且也有助于将降碳行动延伸到港口建设产业链的上下游，推动相关产业技术创新和升级，构建港口建设全产业链可持续发展的新模式。

二、 港口生命周期阶段划分与排放源分析

港口生命周期可划分为三个阶段：建设施工阶段、运营维护阶段和废弃改造阶段。

（一）建设施工阶段

港口建设施工阶段的碳排放可分为建筑材料生产、交通运输以及现场施工三个环节。

(1)建筑材料生产环节：港口建设过程建筑材料的生产、加工与运输过程会产生大量的二氧化碳排放，特别是钢铁、水泥生产过程中的煤炭燃烧产生的碳排放较为显著。

(2)交通运输环节：用于运输港口建设所需的物资和设备的交通工具，其化石燃料、电力等的消耗会产生二氧化碳排放。交通运输环节的碳排放

活动可以分为建筑材料及港口机械设备运输、施工机械运输和人员交通三个部分。

(3)现场施工环节：现场施工环节产生碳排放的活动主要可分为建筑机械设备使用、特定施工工艺排放、港口机械设备安装、港口机械设备生产、填海造地和环境改造五个部分。耗能设备主要包括航道港池疏浚挖泥船以及各类陆上机械。

（二）运营维护阶段

港口运营维护阶段的碳排放可划分为装卸生产、辅助生产、附属生产和港口维护四个环节。其中，装卸生产、辅助生产和附属生产是《港口能源消耗统计及分析方法》(GB/T 21339—2020)中规定的港口综合能源消耗量的统计范围，界限明晰。港口维护环节主要包括港口修缮活动和港口疏浚活动两类。其中，港口修缮活动与建设施工阶段类似，碳排放核算可参考建设施工阶段的核算方法。港口疏浚活动的主要能耗和碳排放源为疏浚船。

（三）废弃改造阶段

港口废弃改造阶段的碳排放可划分为准备及运输、现场拆除和废弃物处置三个环节。

(1)准备及运输环节：在拆除工作开始之前，需要进行搭建工地围栏等现场准备，从而产生一定的碳排放。此外，工作人员、拆除设备等运送到拆解现场的运输过程也会产生碳排放。

(2)现场拆除环节：现场拆除是废弃改造阶段的核心环节，主要的碳排放源为起重机、切割机、挖掘机、推土机等拆除作业专业机械。

(3)废弃物处置环节：废弃物的运输和处理过程会产生碳排放。对于可燃废弃物，若进行焚烧处理，焚烧过程也会产生二氧化碳排放。

三、港口全生命周期碳排放核算方法

根据对港口全生命周期建设施工、运营维护、废弃改造三个阶段的划分，同时考虑建设施工阶段使用的建筑材料可能会回收利用，将该部分材料生产环节的碳排放量予以扣除，得到港口全生命周期碳排放核算模型：

$$C_{\mathrm{lca}} = C_{\mathrm{c}} + C_{\mathrm{o}} + C_{\mathrm{e}} - (C_{\mathrm{m1}} - C_{\mathrm{r1}}) \quad (1)$$

式中：C_{lca}——港口全生命周期碳排放量；

C_{c}——港口建设施工阶段碳排放量；

C_{o}——港口运营维护阶段碳排放量；

C_{e}——港口废弃改造阶段碳排放量；

C_{m1}——港口回收利用材料生产过程碳排放量；

C_{r1}——港口回收利用材料再利用过程碳排放量。

（一）建设施工阶段碳排量核算

建设施工阶段的碳排放核算：

$$C_{\mathrm{c}} = C_{\mathrm{m}} + C_{\mathrm{p}} + C_{\mathrm{t}} + C_{\mathrm{n}} \quad (2)$$

式中：C_{m}——一般建筑材料生产碳排放量；

C_{p}——单项预制件生产过程碳排放量；

C_{t}——交通运输环节碳排放量；

C_{n}——现场施工环节碳排放量。

1. 建筑材料生产环节

不同类型的码头，建设过程均需要用到钢筋、混凝土、砂石等一般建筑材料。对于一般建筑材料，目前已有碳排放数据库可采集其单位用量材料生产过程的碳排放计算参数，例如中国产品全生命周期温室气体排放系数库(CPCD)。基于建设过程中一般建筑材料用量即可核算生产环节碳排放。

$$C_{\mathrm{m}} = \sum_{i=1} MQ_i \times (1 + a_i) \times MF_i \quad (3)$$

式中：C_{m}——一般建筑材料生产碳排放量；

MQ_i——第 i 种一般建筑材料消耗量；

a_i——第 i 种建筑材料损耗率；

MF_i——第 i 种一般建筑材料碳排放计算参数。

此外，码头建设过程还会用到沉箱、浮箱、浮动船体等特殊预制件。对于各类预制件，由于目前并没有碳排放计算参数可以直接利用，因此需要根据预制件的生产工艺，核算单项预制件生产过程的碳排放量。

$$C_{\mathrm{p}} = \sum_{i=1}(mq_i \times mf_i) + \sum_{j=1}(q_j f_j) + \sum_{k=1}(e_k \times ef_k) + \sum_{r=1} C_{\mathrm{r}} \tag{4}$$

式中：C_{p}——单项预制件生产过程的碳排放量；

mq_i——单项预制件生产过程消耗的第 i 种原材料量；

mf_i——第 i 种原材料生产过程碳排放计算参数；

q_j——单项预制件生产过程消耗的第 j 种化石燃料量；

f_j——第 j 种化石燃料碳排放计算参数；

e_k——单项预制件生产过程中第 k 种供应来源的电力消耗量；

ef_k——第 k 种供应来源的电力生产碳排放计算参数；

C_{r}——单项预制件生产所使用的各原料在加工过程中因为化学反应、有机碳燃烧所产生的碳排放量。

2. 交通运输环节

交通运输环节根据各类物资、设备采用公路、水路、铁路等不同的运输方式进行碳排放核算。对于公路运输，碳排放核算需要考虑建筑材料或预制构件质量(体积)、车辆核定载重和运输距离及运输车辆空载运输系数等。对于水路和铁路运输，由于其运输过程中常与其他货物一同运输，较难单独核算且可不考虑空载因素，因此可基于当年的单位货物运输周转量能耗数据核算其碳排放量。

交通运输环节碳排放C_{t}核算方法：

$$C_{\mathrm{t}} = C_{\mathrm{tc}} + C_{\mathrm{to}}^1 + C_{\mathrm{to}}^2 \tag{5}$$

$$C_{\mathrm{tc}} = \sum_{i=1}\sum_{v=1}\left(\frac{Q_i}{V_{v-i}}\right) \times F_v \times D_i \times (1+\beta) \tag{6}$$

$$C_{\mathrm{to}} = \sum_{k=1} Q_k \times D_k \times \left(\sum_{r=1} U_r \times F_r + EU \times EF\right) \tag{7}$$

式中：C_{tc}——公路运输碳排放量；

C_{to}^1——水路运输碳排放量；

C_{to}^2——铁路运输碳排放量；

Q_i——第 i 种建筑材料或预制构件的质量（体积）；

V_{v-i}——第 i 种建筑材料或预制构件采用 v 型号汽车的核定载重；

F_v——v 型号汽车汽车单位运输距离碳排放量计算参数；

D_i——第 i 种建筑材料或预制构件从原产地运输至使用点的距离；

β——空载系数；

U_r——单位货物周转量采用铁路或水路运输的第 r 种能源消耗量；

F_r——第 r 种能源消耗碳排放量计算参数；

EU——单位货物周转量采用铁路或水路运输的电力消耗量；

EF——电力系统碳排放量计算参数。

3. 现场施工环节

现场施工过程的主要碳排放活动包括预制构件安装和现场浇筑等建筑施工，以及生活和办公用电。

现场施工环节碳排放C_{n}核算方法：

$$C_{\mathrm{n}} = \sum_{i=1} Q_{i\cdot \mathrm{mach}} \times \left(\sum_{r=1} U_{ir} \times F_r + EU_i \times EF\right) + \left(E_{\mathrm{off}} + E_{\mathrm{lif}}\right) \times EF \tag{8}$$

式中：$Q_{i\cdot \mathrm{mach}}$——第 i 种施工机械设备台班；

U_{ir}——第 i 种施工机械设备第 r 种化石能源用量；

EU_i——第 i 种施工机械设备的耗电量；

E_{off}、E_{lif}——工作人员办公和生活的耗电量。

（二）运营维护阶段

港口运营维护阶段包括装卸生产、辅助生产、附属生产、港口修缮和港口疏浚五类活动。其中，装卸生产、辅助生产及附属生产三个主要活动环节的碳排放量根据国家发展改革委组织编制的《陆上交通运输企业温室气体排放核算方法与报告指南》的要求进行核算，为企业运营边界内所有化石燃料燃烧碳排放量、尾气净化过程排放量以及企业净购入电力和热力隐含的碳排放量之和。港口修缮活动和港口疏浚活动与现场施工活动类似，可参考该活动的碳排放核算方法。

运营维护阶段碳排放C_{o}核算方法：

$$C_{o}=Y\times(C_{o\_1}+C_{o\_2}+C_{o\_3}) \tag{9}$$

$$C_{o\_1}=C_{燃烧}+C_{电力}+C_{热力}+C_{过程} \tag{10}$$

式中：Y——港口设计运营时长；

C_{o_1}——每年装卸生产、辅助生产、附属生产三个环节的碳排放量；

C_{o_2}——每年港口修缮活动的碳排放量；

C_{o_3}——每年港口疏浚活动的碳排放量；

$C_{燃烧}$——每年化石燃料燃烧的碳排放量；

$C_{电力}$——每年净购入电力隐含的碳排放量；

$C_{热力}$——每年净购入热力隐含的碳排放量；

$C_{过程}$——每年尾气净化过程碳排放量。

（三）废弃改造阶段

废弃改造阶段的碳排放与拆除机械设备台班、拆除物运输相关，参考上文所列设备台班、运输过程的碳排放核算方法，废弃改造阶段碳排放C_{e}核算方法：

$$C_{e}=C_{dem}+C_{trans} \tag{11}$$

$$C_{dem}=\sum_{i=1}Q'_{i+mach}\times F'_{i+mach} \tag{12}$$

$$C_{trans}=\sum_{v=1}\frac{Q_{i'}}{V_{v-i'}}\times F_{v}\times D_{i'}\times(1+\beta) \tag{13}$$

式中：C_{dem}——拆除过程中机械设备碳排放量；

C_{trans}——建筑拆除物运输的碳排放量；

Q'_{i+mach}——第 i 种型号拆除机械设备台班；

F'_{i+mach}——第 i 种拆除机械设备的碳排放因子；

$Q_{i'}$——第 i'种待拆除港口构筑物的质量(体积)；

$V_{v-i'}$——第 i'种待拆除港口构筑物运输时采用 v 型号汽车的核定载重量；

$D_{i'}$——第 i'种待拆除港口构筑物从建筑物使用点运输至废物处理厂的距离。

四、 港口全生命周期减排建议

(1)建立港口基础设施全生命周期碳排放核算与评价体系。明确港口基础设施全生命周期碳排放核算边界、核算方法、数据质量要求和溯源性要求，监测、统计和核算港口全生命周期碳排放量，为港口基础设施建设提供科学的依据。鼓励港口企业自愿开展全生命周期碳排放核算。

(2)强化新建项目全生命周期碳排放管控。全面提升港口新(改、扩)建项目低碳设计要求，加强节能评估和工艺审查，严控新建码头单位产品能耗水平，物耗、水耗达到清洁生产先进水平，并优先按照近零碳码头要求进行设计。加强各类用能设备前期购置、使用、中后期处置等各阶段的能效论证评估。鼓励新(改、扩)建港口工程项目编制建设期碳排放清单，适时开展全生命周期低碳港口工程示范。

(3)推动港口建设施工节能低碳转型。合理控制港口建设项目建筑材料使用量，鼓励建材减量化和精准使用。关注建筑材料的环境友好性和碳足迹，优先选用低碳建筑材料，加大高性能混凝土推广应用，鼓励低碳胶凝材料、生物质建材等绿色建筑材料在港口工程中的应用。优化港口建设项目施工工艺流程，鼓励使用低能耗低排放的施工技术与设备。

(4)深入推进港口运营阶段节能降碳。加快推进港口新型能源体系建设，全面推动各类燃油机械和车辆清洁能源替代，在确保电力稳定供应的前提下，鼓励港口能源供给侧清洁低碳和多能互补。有序推动老旧高耗能燃油设备更新与装卸设备节能技术应用，全面提升各类通用设备能效水平。加强港口生产组织协调，提升智能调度水平，减少货物转场和翻倒，优先安排直装直取作业模式。鼓励港口固体废物源头减量和资源化利用。

(5)鼓励港口拆除废弃材料回收利用。鼓励港口基础设施采用精细化拆除方法，减少爆破和机械拆除，避免建筑材料严重浪费。严格遵循各地对拆除工程和建筑垃圾处理的相关要求，制定建筑废弃物资源化综合利用方案，进行建筑废弃物资源化综合利用情况报告。鼓励在港口工程拆除现场设置临时性建筑垃圾资源化处置设施，鼓励对建筑垃圾进行分类利用或处置。

(6)加强多部门跨领域合作协同推进。在全生命周期碳排放核算、低碳材料与施工工艺应用、低碳运输方式与近零碳港口建设等方面积极开展制度创新与管理创新，实现国家发展改革委、交通运输部、住房城乡建设部、生态环境部等多部门跨领域协同推进。通过经济激励、减税政策等财政手段和参与碳排放交易等市场化手段，鼓励港口建设方和经营方在全生命周期各阶段追求低碳技术进步。

航运业全生命周期下碳足迹核算

李　涛　刘润琪　赵芳敏　高　雅*

摘　要：近年来，全球航运业碳排放量逐年增高，是全球碳减排重点工作领域之一，需寻求一种对航运业的碳排放进行全过程跟踪与控制的方法。全生命周期碳足迹是用来衡量航运业从生产、运输、使用到废弃处理的整个生命周期过程中，直接或间接导致的二氧化碳排放量的指标。本文通过系统性介绍航运业全生命周期下碳足迹核算方法发展历程，提出了我国航运业全生命周期碳足迹核算工作的建议，为促进国内航运业的绿色低碳转型，同时应对国际贸易壁垒冲击提供参考。

关键词：碳足迹；航运；全生命周期

一、引　言

随着全球气候变化加剧，碳排放成为可持续发展需要解决的重要问题。

* 李涛，交通运输部环境保护中心，主任/研究员；刘润琪，交通运输部环境保护中心，助理工程师；赵芳敏，交通运输部环境保护中心，副研究员；高雅，北京工业大学，硕士研究生。

国际海事组织(IMO)通过的《2023年IMO船舶温室气体(GHG)减排战略》,提出到2050年左右实现净零排放的总体目标。为实现上述目标,IMO提出具体改进措施,包括完善现有能效框架、研发提高能效技术、制订能效指标、制订海运减排国家计划、对航运业进行全过程跟踪与控制等。其中针对航运业全生命周期的碳足迹核算是用来衡量航运业从生产、运输、到废弃处理的整个生命周期直接或间接导致的二氧化碳排放量的重要手段。通过核算碳足迹能帮助区分船舶在全生命周期内各阶段产生的二氧化碳,使企业在碳排放交易制度下有效、精准地承担碳排放抵消责任。随着近年来航运业的碳排放越来越被重视,全生命周期下碳足迹核算逐渐广泛应用于航运业,本文系统性地介绍了航运业全生命周期下碳足迹核算的发展历程及核算方法,为之后关于航运业全生命周期下碳足迹核算提供参考。

二、 全生命周期碳足迹核算在航运业中的发展历程

生命周期评价(Life Cycle Assessment, LCA)在1990年由国际环境毒理与化学学会(SETAC)正式提出,1993年正式发布了第一个LCA方法指南,随后国际标准化组织(ISO)采纳了LCA评价方法,并发布了两项生命周期评价标准,即ISO 14040和ISO 14044。这两项国际标准是目前LCA领域最核心和影响范围最广的标准,为全球LCA评价提供了指导,将LCA的实施步骤分为目的与范围的确定、清单分析、影响评价和结果解释四个阶段。2008年英国标准协会发布了第一个产品碳足迹核算标准《商品和服务在生命周期内的温室气体排放评价规范》(PAS 2050:2008),旨在对评估产品和服务生命周期内温室气体排放的要求做出明确规定;该标准2011年进行了更新,为碳足迹核算提供了更加详细的要求和指导。此外,碳足迹的核算标准还包括,国际标准化组织推出的ISO 14067、世界资源研究所(WRI)与世界可持续发展工商理事会(WBCSD)共同发布的温室气体核算体系(GHG Protocol)、日本的TS Q0010—2009等。

2023年7月,控制船舶污染事务的国际海事组织海洋环境保护委员会

(MEPC)第80届会议中修订并通过了《船用燃料全生命周期温室气体强度导则》[MEPC.376(80),LCA导则],正式将全生命周期碳足迹核算引入了船舶运输行业。2023年12月,我国工业和信息化部、国家发展改革委、财政部、生态环境部、交通运输部等五部门联合印发《船舶制造业绿色发展行动纲要(2024—2030年)》,提出推动建立行业碳足迹管理体系。研究构建船用原材料、配套设备及船舶产品碳足迹核算规则,建立碳足迹背景数据库,开展试点核算与评价;探索建设船舶行业碳足迹核算系统,为企业核算产品碳足迹提供技术支持;开展碳标识制度研究,并推动产业链协同降碳。目前,我国部分航运相关企业已将全生命周期碳足迹核算加入到了生产过程中。目前碳足迹通常通过主要GREET、ESG Enterprise、Net0等主流核算软件进行核算,我国也着力于推动适合我国国情的碳足迹核算工具的发展。2024年3月,我国研发出了基于地理信息的生命周期评价软件系统(GIS-LCA软件平台),该平台能够识别空间异质性,适应我国幅员辽阔、产业格局分布复杂、工业发展区域不平衡的国情,未来将应用于包括航运业等多种应用场景。随着近年来航运业碳足迹核算受关注程度的增加及相关软件平台的不断完善,航运业全生命周期碳足迹核算将得到更多的应用。在航运业碳足迹核算方法方面,将航运业的全生命周期碳排放分为船舶动力系统装置的生产制造、船舶燃料的生产和运输、船舶营运以及船舶动力系统回收报废四个主要生命周期进行碳排放计算。

三、 我国航运全生命周期碳足迹核算的压力

IMO在MEPC80会议上通过了《2023年船舶温室气体减排战略》,明确到2030年,国际航运业温室气体排放总量相比2008年降低20%~30%,碳排放强度比2008年平均降低40%及以上,温室气体零排放或近零排放的技术、燃料或能源占比达国际航运所用能源的5%~10%;到2050年前后实现温室气体净零排放,相比2018年通过的初步战略,实现净零排放的目标

节点提前了半个世纪。

欧盟将航运业纳入欧盟碳排放交易体系(EU-ETS),自2024年1月1日生效。2023年5月,欧盟公布了《欧盟碳边境调节机制条例》(CBAM)正式法令。根据CBAM,欧盟将对从境外进口的特定产品额外征收碳边境调节费用。同年9月,欧洲议会通过的《欧盟海运燃料条例》(FuelEU Maritime)也提出了更严格的减排目标,到2025年,航运公司的年度平均温室气体排放强度相比2020年平均水平减少2%,到2050年减少80%。这意味着涉及欧盟航线的航运公司将为其船舶碳排放支付履约成本。日本近日在给IMO的提案中表示,从2025到2030年,航运业的碳税为每吨二氧化碳付56美元,预计每年近10亿吨的排放量可筹集超过500亿美元。日本还建议每五年提高一次税率,从2030年起增加到每吨135美元。

我国是海洋大国、航海大国、造船大国,截至2022年底,我国海运船队运力规模达3.7亿载重吨,较十年前增长一倍,规模跃居世界第二。IMO船舶温室气体减排战略以及航运碳税政策对我国国际航运业的发展将带来挑战。国内,我国也非常重视航运业的绿色低碳发展。《中共中央 国务院关于完整准确全面贯彻新发展理念做好碳达峰碳中和工作的意见》要求优化交通运输结构,提高水路在综合运输中的承运比重,持续降低运输能耗和二氧化碳排放强度。2024年6月,生态环境部会同交通运输部等15个部委印发了《关于建立碳足迹管理实施方案》,明确了我国产品碳足迹管理工作目标和实现路径,提出建立碳足迹管理体系的总体要求、主要目标、主要任务和保障措施,旨在推动重点行业产业链供应链升级,增进碳足迹工作国际交流互信。

随着航运业减碳要求的不断深化,航运业全生命周期碳排放核算起到了越来越重要的作用。通过碳足迹的核算和监测可以帮助了解航运企业负责任程度,以及对气候变化的贡献。通过降低碳足迹,减少温室气体排放量,减缓气候变化。核算和关注碳足迹有助于认识到航运业各阶段能源的使用情况,推动航运企业找到碳排放量最高的阶段,采取节能减排措施,有效减少碳排放量。可见,开展航运业碳足迹核算是我国应对国际贸易壁垒冲击，实现国内航运业绿色低碳转型的必然要求。

四、 我国航运全生命周期碳足迹核算对策建议

（一）加强核算标准规范的研究

基于对国际上已经出台的产品碳足迹量化的基础通用方法的标准和技术文献的研究以及我国部分产品碳足迹评价标准的相关经验，结合航运业绿色低碳转型要求，研究制定船舶产品碳足迹核算规则标准，明确航运业碳足迹核算的范围，按照团体标准先行先试、逐步转化为行业标准或国家标准的原则，研制产品碳足迹核算规则标准。

（二）建立航运业全生命周期碳足迹背景数据库

结合产品上下游企业调研数据、国内外已有碳数据库、文献资料、现场实测的基础上，构建航运业全生命周期碳足迹背景数据库。进一步完善能源资源分项计量的管理要求，制定航运业全生命周期重点产品碳足迹相关计量规范，建立相关企业的产品碳足迹和绿色供应链管理要求，建立重点产品的排放因子发布机制和评估验证机制。

（三）构建产品碳标识制度

研究建立航运业统一规范的产品碳标识认证制度，明确适用范围、标识式样、认证流程、管理要求等。研究制定产品碳标识认证管理办法，形成重点产品碳足迹认证和碳效评价试点办法。

（四）开展碳足迹推广应用场景研究

开展碳足迹推广应用场景研究，建立对碳足迹认证的实施信用惩戒、事中事后监管和同行评议等制度措施，有序规范和引导航运业探索开展产品碳足迹管理相关工作。

(五)探索碳足迹国际衔接与互认

对国际碳足迹方法学进行研究，跟踪国际组织和主要经济体碳足迹相关管理制度、认证规则及实施成效，积极参与国际碳足迹相关标准规则的制修订，探索产品碳足迹核算规则和认证结果方面的衔接和互认。针对航运业可持续燃料等重点行业产品，形成和欧盟等主要国家之间的互认标准。

交通运输碳排放统计监测体系建设研究与实践

于丹阳　夏　晶　吕　阳　王锋锋*

摘　要：根据交通运输部的有关工作要求，交通运输行业应加快研究完善交通运输能耗和碳排放统计监测体系。本文在梳理总结国际、国内交通运输碳排放统计监测体系发展现状的基础上，提出了行业碳排放统计监测顶层设计，介绍了行业碳排放数字化监测平台建设进展，最后从统计监测机制保障角度提出了下一步工作建议。

关键词：交通运输；碳排放；统计监测；体系建设；平台建设

2021 年，国务院印发的《“十四五”现代综合交通运输体系发展规划》，要求研究制定交通运输领域碳排放统计方法和核算规则，加强碳排放基础统计核算。国家推动能源“双控”向碳排放总量和强度“双控”转变，更需要碳排放数据的支撑。因此，交通运输行业亟需建立一套与工作管理需求相适应、与国际统计监测相接轨的碳排放统计监测体系。

* 于丹阳，交通运输部科学研究院信息中心，副主任/副研究员；夏晶，交通运输部科学研究院信息中心，助理研究员；吕阳，交通运输部科学研究院信息中心，助理研究员；王锋锋，交通运输部科学研究院信息中心，助理研究员。

一、 交通运输碳排放统计监测体系发展现状及问题

（一）国际碳排放统计监测体系现状

在2018年卡托维兹气候大会上，《联合国气候变化框架公约》审议通过了强化透明度框架实施细则，要求各国从2024年起开始全面遵循《IPCC2006年国家温室气体清单指南》，提交自2020年起至T-3连续年份的清单。根据清单要求，交通运输业分为航空运输、道路交通、铁路运输、水路运输和其他交通五个部分，核算范围包括了各自领域的所有移动源（营业性和非营业性）产生的直接二氧化碳排放量，不包括基础设施等固定源排放。

（二）我国碳排放统计监测体系现状

我国碳排放统计核算工作组由国家发展改革委、国家统计局牵头，成员单位包括交通运输部在内的多个部委和协会单位。日常工作由国家统计局能源统计司承担，统筹组织国家和地方碳排放核算工作。

国家统计局测算碳排放主要以国家和地区能源平衡表作为主要依据，乘以二氧化碳排放因子得到。过程中需拆出不属于国家或地方二氧化碳的部分排放量。能源平衡表按国民经济分类标准进行行业划分，其中交通运输、仓储和邮政业包含道路运输、水上运输、铁路运输、航空运输、管道运输、多式联运和运输代理、装卸搬运和仓储业、邮政业八个子行业。

（三）交通运输碳排放统计监测体系现状

交通运输营运交通工具的能耗、碳排放总量和单位换算周转量能耗、碳排放是国家和行业最为关注的指标。

目前，交通运输部主要负责营业性公路水路行业碳排放统计监测工作。依托《交通运输企业统计调查制度》，采集公路客运、公路货运、水路客运、

水路货运、城市客运、港口等全部行业的企业能耗年报数据。其中，公路客运、水路客运、城市客运、海洋货运和港口实现了企业100%纳入统计；公路货运包括主营道路货物运输、年营业收入在1000万元及以上且拥有货运车辆数在50辆及以上的道路货运法人企业；内河货运包括300余家重点内河企业。能耗年报数据主要包括了汽油、柴油、燃料油、天然气、纯电动、混合动力、双燃料等不同燃料类型的能源消耗总量及里程，用于测算各行业能源消耗总量、分燃料类型能源消耗总量、百公里单耗以及单位周转量单耗等。

（四）存在问题

当前我国交通运输行业碳排放统计监测体系仍不完善，主要存在缺乏统筹规划、核算口径方法不一、基础相对薄弱、信息化监测水平不足等问题。

(1)交通运输碳排放统计监测体系缺乏统筹规划。从口径上，可分为营业性和非营业性两种口径。生态环境部和工信部按照全口径(包含营业性和非营业性)进行能耗和碳排放的监测和分析；国家统计局与交通运输部按照营业性口径进行能耗和碳排放的推算和分析。在数据源上，交通运输部、国家统计局、工业和信息化部、生态环境部等相关部门围绕车辆、船舶等运输工具各自开展统计、调查和监测工作，均在不同程度上拥有车辆能耗和碳排放相关数据，数据散落在各个部门，尚未形成合力。诸多因素造成交通运输碳排放量“数出多门”。

(2)部分行业碳排放数据基础薄弱，甚至存在空白。公路水路货运行业碳排放数据基础薄弱。营业性公路水路运输方面，全国约有800万辆营运货车(不含挂车)和9万艘内河货运船舶，跨省跨区域运输、“多小散弱”特征明显，传统方法仅能获得部分企业的碳排放数据，口径不全。非营运公路运输方面，私人载客汽车约3亿辆，私人载货汽车约2000万辆，车辆规模庞大，游离于统计体系之外。

(3)碳排放数字化、信息化程度有待提高。车船等移动源缺乏有效的碳排放在线动态监测手段，无法及时准确获取数据，造成数据频度欠佳。缺乏数字化大数据平台制约了碳排放多源大数据的汇聚融合和多维数据的快速分析。各种碳排放实测技术的研发应用工作也进展缓慢。

二、我国交通运输碳排放统计监测顶层设计

立足交通运输碳排放统计监测体系现状及问题，本文提出了交通运输碳排放统计监测建设的总体构想及“十五五”期间建设目标。

（一）建设总体构想

2024年至2025年“十四五”攻坚期，深度剖析存在问题、弥补统计监测空白，实现交通运输领域碳排放核算指标体系统一、方法衔接、数据融合、资源共享，初步建立交通运输碳排放统计监测体系框架。

2026年至2030年“十五五”发展期，进一步深化碳排放统计监测基础，数据采集体系更加稳定、监测技术手段更加先进，数据真实性、及时性、公开性得到有效保证，数据可视化能力逐步提高，交通运输碳排放统计监测体系不断完善。

（二）“十五五”期间建设目标

聚焦营业性公路、水路、铁路、民航客货运输及非营业性公路、水路客货运输，“十五五”期间预期建立统一规范、分工明确、权威高效的交通运输碳排放统计监测体系。

1. 具体目标

一是科学设计交通运输碳排放指标体系，引导数据体系布局建设。二是以支撑交通运输绿色低碳管理为导向，建立基于自下而上法、与国际接轨的交通运输碳排放核算体系，明确交通运输碳排放核算范围、核算模型，统一规范各地区交通运输碳排放核算工作。三是综合考虑各运输方式数据基础和活动特点，分类建设交通运输碳排放数据采集框架。四是联合多部

门建立专业、开放的碳排放数据共享保障体系，完善工作机制，推动跨部门、跨领域、跨区域碳排放相关数据交换共享。

2. 服务对象

一是服务于国家和地方政府部门核算交通运输领域二氧化碳直接排放总量使用；二是用于评估各地区交通运输主管部门绿色低碳发展水平(如营业性交通工具碳排放强度下降量)；三是致力于未来社会各界学者、公众了解交通运输领域二氧化碳排放总量整体趋势。

3. 行业划分框架

营业性交通运输根据国民经济分类标准(2017 年版)划分为道路运输、水上运输、铁路运输和航空运输业，力争自下而上与自上而下在核算数据逐步趋于一致。非营业性交通运输则主要集中在道路运输领域中，按非营业性道路客运和非营业性道路货运两类划分。

交通运输领域分行业划分思路 表 1

行业大类(参照国民经济分类标准大类)	营业/非营业	中类(参照国民经济分类标准中类)	小类
道路运输	营业性	城市客运	公交
			出租(巡游)
			出租(网约)
			轨道
		道路客运	班线客运、旅游包车
		道路货运	—
		辅助活动	客运站、货运站、公路管理和养护等
	非营业性	道路客运	乘用车
			商用车
		道路货运	商用车(重中轻微)
水上运输	营业性	水路客运	内河客运、沿海客运、城市轮渡
		水路货运	内河货运、沿海货运
		辅助活动	港口

续上表

行业大类（参照国民经济分类标准大类）	营业/非营业	中类（参照国民经济分类标准中类）	小类
铁路运输	营业性	牵引能耗	内燃机车、电力机车
		非牵引能耗	—
航空运输	营业性	航空运输	—
		辅助活动	机场

4. 碳排放监测指标体系

根据上述划分思路对接细分行业，包括综合交通运输以及公路、铁路、水路、民航等细分交通方式的能耗和碳排放总量、强度以及强度下降量，共有5个综合行业分类，21细分行业分类和150个具体指标。此外，需按燃料类型分为汽油（客车为主）、柴油（货车为主）、燃料油（船舶为主）、煤油（航空为主）、压缩天然气、液化天然气、液化石油气、电力等。

三、我国碳排放数字化监测平台建设情况

近年来，围绕交通运输碳排放统计监测顶层设计思路，行业开展了碳排放监测平台建设实践。平台整合既有各运输方式交通运输能耗、排放相关监测平台，构建了"统一数据底座+多维应用场景"的构建"1382"总体框架，即"1个数据底座、3个支撑中心、8个服务应用、2个保障体系"。

（1）1个数据底座：有效汇聚综合交通运输各领域碳排放相关数据资源，加强调查、统计、监测、计量等不同渠道数据分类管理和融合，形成覆盖国家、行业、地区、企业、装备等不同层级的数据底座，构建涵盖营业性公路运输、水路运输、铁路运输、民航运输、非营运交通全口径碳排放数据资源池。

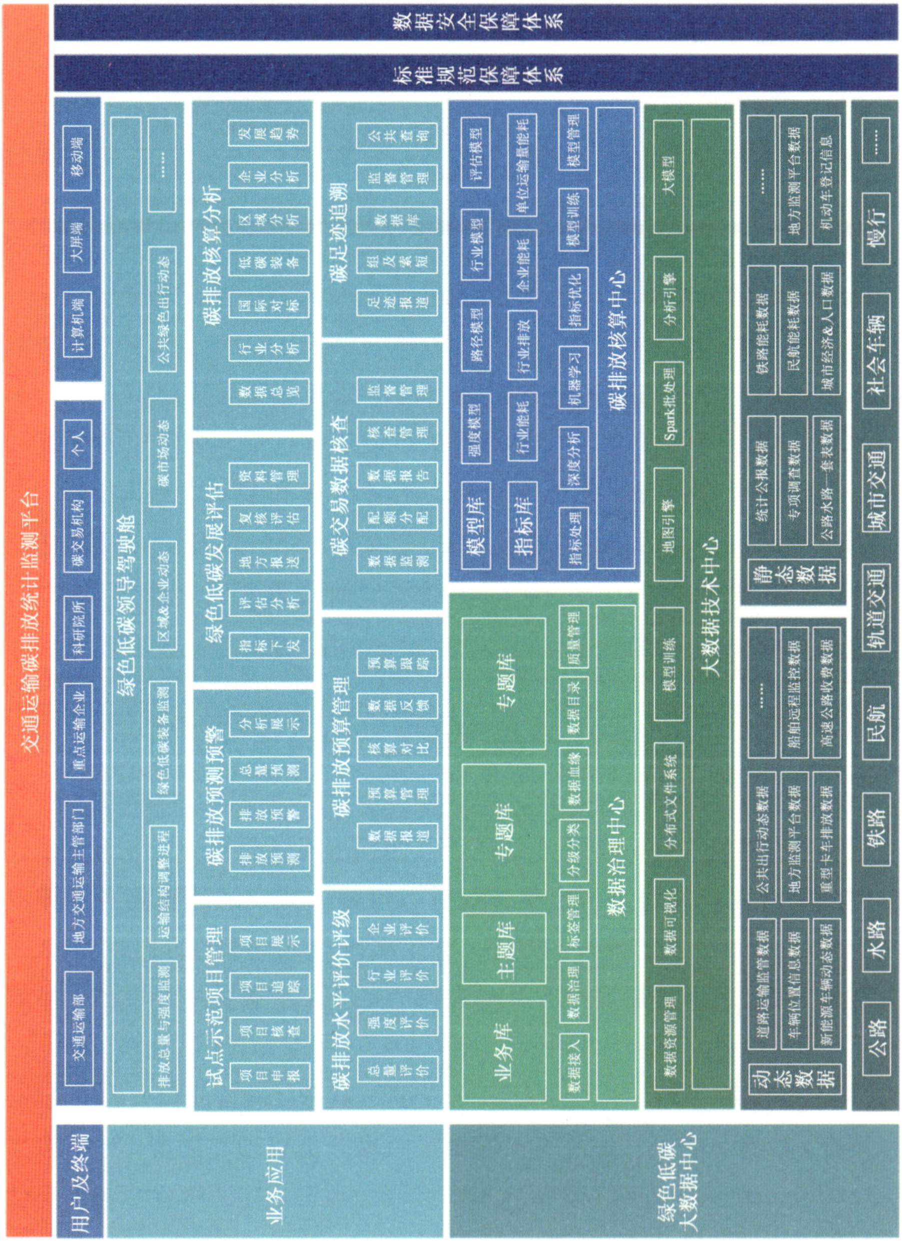

图1　交通运输碳排放监测统计平台框架

(2)3个支撑中心：统一技术、治理、核算等基础支撑，建设大数据技术中心、数据治理中心、碳排放模型中心，夯实平台技术基座，为场景应用提供一体化保障能力。

(3)8个服务应用：围绕低碳装备更新替代、碳排放核算、预测预警、低碳评估、评价评级、预算管理、碳交易支持、碳足迹追溯和领导驾驶舱监测展示等应用场景，建设“8+1”个应用系统，服务绿色低碳科学决策和精细管理。目前重点围绕碳排放核算需求，对接《公路水路行业营运工具二氧化碳排放强度核算指南(试行)》要求，建立交通运输碳排放核算模型，实现分方式、分地区、分燃料类型能耗和排放指标的测算，满足了全国不同地区、年份能耗和排放数据多维度的核算要求，支持核算结果的可视化展示；围绕低碳评估需求，建设评估指标下发、地方数据报送、地方自评估、部级复核评估、评估结果分析展示等功能模块，实现对各地区绿色低碳任务推进情况和能力建设情况的量化评估。

四、我国交通运输碳排放统计监测体系保障建议

为持续系统归集与交通运输碳排放相关的基础数据资源，实现多源数据汇聚和共享，保证交通运输碳排放统计监测工作有序运行，提出以下保障建议。

(1)明确各部门在碳排放统计监测体系建设工作中的职责与分工，做好配合与衔接。建议成立交通运输碳排放统计监测工作组和技术组。工作组由国家发展改革委、交通运输部、工业和信息化部、生态环境部、国家统计局、国家铁路局、国家民航局、国铁集团等单位组成。力求打破信息壁垒，建立充分信任的联合机制，在数据共享方面鼎力配合，最终实现数据结果互认、共享、共用的新格局。

(2)切实保障碳排放核算方法体系与国际常用方法相衔接。交通运输碳排放统计监测仍有许多短板，如私家车碳排放核算难度大、公路水路基础

设施碳排放缺失、国际燃料仓精细化拆分等。建立一套与时俱进、科学完备的交通运输碳排放统计监测方法体系仍任重而道远，需不断深入调研、学习和完善，才可达到国际先进水平。

(3)加强以信息化平台作为碳排放统计监测成果的重要载体。信息化平台建设对行业政策落地和管理决策的量化支持愈发重要，是碳排放统计监测数据分析成果的重要载体。同时，碳排放数据库是支撑“碳达峰碳中和”科学决策的基座，应与统计监测体系建设同步展开。同时，需建立分行业、分企业的碳排放因子库，基于基础数据库开展多目标多维度多角度的大数据分析，为行业监管、公众服务提供科学依据。

关于完善低碳交通运输标准的思考与建议

王　伟　史砚磊　刘　宇*

摘　要：本文梳理了国内外及交通运输行业低碳标准情况，针对我国低碳交通运输标准体系建设存在问题明确了优化方案，从加强与国际接轨、强化标准化与科技创新联动、深化与各相关方互动交流、鼓励团体标准发展、推进标准实施应用等方面提出了完善低碳交通运输标准的政策建议。

关键词：碳达峰；碳中和；低碳；交通运输；标准体系

通过加强温室气体管理应对全球气候变化已经成为世界各国的共识。《中共中央　国务院关于完整准确全面贯彻新发展理念做好碳达峰碳中和工作的意见》中明确加快推进低碳交通运输体系建设，《交通强国建设纲要》《国家综合立体交通网规划纲要》提出到2035年交通基础设施绿色化水平居

* 王伟，交通运输部科学研究院，副主任/研究员；史砚磊，交通运输部科学研究院，助理研究员；刘宇，交通运输部科学研究院，研究实习员。

世界前列的发展目标，《交通运输部　国家铁路局　中国民用航空局　国家邮政局贯彻落实〈中共中央　国务院关于完整准确全面贯彻新发展理念做好碳达峰碳中和工作的意见〉》要求加快形成绿色低碳交通运输方式，低碳交通运输体系发展面临更高要求。标准是经济活动和社会发展的技术支撑，标准体系建设是支撑“碳达峰碳中和”的关键基础制度之一。完善低碳交通运输标准体系，开展推动交通运输绿色低碳发展的标准化顶层设计，充分与国外和国内相关行业协调衔接，加快低碳交通运输标准供给，对于支撑交通运输低碳工作具有重要意义。

一、低碳交通运输标准体系建设情况

(一)国内外低碳标准发展情况

国内外均将标准作为应对气候变化、实现降碳目标的有效技术手段。低碳标准主要包括节能和能效、新能源和可再生能源、温室气体、碳捕集与碳封存、生态环境、绿色金融等领域，涉及国内外数十个专业标准化技术委员会业务。为了实现低碳标准化工作协同，国际和国内的标准化组织均设立了专门的协调机构，国际标准化组织(ISO)技术管理局(TMB)成立了气候变化协调委员会(CCCC)；国际电工委员会(IEC)下设环境问题咨询委员会、能源效率咨询委员会和智慧能源系统委员会等协同推进重点领域的标准化工作；国家标准化管理委员会批准成立了国家碳达峰碳中和标准化总体组，重点开展标准体系规划和重要技术标准的协调工作。我国主要依托全国专业标准化技术委员会在其对口的国际标准化组织中开展低碳国际标准研制工作，交通运输行业低碳标准集中在节能和能效、太阳能利用、新能源汽车和温室气体排放控制等方面，但与国外标准化组织的交流还不够紧密。

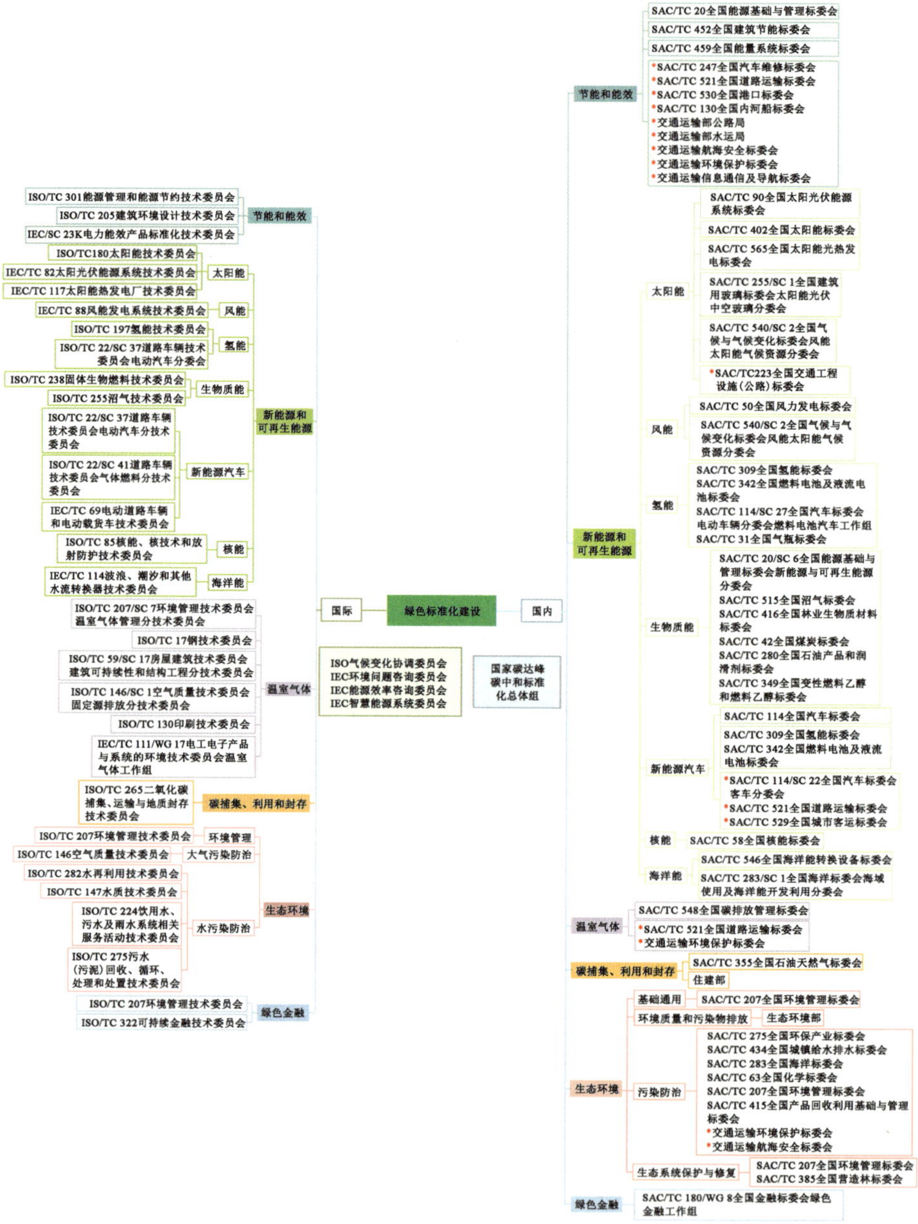

图1 国外国内低碳标准管理体系对比

注：*为交通运输部归口管理。

截至2024年3月底，ISO发布的24000多项国际标准中有1200余项直接贡献于低碳发展，为全球应对气候变化提供了标准化基本支撑。据中国标准化研究院统计数据显示，国际电工委员会(IEC)已发布1700余项低碳相关标准，涉及电工电气、光伏、风电、智能电网、燃料电池、海洋运输、航空运输、铁路运输等多个领域。我国在光伏技术、生态碳汇、绿色金融等国际标准制定方面具有一定优势。

我国低碳标准涉及新能源和可再生能源、重点产品能耗能效、统计监测、核算核查、生态碳汇等多个领域，涉及发展改革、工信、交通、住建、生态环境、自然资源、农业等多个部门。全国能源基础与管理标准化技术委员会(SAC/TC 20)和全国碳排放管理标准化技术委员会(SAC/TC 548)与“碳达峰碳中和”工作直接相关，业务指导单位分别为国家标准化管理委员会和生态环境部。初步统计，目前交通运输领域以外的低碳国家标准1300余项，其中强制性国家标准300余项，主要集中在节能与能效、温室气体管理等领域。

(二)我国低碳交通运输标准情况

党的十八大以来，交通运输行业深入贯彻绿色发展理念，2013年结合重点工作和实际需求组织开展了公路水路节能减排标准体系研究，形成了包含36项已发布标准、140项标准需求的标准体系成果。2016年交通运输部正式印发《绿色交通标准体系(2016年)》，将节能降碳作为标准体系建设的重要方向，明确了79项低碳标准，包括国家标准33项、行业标准46项，有力推动了“十三五”低碳交通运输体系建设取得积极成效。

目前，交通运输行业与低碳直接相关的标准共84项，在研标准计划有11项，涉及基础设施建设、内河船、交通工程设施(公路)、汽车维修、道路运输、城市客运等专业领域。低碳交通现行标准中包括国家标准18项、行业标准66项，其中国家标准全部为推荐性标准。在研标准计划中包括标准制定计划项目6项、标准修订计划项目5项。从标准的发布时间来看，近

5 年发布标准 41 项，占比接近 50%，这与各级主管部门对于绿色低碳交通标准化工作重视程度越来越高密切相关，通过标准体系统领和相关政策支持促进了低碳交通标准有效供给。

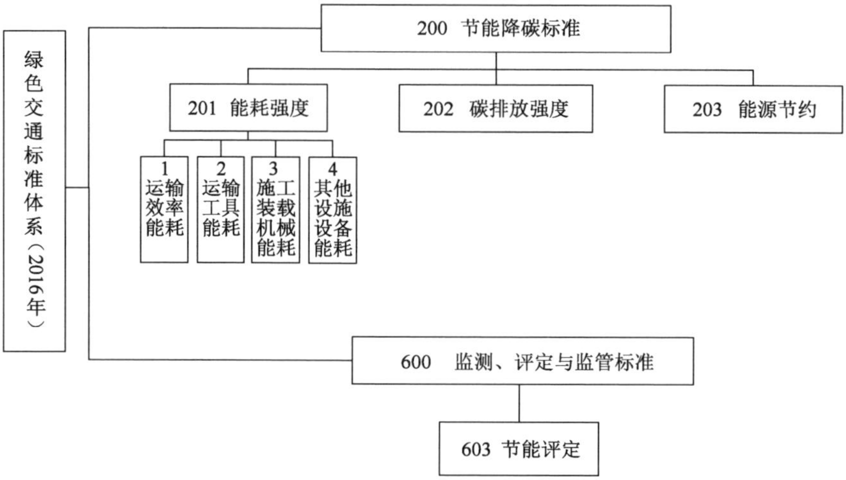

图 2 《绿色交通标准体系(2016 年)》涉及的节能降碳标准

交通运输低碳相关标准统计表(单位：项) 表 1

序号	归口单位	现行标准		制修订中标准	
		国家标准	行业标准	制定项目	修订项目
1	全国内河船标准化技术委员会(SAT/TC 130)	1	1	0	0
2	全国交通工程设施(公路)标准化技术委员会(SAT/TC 223)	1	5	0	0
3	全国汽车维修标准化技术委员会(SAT/TC 247)	0	3	0	0
4	全国道路运输标准化技术委员会(SAT/TC 521)	5	12	0	2
5	全国城市客运标准化技术委员会(SAT/TC 529)	0	3	0	0
6	全国港口标准化技术委员会(SAT/TC 530)	7	16	1	2
7	全国汽车标准化技术委员会客车分技术委员会(SAT/TC 114/SC 22)	0	5	0	1
8	交通运输部公路局	0	1	0	0
9	交通运输部水运局	1	10	1	0
10	交通运输航海安全标准化技术委员会	0	2	0	0
11	交通运输信息通信导航标准化技术委员会	0	5	0	0
12	交通运输环境保护标准化技术委员会	3	3	4	0
总计		18	66	6	5

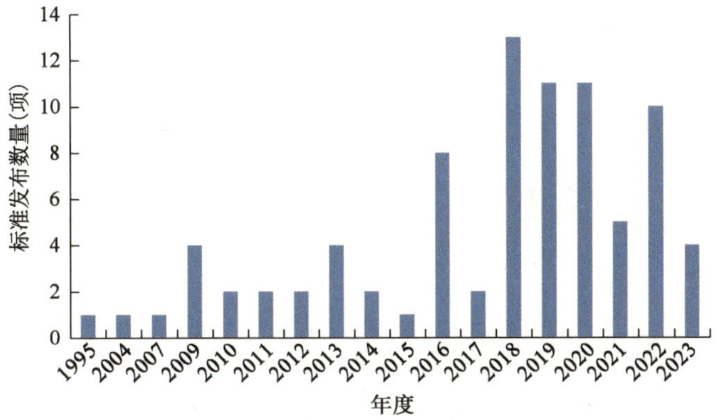

图3　交通运输低碳相关标准年度发布情况

二、存在的主要问题

随着加快建设交通强国和国家“碳达峰碳中和”目标深入，《绿色交通标准体系(2016年)》逐渐不能满足《中共中央　国务院关于完整准确全面贯彻新发展理念做好碳达峰碳中和工作的意见》中“建立健全碳达峰碳中和标准计量体系”和《国家标准化发展纲要》中“建立健全碳达峰碳中和标准”等政策要求，有待优化完善。主要体现在以下几个方面：

(1)标准体系的全面性、系统性还有待加强。部分针对重点工作形成的低碳标准没有在标准体系中进行收录，如新能源应用方面的船舶岸电技术要求、新能源营运车辆技术及配置要求等标准，以及监测与检测方面的船舶及营运车辆能耗监测标准等，需要进一步对照标准体系内容系统梳理现行有效低碳标准，提升标准体系的完整度。

(2)标准体系需求对于“碳达峰碳中和”工作的支撑力度还有待提升。随着绿色低碳交通发展，标准还存在缺失，如城市轨道交通缺乏能耗限值及监测方面标准、缺乏行业碳排放量核算核查标准、缺乏城市轨道交通绿色运营方面标准等，需要深入进行梳理，加快标准供给。

(3)标准体系结构有待进一步优化。标准体系整体结构未能突出体现

“碳达峰碳中和”工作要求，各专业领域的标准存在一定程度的分割，不利于标准的实施应用，需要聚焦低碳交通技术标准重构标准体系框架结构，提升标准体系的适用性。

三、 完善低碳交通运输标准体系方案与建议

(一)完善低碳交通标准体系的方案

根据国家和行业相关政策文件对于低碳交通发展具体任务和要求，采用鱼骨图分析方法研究了标准化支撑低碳交通发展的重点领域和方向，对低碳交通运输标准体系结构进行重构，更加突出新能源与清洁能源应用、碳排放量核算与核查以及能耗在线监测等重点方向。

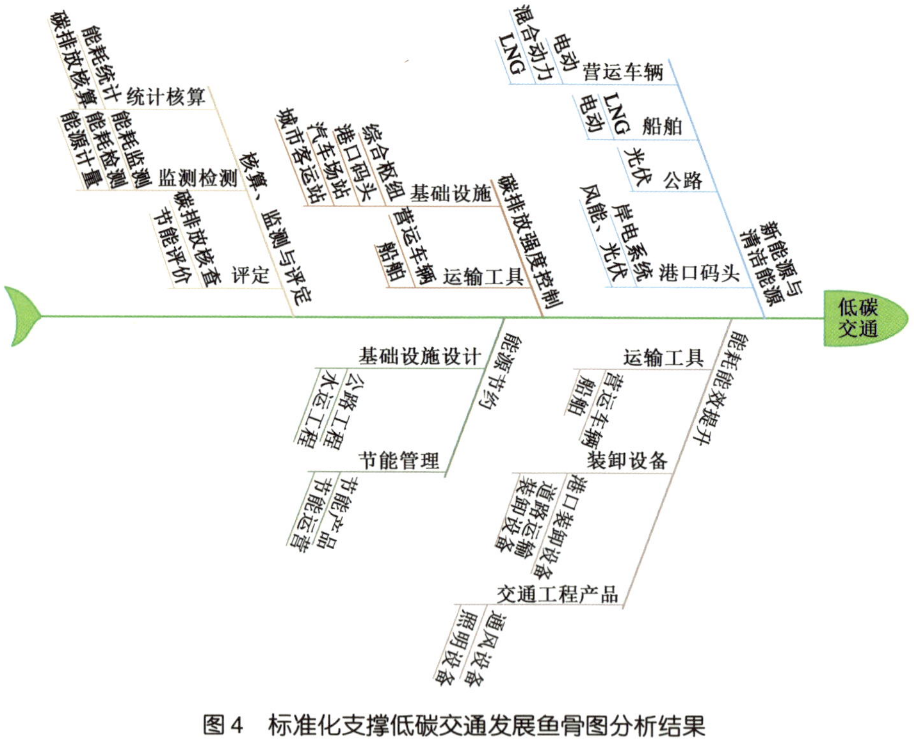

图4 标准化支撑低碳交通发展鱼骨图分析结果

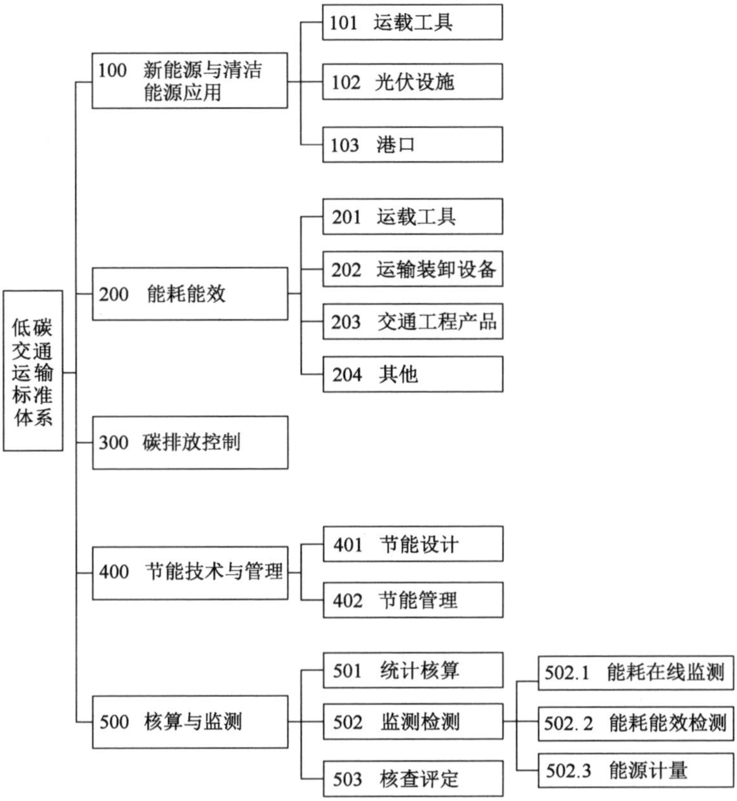

图 5　低碳交通运输标准体系结构图

标准制定需求主要包括氢燃料电池公共汽车配置等新能源与清洁能源应用标准，城市轨道交通能源消耗量限值及测量等能耗能效标准，码头二氧化碳排放强度等级及评定等碳排放强度标准，城市轨道交通绿色运营、近零碳交通设施建设等节能管理标准，行业碳排放核算和企业温室气体排放核查技术等核算与监测标准。

优化后的低碳交通运输标准体系已纳入《绿色交通标准体系（2022年）》，在新能源与清洁能源应用、能耗能效、碳排放控制、节能技术与管理、核损与检测等方面部署了 39 项标准制修订任务，为低碳交通标准制修订工作提供指导。

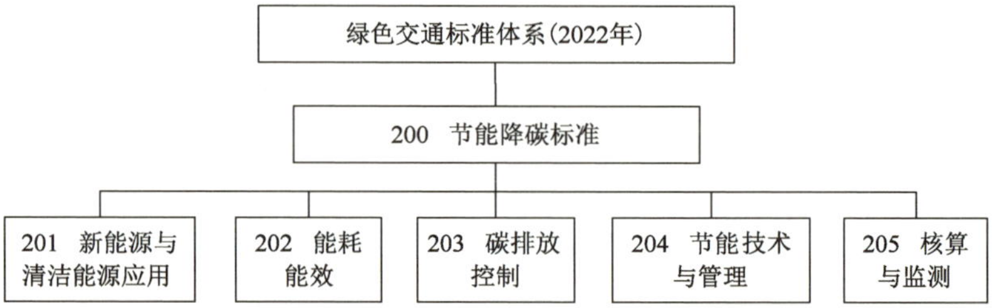

图6 《绿色交通标准体系(2022 年)》涉及的节能降碳标准

(二)加强低碳标准供给实施的建议

1. 加强与国际标准接轨

深化低碳国际标准跟踪研究，结合国内交通运输发展实际情况，积极转化适合我国国情的国际标准，提升国内国际标准关键技术指标一致性程度。鼓励在优势领域参与国际标准制定，推动将我国技术纳入国际标准。推进重点产品碳足迹核算、碳捕集利用与封存等国际标准技术分析，开展相关技术在交通运输行业转化应用的可行性研究。

2. 推动标准化与科技创新融合

聚焦交通运输碳排放量值核算、交通减碳技术等关键新兴领域，开展核心技术攻关，加大重点低碳技术创新项目的经费支持力度，同步部署技术研发、标准研制与产品推广，推进标准化工作与科技创新紧密互动，促进科技创新成果向标准转化，加强交通运输低碳新技术标准供给。

3. 深化与各相关方互动交流

厘清交通运输行业低碳标准化工作界面，充分利用国家碳达峰碳中和标准化总体组等工作机制，推进与相关部门和有关单位标准化工作的互动交流，促进路域植物碳汇、交通能源融合、新能源与清洁能源运载工具等方面跨领域标准化合作，推动交通低碳发展与国家有关要求相适应。

4. 鼓励团体标准发展

团体标准具有较强的灵活性和创新驱动特征，鼓励相关社会组织有效发挥市场主体作用，积极制定低碳方面新技术标准，填补政策主导制定标准的空缺，促进低碳交通运输标准的及时、有效供给，鼓励实施效果良好、符合国家或行业标准制定需求和范围的团体标准转化制定为国家标准或行业标准，更好地为行业绿色低碳发展提供技术支撑。

5. 推进标准实施应用

加强交通运输低碳技术和产品检测、评估、认证体系建设，推进低碳技术和产品认证及应用推广，推动低碳标准化“全链条”工作体系建设。针对低碳标准的特点研究标准实施效果评估方法，有计划地开展标准实施效果评估工作，推进评估结论在标准制定、复审等工作中的应用，及时对不适应新发展要求的标准进行修订。

第七章　发挥市场机制　推动绿色发展

交通运输领域参与碳交易问题及对策研究

彭令发　李芫梦　韩彦来　王思迪　李冰荷*

摘　要：碳交易作为市场化的温室气体排放控制机制，在激励减排方面发挥着重要作用。然而，交通运输领域在参与碳交易过程中面临着排放核算的复杂性、行业标准体系的不足和市场机制的不成熟等挑战。本研究在总结国际碳交易经验的基础上，提出了交通运输行业参与碳交易的对策建议，为完善相关政策提供依据。

关键词：交通运输；绿色低碳；碳交易

一、引　言

随着全球经济的快速发展，交通运输行业作为连接生产与消费的重要纽带，在社会经济中的作用日益显著，但也是全球能源消耗和碳排放的重要来源之一。全球气候变暖下，如何在保证交通运输行业正常运行的同时，有效控制并减少该行业的碳排放，成为亟待解决的问题。碳交易作为一种市场化的温室气体排放控制机制，通过设定排放上限并允许排放权的买卖，

* 彭令发，交通运输部环境保护中心，副主任/高级工程师/注册环评工程师；李芫梦，北京师范大学地理科学学部，博士研究生；韩彦来，交通运输部环境保护中心，高级工程师；王思迪，交通运输部环境保护中心，工程师；李冰荷，北京师范大学地理科学学部，硕士研究生。

旨在用经济手段激励减排，已被越来越多的国家和地区采纳。然而，受制于交通运输的特殊性，面临排放核算复杂、行业方法标准体系不足、市场机制不成熟等挑战，制约了碳交易在交通运输领域的实施和效果。

本研究旨在深入分析交通运输领域参与碳交易的现状、存在的主要问题及其成因，并通过对国内外碳交易的经验总结，提出应对建议，为完善相关政策提供参考依据。此外，研究还将探讨如何通过技术创新和市场机制的完善，推动交通运输行业的绿色低碳转型。本研究不仅对实现交通运输领域的碳减排具有重要意义，对于促进碳交易市场的健康发展、推动全球气候治理也具有参考价值。

二、 碳交易的基本原理及国际经验

（一）碳交易的概念与运作机制

碳交易，作为一种市场化的机制，旨在通过交易温室气体排放权来实现碳排放的减少。这一概念的核心在于为碳排放定价，通过经济激励来驱动企业和个人减少温室气体的排放。碳交易主要通过两种机制实现：一是碳税，二是碳排放权交易系统，后者又常称为“碳市场”。

在碳排放权交易系统中，政府或国际组织首先对排放总量设定上限，然后将排放权(或称为碳配额)分配给参与者。这些参与者通常是大型排放源，如电力厂、工厂及某些交通运输部门。参与者在配额内排放温室气体不需额外付费，但如果排放超过配额，必须在市场上购买额外的排放权。相反，如果某参与者减少了排放，低于其配额，就可以将多余的排放权在市场上出售，获得经济收益。通过这种方式，碳交易创造了减少碳排放的经济激励。

国际上最知名的碳交易系统是欧盟排放交易体系(EU ETS)，它覆盖了欧盟所有成员国的电力和大型工业部门。我国的碳市场自 2021 年 7 月正式启动交易，初期覆盖电力行业的排放，其成熟与完善将对全球碳排放的减少产生重要影响。

(二)国际上碳交易市场的发展与经验

国际上，多个国家和地区已经建立或正在计划建立自己的碳交易市场，这些市场的发展经验为全球的碳减排提供了重要的参考。以下是几个代表性的国际碳交易市场案例。

1. 欧盟排放交易体系(EU ETS)

欧盟排放交易体系作为世界上最大、最成熟的碳市场，于2005年启动，覆盖了电力、工业和航空部门的碳排放。EU ETS通过“上限和交易”机制设定整体排放上限，并允许市场参与者在此框架内买卖排放权，推动了技术创新和低碳解决方案的投资，有效降低了排放水平。然而，EU ETS也经历了配额过剩和价格波动的问题，这促使系统不断调整，通过市场稳定储备(MSR)机制来调节市场供需。

2. 美国加利福尼亚州碳市场

加州碳市场于2013年全面启动，其准则为加州全球气候变化解决方案法案(AB 32)。该市场采取创新的方法，例如设定价格地板和天花板来稳定市场价格，并通过拍卖收入支持当地的环境项目和社会福利计划。加州碳市场也与加拿大魁北克市场连接，展示了区域碳市场合作的潜力。

3. 日本东京都碳排放交易系统

东京都碳排放交易系统是世界上第一个城市级碳交易市场，于2010年启动。该系统针对东京都内的大型排放设施，通过强制减排目标和交易机制来降低碳排放。东京市场的经验显示，即使在地方级别，碳市场也能有效地促进排放减少，并推动绿色经济增长。

4. 新西兰排放交易计划(NZ ETS)

新西兰排放交易计划是一个全国性的碳市场，覆盖了所有重要的温室气体排放部门。该系统通过提供灵活性和激励措施，鼓励企业和个人采取最具成本效益的减排措施。新西兰的经验突出了碳市场设计中的透明性和适应性的重要性。

这些案例表明，虽然各个碳市场在具体的设计和实施方面有所不同，但它们共同证明了市场机制在促进碳减排方面的有效性。同时，这些市场的经验也强调了碳市场设计中必须考虑的诸如配额分配、价格管理、市场监管和国际合作等关键问题。

（三）碳交易对交通运输行业的影响与启示

碳交易作为一种市场化的减排机制，对交通运输行业带来了显著的影响，并为该行业的低碳转型提供了重要的启示。

首先，碳交易通过为碳排放定价，提供了强有力的经济激励，促使交通运输行业投资于更为清洁和高效的技术。例如，欧盟将航空行业纳入其排放交易体系（EU ETS），使航空公司必须为其飞往或自欧盟机场起飞的航班的排放购买排放权。这一政策促使航空公司采取多种措施减少排放，如更新机队、优化飞行路径和提高燃油效率。因此许多航空公司开始投资更加节能的飞机，并探索使用可持续航空燃料。

其次，碳交易促进了创新和技术发展。面对碳排放的成本，企业有更强的动力去寻求和开发新技术，如电动汽车、氢燃料汽车以及更高效的物流管理系统。这些技术的发展和应用有助于降低整个行业的碳足迹。例如加州通过低碳燃料标准（LCFS）和碳市场的政策，激励了清洁能源汽车的发展和燃料的多样化。电动汽车和氢能汽车在加利福尼亚州得到了快速发展，部分原因是这些低碳交通方式可以帮助企业减少碳市场的成本负担。

此外，碳交易也加速了政策和市场结构的改变。政府和监管机构通过实施碳交易和相关政策，推动交通运输行业向更加可持续和环境友好的方向转型。同时，市场参与者也在重新评估风险和机会，逐渐将碳排放和气候变化因素纳入其长期的战略规划。

三、 交通运输领域参与碳交易的问题分析

(一)中国市场参与碳交易发展情况

交通运输企业积极参与多样化碳交易试点工作。2004 年 5 月，国家发展改革委发布《清洁发展机制项目运行管理暂行办法》，依据《京都议定书》的要求，我国开始以清洁发展机制(CDM)与发达国家合作，参与国际碳交易。在 CDM 机制下，公共交通领域率先开展了碳交易。

欧盟规定 2013 年后严格限制减排量大的 CDM 项目进入 EU-ETS，只接受最不发达国家新注册的 CDM 项目。受此影响，我国交通运输行业暂停了国际碳交易项目。

2011 年 10 月，国家发展改革委办公厅发布《关于开展碳排放权交易试点工作的通知》(发改办气候〔2011〕2601 号)，先后启动了深圳市、北京市、上海市等 8 个碳排放交易试点城市。试点企业包括公路、轨道交通、航空公司等。北京市共有 21 家交通运输企业被纳入强制监管范畴，占所有减排履约企业总量的 2.4%。上海市的碳交易涉及机场、港口和航空公司，深圳市将公交、地铁、港口码头纳入了碳交易市场。

2012 年 6 月，国家发展改革委发布了《温室气体自愿减排交易管理暂行办法》(发改气候〔2012〕1668 号)，启动了国家核证自愿减排量(CCER)。我国形成以配额交易为主导、以 CCER 为补充的双轨体系。交通运输行业在 CCER 方面也进行了试点，2016 年，北京公交集团 3155 辆 LNG 公交车替换传统柴油车减少二氧化碳排放 12.5 万吨，成为国内首个交通领域 CCER 项目。2017 年 3 月，由于温室气体自愿减排交易量小、个别项目不够规范等原因，我国暂停新的 CCER 项目备案，已备案项目继续在碳市场中进行交易。2023 年 10 月，生态环境部、市场监督管理总局发布《温室气体自愿减排交易管理办法(试行)》(生态环境部　市场监管总局令第 31 号)为 CCER 项目的重启奠定了基础。交通运输行业在碳普惠方面也进行了有益尝试。

例如，北京市依托 MaaS 平台，将个人绿色出行行为纳入激励范围并参与碳交易；广东省、四川省和江苏省等地也在积极开展碳普惠方面的工作，为引导大众绿色出行注入新的活力；2021 年 7 月，全国碳市场上线交易正式启动；2022 年第二个履约周期，民航作为全国首个交通运输行业被纳入全国碳交易市场。

（二）市场机制的不完善以及参与主体有限

在中国，交通运输领域的市场机制虽然在不断发展和完善，但在推动碳减排方面仍面临一些具体挑战。这些挑战主要体现在市场机制的不完善以及参与主体的有限性上。第一是碳定价机制尚未完全建立，尽管中国已经启动了国家碳市场，但碳定价机制在交通运输领域的应用仍处于初步阶段。这导致碳排放的成本尚未完全体现在交通运输成本中，缺乏足够的经济激励来推动行业减排。第二是市场信息不对称，交通运输领域的碳排放数据和减排技术的信息不足，导致市场参与者无法做出基于完整信息的决策，降低了市场的操作效率。第三是政策支持和执行力度有待加强，虽然中国政府已经出台多项政策推动交通运输领域的绿色发展，但在政策的具体实施、监管以及与市场机制的衔接方面仍有改进空间。

交通运输领域碳市场的参与主体有限也是一大问题。目前，中国碳市场的参与者主要为电力等高排放行业，交通运输领域的参与度相对较低，中小型企业受资金、技术等限制能力有限；公众也对碳市场了解不足，低碳交通认识和参与亦有待提高。虽然我国政府在推动交通运输领域的低碳发展方面发挥了主导作用，但政府与企业之间的协同还不够紧密。加强这一协同对于整合资源、优化政策、推广先进技术具有重要意义。

（三）技术方法标准体系有待完善

碳排放核算方法和碳配额分配方案是碳交易的核心和基础。2013 年国家发展改革委办公厅发布了第一批 10 个行业企业温室气体排放核算方法与报告指南(试行)，涉及交通运输行业的包括《中国民航企业温室气体排放核算方法与报告格式指南(试行)》《陆上交通运输企业温室气体排放核算方法与报告指南(试行)》。试点城市也颁布了一些地方性标准规范。

此外，社会各界积极推动制定团体标准，包括《电动汽车出行碳减排核算方法》《广东省海洋交通运输业碳排放核算与评估指南》等。生态环境部于2023年10月首批公布了4个CCER方法学，其中不含交通运输行业。在CCER方面，方法学是参与CCER交易的基础，缺少碳核算方法标准规范体系仍是制约交通运输行业碳交易的瓶颈问题之一。

（四）行业碳数据精度有待提高

交通运输系统是个复杂的巨系统，碳排放涉及多个领域、环节、行业和部门。目前，我国交通运输行业碳排放数据精度不高。碳排放数据监测方面，现有技术条件下碳排放监测技术的应用成本高、难度大，行业碳计量设备不完善，碳计量体系没有建立起来，碳排放监测数据的精度受到了一定程度限制。碳排放数据统计方面，由于交通运输活动碳排放源具有空间分布广、类型多样、工况及运输条件复杂等特点，数据分散在不同的行业部门和企业手中，行业碳数据统计难度增加。此外，我国的统计数据未将私家车等非营运车辆的能耗纳入统计范围，该部分碳排放统计数据缺失。碳排放核算方面，交通运输行业主要采用“自上而下”和“自下而上”两种核算方法。对于“自上而下”法则，由于我国统计数据将“交通运输、仓储和邮政”分为一大类，同时，未将私家车等非营运车辆的能耗纳入统计范围，给“自上而下”法核算的碳排放精度造成一定影响。对于“自下而上”法则，由于同种燃料的排放因子会因燃烧效率、技术、工况等因素差别很大，实测数据的不足，数据来源多样，质量参差不齐，其精度也受到很大影响。

（五）施工期碳交易尚未引起足够重视

根据我国《省级温室气体清单编制指南(试行)》，交通运输碳排放核算范围以交通运输工具为主，包括公路、水路、铁路、民航等；不包含基础设施建设所造成的排放。这与国际组织及发达国家对交通运输领域碳排放核算范围的要求基本一致：涵盖移动源（运输装备）的排放，不包括固定源（交通基础设施）的排放；仅统计本国领土境内客货运输所产生的排放，不包括国际海运和国际航空的二氧化碳排放量。这利于后续与国际碳排放市场接轨。

然而，不同于发达国家，我国交通基础设施仍处于快速发展阶段。试点的碳交易不涉及基础设施施工阶段，这一阶段耗费大量钢材、水泥等高碳材料，施工过程中的设施设备、运输车辆、人员生产生活等都会产生碳排放，交通基础设施的运营养护也会产生碳排放。对这一阶段的重视不足，不利于通过碳市场机制促进交通运输行业施工阶段低碳发展。

四、对策与建议

当前，随着全球碳减排努力的加强和国际碳市场的发展，我国交通运输行业面临着碳交易核算的新挑战和机遇。在此基础上，以下对策和建议旨在促进我国交通运输行业在碳交易方面的健康发展和国际接轨。

（一）完善行业碳排放技术标准方法体系

基于全国碳排放技术支撑体系，结合国际减排方法学和技术支撑，研究制定适合我国国情的交通运输领域碳排放核算方法。建立和完善行业碳排放技术标准支撑体系，以科学、准确地评估和管理行业碳排放。积极参与国际碳排放核算方法和标准的制修订，使我国交通运输行业在全球碳市场中具有竞争力。同时，考虑到我国正处于交通基础设施快速发展期，应加强对交通基础设施建设期间碳交易问题的关注。

（二）构建完善行业碳交易数据支撑体系

加强行业碳排放数据统计和监测能力建设，搭建交通碳排放数据采集与集成平台。建立有效的碳数据监测、统计和管理体系，确保数据的准确性和透明性。通过完善的数据支撑体系，为行业碳市场的长效、健康发展提供扎实基础。

（三）增强行业内外部协同

加强政府、企业、研究机构和公众之间的沟通和协作。政府应发挥引导作用，制定和实施相应的政策和激励机制。企业应积极响应政策，通过积极参与碳交易，投资于低碳技术和管理措施。研究机构应提供参与碳交易的技术方法支持和政策建议，公众也应提高碳减排意识，共同通过碳交易市场机制，助力交通运输行业碳减排工作的深入推进。

交通运输行业绿色金融发展现状及政策建议

周亚林　凤振华*

摘　要：为了更好地发挥绿色金融对交通运输行业的支持作用，推动行业绿色低碳发展，本文系统总结了交通运输绿色金融的发展现状，结合工业及建筑业发展绿色金融的相关做法，指出当前交通运输行业绿色金融发展存在的主要问题，并从完善工作机制、完善标准体系等方面，提出了推进我国交通运输绿色金融发展和应用的政策建议。

关键词：绿色金融；交通运输；绿色低碳；绿色产业

一、交通运输绿色金融发展现状

2024 年 2 月，国家发展改革委、工业和信息化部、自然资源部、交通

* 周亚林，交通运输部科学研究院交通发展研究中心，助理研究员；凤振华，交通运输部科学研究院交通发展研究中心，副主任/副研究员。

运输部等十部门联合印发《绿色低碳转型产业指导目录(2024 年版)》(简称 2024 版《目录》)，为新形势、新要求下全面落实“碳达峰碳中和”目标、进一步发展绿色金融提供了基础。

交通强国等战略对交通运输绿色低碳发展提出了目标和要求。为推进绿色低碳转型，交通运输行业有巨大的投融资需求，尤其是新建及改扩建绿色公路，投资规模大。同时，随着交通运输行业的重要资金来源车购税收入减少，绿色资金供给不足。因此，绿色金融对于交通运输行业的支持至关重要。作为三大主要能源消费部门之一的交通运输业，相比于另外两大能源消费部门，即工业和建筑业，其绿色金融发展基础仍相对薄弱。未来一段时期，交通运输行业需要深入推动绿色金融发展，利用优惠贷款等相关政策，充分发挥绿色金融的资源配置作用，支持交通运输行业绿色低碳发展。

（一）交通运输绿色金融标准

2019 年，国家发展改革委等七部门联合印发《绿色产业指导目录(2019 年版)》(简称 2019 版《目录》)，这是国家首次对我国目前及未来一段时期的绿色产业边界做出明确界定，是金融支持绿色产业发展的权威依据。相比于 2019 版《目录》，2024 版《目录》对于交通运输绿色产业进行了完善，整体上进一步拓展了覆盖范围，除了原有“绿色交通”外，还补充了“绿色物流”子类别。2024 版《目录》剔除了 2019 版《目录》中的“不停车收费系统建设和运营”，并对公路、铁路、水运、民航等子领域绿色项目进行了补充，将绿色公路、绿色民航、绿色港口和航道等绿色交通基础设施项目纳入了目录。尤其是 2024 版《目录》纳入了“绿色公路建设和公路交通基础设施绿色低碳化改造”，进一步明确了新建公路及公路基础设施改造的绿色转型发展导向，为金融支持绿色公路的建设和改造提供了政策依据。

（二）交通运输绿色金融工具

绿色金融通过借助成熟的金融工具，为绿色产业发展提供金融推动力。

目前,绿色金融工具主要包括绿色信贷、绿色债券、绿色基金、绿色保险和碳排放交易等。

绿色信贷是我国绿色金融体系中起步最早、规模最大的部分。从绿色贷款余额来看,2023年末,本外币绿色贷款余额30.08万亿元,交通运输、仓储和邮政业绿色贷款余额5.31万亿元,占比17.65%。从新增绿色贷款数额来看,2021年、2022年、2023年交通运输、仓储和邮政业本外币新增绿色贷款分别为0.51亿元、0.45亿元、0.73亿元,占新增总绿色贷款比例分别为12.9%、7.3%、9.1%。可以看出,尽管我国交通运输、仓储和邮政业绿色贷款余额及占比都较大,但是新增绿色贷款数额及占比相对较小。

绿色债券是目前我国绿色金融市场中政策体系最为完备、市场参与最为活跃的融资工具。2023年境内"贴标"绿债发行数量481只,发行规模8548.54亿元,发行数量及发行规模较2022年发行数量同比分别下降6.60%和3.39%。募投项目类别方面,清洁交通领域占比最大。在已披露具体资金投向的243只非金融机构发行的绿色债券中,清洁能源领域的资金规模合计占比超过40%。

绿色基金是绿色金融体系的重要组成部分。2020年7月,我国第一个国家级政府投资绿色基金——国家绿色发展基金成立,用于支持环境保护和污染防治、绿色交通等领域。除了中央层面,全国还有多个省份已经设立交通领域的政府引导产业基金,部分投向领域为绿色交通。

交通运输行业绿色保险主要运用在航运、船舶污染领域,船舶污染责任保险的应用在逐渐推广和完善。例如,根据《湖州市国家绿色金融改革创新试验区建设实施方案》,湖州市积极推进"船舶油污损害强制责任保险试点,对于内河航行、载运油类物质的船舶和400吨以上载运非油类物质的船舶试行强制参保,打造绿色内河"。

2011年以来,国家先后启动了深圳市、北京市等8个碳排放交易试点城市。试点期间,北京市将重点交通企业固定源纳入碳交易平台,覆盖公路、轨道交通、郊区客运、路政4个子行业,后逐步扩展至轨道交通、公交车、出租车等移动源;上海市的碳交易涉及机场、港口和航空公司;深圳市将公交、地铁、港口码头纳入了碳交易市场。

二、 工业和建筑业发展绿色金融的相关做法

（一）政策框架

工业和建筑业建立了部委层面或者地方层面支持绿色金融的政策框架。工业领域，2021 年 11 月，工业和信息化部、人民银行等部门联合发布《关于加强产融合作推动工业绿色发展的指导意见》，对工业产业和金融业合作工作任务进行了系统部署和指导。地方层面，江苏省工信厅和中国人民银行南京分行联合印发《关于深入推进绿色金融促进工业绿色低碳发展的通知》，为地方开展绿色金融支持工业实践提供了具体依据。建筑业领域，多地已出台专门政策指导地方绿色金融支持绿色建筑发展，例如湖北省、云南省、河北省等省份住房和城乡建设厅分别印发绿色金融支持绿色建筑发展的相关通知方案。

（二）标准制定

人民银行已经开展了部分工业行业及建筑业绿色金融标准的研究。人民银行于 2021 年组织开展了钢铁、煤电、建筑建材、农业等四个领域转型金融标准研究，为满足高碳行业低碳转型的合理融资需求提供依据。建筑业领域，已经出台《绿色建筑标识管理办法》（建标规〔2021〕1 号）、《绿色建筑评价标准》（GB/T 50378）、《绿色工业建筑评价标准》（GB/T 50878）等多项政策标准，为绿色建筑的认定及绿色金融支持绿色建筑的发展提供了详细的依据。其中，地方层面，湖北省、河北省等多地结合地方实际，出台了地方绿色建筑的认定标准及绿色金融支持绿色建筑的流程机制。

（三）产品创新

工业和建筑业围绕绿色项目及企业的融资需求，不断创新绿色金融产

品。工业领域,《关于加强产融合作推动工业绿色发展的指导意见》中提出运用多种货币政策工具,引导金融机构扩大绿色信贷投放,提出推动绿色低碳园区基础设施领域不动产投资信托基金(基础设施 REITs)试点、开发针对传统工业绿色化改造和新兴绿色工业发展的金融产品、规范发展碳金融服务等要求。建筑业领域,各个地区已经结合企业需求创新绿色金融产品,例如湖州市在绿色信贷产品上,先后推出“绿地贷”“绿色购建贷”“绿色建筑企业按揭贷”等 20 余款产品。

(四)绿色项目平台建设

在信息共享及平台建设上,全国已有多个省份建成绿色项目库,重点支持工业、建筑业等领域绿色项目的融资需求。上海市经济和信息化委员会与国家开发银行上海市分行搭建“上海产业绿贷”综合性融资服务平台,重点服务节能环保和绿色制造领域的新产业、新技术、新项目。浙江省湖州市专门开发建设绿色建筑数字化平台,即“绿建通”平台,动态编制全市绿色建筑项目库,定期将建筑星级、融资需求、投资强度等项目信息通过平台向全市金融机构推送。

三、存在问题

从行业层面来看,相比于工业和建筑业,交通运输绿色金融在政策、标准、产品等方面发展还相对滞后。主要体现在以下方面:

(1)未形成自上而下推动绿色金融发展的工作机制。目前,行业以及地方层面尚未形成协同有效的工作机制,行业主管部门、交通运输企业、金融机构以及地方政府未形成有效联动;缺少推动绿色金融应用的指导性文件,对交通运输绿色金融发展目标和方向缺少依据。

(2)缺少操作性强的交通运输绿色金融标准及认证。2024 版《目录》将新建绿色公路和公路基础设施绿色低碳化改造、绿色港口和航道等绿色交通项目及技术纳入了目录,但是关于项目认定的解释说明的相关依据仍不够清晰且可操作性有待加强，导致金融机构难以对绿色交通项目进行准确的认定，增加金融机构的审批工作难度。

(3)绿色金融品种相对单一，且未形成系统化、常态化的应用。我国交通运输绿色金融主要以绿色信贷和绿色债券等传统形式的绿色金融产品为主，绿色基金、绿色保险等工具应用较少。目前的绿色信贷和债券品种中，大量资金集中在铁路、轨道交通等大型企业或项目，对于一些环境效益好但是规模较小、技术不确定性强的绿色交通项目支持不足。

(4)地区层面交通运输绿色金融发展缓慢。目前，部分地区已经建立了绿色金融项目库或融资平台，但是总体来看，对于交通运输行业的项目涉及较少。例如上海的融资服务平台重点支持节能环保和绿色制造领域，对于交通领域涉及较少。

四、政策建议

（一）完善工作机制，做好绿色金融的组织协调和政策协同

加强交通运输与发展改革、人民银行、金融监管等相关部门的沟通协调，完善绿色金融支持交通运输相关支持政策、工作体系。同时，建立从中央到地方的绿色金融推动机制。交通运输主管部门以及地方政府可联合相关金融机构，出台行业绿色金融指导文件，建立一套完整有效的实践指导体系，引导绿色交通与绿色金融协同发展，明确战略目标和重点方向。借助交通运输领域大规模设备更新、科技创新和技术改造再贷款等政策实施契机，完善与银行等金融机构的沟通对话反馈机制，完善银企对接模式，进一步强化绿色金融对于交通运输领域的支持。

（二）完善行业绿色金融标准体系和认定机制

完善绿色金融支持交通运输产业的标准体系和认定机制，为金融机构、企业等在实践中开展绿色金融形成有效的指导和依据。在2024版《目录》的

基础上，针对行业发展目标和重点任务，建立交通运输、发展改革、金融机构、金融监管部门等互认的适用于新建绿色公路及公路基础设施绿色低碳化改造、绿色港口和航道等子领域的认定标准，对 2024 版《目录》形成有效的细化和补充。例如针对绿色公路领域，出台《绿色公路标识管理办法》，对绿色公路的申报和审查、标识管理等进行相应规定。

（三）推动交通运输绿色金融产品体系的完善与创新

在绿色信贷和债券等传统的绿色金融工具基础上创新产品种类。金融机构可以联合行业机构和第三方机构，打破技术壁垒，开发服务交通运输业客户需求的产品及场景平台，注重拓展产品链条，体系化地服务于需要的项目和客户。同时，鼓励保险机构结合企业绿色发展水平和环境风险变化情况，创新不同类型的保险产品；完善针对交通运输绿色低碳新技术、新材料、首台(套)重大技术装备的保险补偿机制。

（四）开展绿色金融支持绿色交通协同发展试点

鼓励在绿色金融改革创新试点、交通强国建设试点等条件成熟、创新能力强的区域，探索绿色金融和交通运输绿色低碳的协同发展路径；鼓励试点区域结合地方特色和需求，制定专项规划，强化绿色金融市场化机制建设，探索创新交通运输绿色金融产品的应用。

交通运输绿色低碳认证体系建设研究

陈建营　赵方兴*

摘　要：本文主要研究我国交通运输绿色低碳认证的现状、问题和建议。

* 陈建营，中交(北京)交通产品认证中心有限公司，副研究员；赵方兴，中交(北京)交通产品认证中心有限公司，工程师。

首先介绍国外典型国家和地区交通运输行业绿色低碳认证现状和我国交通运输绿色低碳认证的现状和问题，其次从政策、技术、认证过程、经济和参与主体等多角度分析交通运输绿电低碳认证的难点和原因，最后从完善政策、优化技术支撑、简化认证流程、提高认证效益等方面提出相关建议。

关键词：交通运输；绿色低碳认证；建议

一、引　言

近年来，我国政府高度重视交通运输行业的绿色低碳发展，相继出台了一系列政策措施，旨在推动该行业向更加环保、高效的方向发展。认证体系作为国家质量基础设施的重要组成部分，在推进交通运输绿色低碳发展中发挥了重要作用，但绿色低碳认证体系建设进度却难以适应形势变化，面临着诸多挑战和困难。我国交通运输行业在绿色低碳认证标准体系构建、认证评价结果应用等方面存在不足，同时也缺乏有效的行业监管机制和统一的认证标准。此外，公众对于绿色低碳认证的认知度仍较低，参与主体的多元化也给认证过程带来了复杂性。

二、我国交通运输行业绿色低碳认证现状

绿色低碳认证是指对企业或组织在生产、经营过程中，采取的节能减排措施和环境管理体系等进行评价，来确认其组织、项目、产品、服务等是否符合绿色低碳发展的标准。绿色低碳认证通常由第三方机构进行，依据特定的标准和程序进行。随着全球气候变化问题日益严峻，绿色低碳认证已成为国际广泛接受和推崇的环境管理工具。各国政府和国际组织相继出台相关政策，支持和推广绿色低碳认证工作，希望通过这种方式促进全球环境治理，实现经济发展与环境保护的双赢。

(一)国外绿色低碳认证现状

在国外，美国、欧盟等发达国家和地区已经形成了较为完善的绿色低碳认证体系，绿色低碳技术已被广泛应用，可持续发展理念深入人心。据有关机构统计，目前全球开展涉及“绿色”要素的标识和认证共有463种，其中包含单一要素评价和多元要素评价。德国蓝天使、北欧白天鹅、欧盟生态标签、韩国生态标签等由各国政府或管理组织发起设立，通过全生命周期方法对产品和服务进行评估认证，在制度管理构架、实施过程、指标体系、合格评定模式、产品范围、标志使用、市场运行等方面形成了成熟的模式，为我国推进绿色低碳认证提供了参考。全生命周期方法评估认证覆盖了环境友好、资源节约兼顾消费友好的评价要素，向消费者提供产品和服务有关环保情况的信息，减少消费者和行政管理者的困扰，并鼓励和引导生产者设计、制造更加绿色的高品质产品。

国外绿色低碳标签认证呈现了如下主要特点：

(1)政府主导的模式。政府主导开展生态标签工作，设立专门机构，组织专家综合各类因素开展标签评定准则的制定和跟踪更新，并按照评定准则对符合的产品授予标签。这种管理构架基本与我国政府主管、专家制定评定准则、认证机构实施认证工作的模式相接近。

(2)体现全生命周期特点。绿色低碳的指标涵盖了从产品的设计、原材料使用、生产过程、循环利用、后期回收等全生命周期内的资源节约、环境友好兼顾消费友好等评价指标，在现有产品技术水平上较为完整地体现了产品生产、使用、废弃过程对环境的影响。

(3)涉及产品范围广泛。在一些国家和地区的绿色低碳标签中涉及的产品包含了影音设备、照明电器、家电类、家用轻工产品、建筑类、能源或供热类、办公用品、园艺或休闲类、汽车用品和其他服务十个类别。

(4)普遍采用第三方机构认证的方式。欧盟根据产品可能存在的危险程度，在不同的指令中采用了不同的合格评定模式，对于风险水平较高的产品，其合格评定必须有第三方认证机构介入。根据不同的合格评定模式，认证机构可以来样检测、抽样检测、工厂审查、年检、质量体系认证等不同方式介入认证过程，并出具相应的检测报告、证书等。

(5)市场推动和政府支持共促发展。标志认证制度目前大多以自愿性认证方式开展，作为生产消费的引导，管理部门更愿意在政策鼓励方面予以支持，如将绿色低碳产品纳入公共采购或在采购招投标中予以加分，对生态标签产品给予政府补贴或奖励，组织市场推广活动，提高标签公众认可程度等。

（二）我国绿色低碳认证现状

我国的绿色低碳认证主要包括中国环境标志认证、低碳产品认证和绿色产品认证。我国低碳产品认证制度于2010年9月启动，由国家发展改革委和国家认证认可监督管理委员会共同组织实施，工业和信息化部、生态环境部等部委共同参与，中国质量认证中心牵头承担。2013年，《低碳产品认证管理暂行办法》(发改气候〔2013〕279号)发布，对低碳产品认证的机构与人员资质、认证的实施、认证证书和认证标志、监督管理作出明确规定，开启了从国家政策方面采用认证手段推进低碳产品的工作。2015年，《节能低碳产品认证管理办法》发布，提出建立国家统一的节能低碳产品认证制度，推动节能低碳产品认证活动，鼓励使用获得节能低碳认证的产品。总体而言，低碳产品认证发展较为缓慢，到目前为止，低碳产品目录也仅列入了通用硅酸盐水泥、平板玻璃、铝合金建筑型材、中小型三相异步电动机、建筑陶瓷砖(板)、轮胎、纺织面料等7种产品。同时，国家也在推进绿色产品认证，2016—2021年，我国先后出台了18项绿色产品评价国家标准，印发了3批绿色产品评价标准清单及认证产品目录，将19类近90种产品纳入认证范围。颁发统一的绿色产品认证证书3.4万余张，获证企业1.6万余家。同时，涉及单一绿色属性的认证服务，如节能、节水、光伏、风电、环保、循环等认证项目，共颁发证书18万余张，获证企业2万余家。另外，环境领域还有中国环境标志认证(十环标志认证)，表明该产品不仅质量合格，而且在生产、使用和处理处置过程中符合特定的环境保护要求，与同类产品相比，具有低毒少害、节约资源等环境优势的标识。该认证由国家指定的机构或民间组织依据环境产品标准(也称技术要求)及有关规定，对产品的环境性能及生产过程进行确认，并以标志图形的形式告知消费者哪些产品符合环境保护要求，对生态环境更为有利。

随着国家“碳达峰碳中和”目标和有关政策深入实施，有关碳的认证快速发展。2023 年，国家发展改革委等部门印发《关于加快建立产品碳足迹管理体系的意见》(发改环资〔2023〕1529 号)，对产品碳足迹的核算提出了要求，着力建设重点产品碳足迹核算规则和标准，推动建设一批覆盖范围广、数据质量高、国际影响力强的重点行业碳足迹背景数据库，国家产品碳标识认证制度全面建立，碳标识得到企业和消费者的普遍认同，主要产品碳足迹核算规则、标准和碳标识得到国际广泛认可，产品碳足迹管理体系为经济社会发展全面绿色转型提供有力保障。2024 年，国家认证认可监督管理委员会印发《关于明确直接涉碳类认证规则备案要求的通知》(国认监〔2024〕3 号)，对产品认证、管理体系认证、服务认证中涉及的碳减排/清除、碳披露、碳中和类中尚未制定发布认证规则的，由认证机构制定认证规则进行规范。

随着生态文明建设的不断推进，绿色低碳认证逐渐受到重视。国家层面出台了一系列政策和措施，旨在推动交通运输行业的绿色发展。然而，相比于国外成熟的体系，我国在绿色低碳认证方面仍存在一定差距。

(三)我国交通运输行业绿色低碳认证存在问题

1. 缺乏有效的监管机制

在行业绿色低碳认证过程中，一个显著问题是监管机制的不健全。虽然政府已经出台了一系列相关政策和措施，但在实际执行层面上，仍存在着监管力度不足、监管手段落后等问题。主要体现在监管部门数量较少，资源配置不足；监管标准不统一，执行力度不够；监管手段单一，技术支持不足；信息公开不透明，社会参与度低；惩罚措施不严格，违规成本低。需要从加强监管部门建设、完善监管标准体系、引入现代化监管手段、提高信息公开透明度以及增强惩罚力度等多方面着手，构建起更加完善、高效的绿色低碳认证监管体系。

2. 缺乏统一的认证标准

在行业绿色低碳认证体系中，统一的认证标准是推动行业健康发展的关键。然而，目前存在着认证标准不统一、不明确等问题，如认证标准的不统一导致了评价结果的差异性、标准的不明确增加了企业认证的难度、缺乏统一认证标准还会影响到行业的公平竞争，这对于提升行业整体水平、促进绿色低碳交通运输发展产生了影响。因此，需建立一套科学、合理、全面的绿色低碳认证标准体系，涵盖能源使用、污染控制、应急管理等行业内所有关键领域，并且要考虑到不同地区、不同类型企业的特殊需求，以确保标准的普适性和有效性。

3. 绿色低碳认证应用较少

目前，实际能成功获得绿色低碳认证的企业案例仍然相对较少。从体制机制角度来看，主要是我国的绿色低碳认证体系尚未完全成熟，缺乏有效的监管、指导和认证结果采信机制，以及认证标准与企业实际间存在差距，导致企业认证困难。从市场认知度角度来看，当前社会大众的理解还不够深入，行业内很多企业对于绿色低碳认证的好处和意义缺乏深刻的认识，在实际操作中不愿意投入必要的时间和资源去进行认证。需要政府、企业和社会各界共同努力，政府需加强对绿色低碳认证体系的支持和引导，提供更多的政策激励和资金支持，加强对绿色低碳认证的宣传和普及，提高社会各界对于绿色低碳认证的认识和理解；企业需要积极探索适合自己的绿色低碳发展路径，通过技术创新和管理创新，提升自身的绿色低碳水平，最终实现绿色低碳认证。

三、 我国交通运输绿色低碳认证中的难点及其原因分析

(一)政策推动不足

政策推动力度不足是行业绿色低碳认证建设过程中的一个突出问题。表现为政策宣传和实施力度不够、政策激励机制不完善、监管执行力度不足、地方政策支持力度参差不齐等。比如,已经取得绿色低碳认证的企业,除了标志性的荣誉之外,并没有提供更多的经济补偿或税收优惠等实质性的激励。

(二)技术支撑不足

技术支撑不足也是行业推进绿色低碳认证的重要制约因素。表现为能源利用效率不高、环境污染控制技术滞后、先进节能减排技术研发应用不足、信息技术应用不足等。

(三)认证过程复杂

行业绿色低碳认证的过程涉及环境管理体系的建立、能源使用效率的提升、污染排放控制等多个方面,认证流程复杂。企业在认证过程中面临的挑战程度与管理体系、控制措施的复杂性以及认证标准的严格程度成正比,不仅增加了企业的运营成本,也延长了认证周期。

(四)经济压力较大

行业在追求绿色低碳发展的过程中面临着巨大的经济压力,包括设备设施升级改造带来的高额投资成本、用于实施节能减排措施的运营成本。由于绿色低碳项目的投资回报周期较长,一方面企业的融资难度加大,另一方面企业在转型过程中还可能会遭遇收益下降的问题。同时,国家和地方政府尚未出台有针对性的财政补贴和税收优惠政策,激励机制不足,不

能充分激励企业投入绿色低碳转型中去。

（五）参与主体多元化

绿色低碳认证体系建设需要多元化的参与主体，包括政府部门、企业、研究机构、社会组织以及公众等。政府部门作为政策制定者和监管者，通过出台相关政策、法规和标准，提供财政补贴和税收优惠，可以有效激励企业和社会各界积极参与到绿色低碳认证中来；企业作为绿色低碳认证的直接执行者，通过采用清洁能源、优化生产流程、提高能效、先进技术应用等措施，推动绿色低碳技术的创新和普及；研究机构作为知识传播和技术支持的角色，通过开展绿色低碳相关研究，为政府和企业提供科学依据和技术支持；社会组织和公众也是推动绿色低碳认证建设不可忽视的力量，社会组织可以通过宣传教育、倡议活动等方式，提高公众对绿色低碳认证的认知度和参与度，公众则通过日常生活中的绿色消费行为，如选择绿色交通工具、节能减排等，为绿色低碳认证贡献自己的力量。

四、 加强绿色低碳认证促进绿色交通发展的建议

（一）完善政策体系

加强绿色低碳认证体系的顶层设计，是确保交通运输行业可持续发展的关键一环。一方面，需要明确绿色低碳认证的目标和原则，构建全面的政策支持体系，出台相关的财政补贴政策、税收减免政策以及技术研发支持政策，建立健全的政策反馈机制，构建跨部门协作机制，并加强国际合作，保持政策的适应性和前瞻性。另一方面，建议通过立法形式确立绿色低碳认证建设在行业的核心地位，制定专门的绿色低碳认证法规规章，建立健全与绿色低碳认证相关的法律法规体系，将绿色低碳认证纳入更广泛的法律框架中，强化执行力度。此外，在推动绿色低碳认证建设的过程中，还应重视政策宣传，举办多样化的宣传活动和培训课程，不断提高公众对

于绿色低碳认证重要性的认识，增强企业和社会各界对于绿色发展理念的接受度和参与度。

（二）优化技术支撑

科技创新是提高行业效率、减少环境污染和实现可持续发展的重要驱动力，也是推动绿色低碳认证建设的关键。需要紧跟甚至引领行业技术前沿，积极开展科技领域创新，比如研发更为先进的节能减排技术；推广智能化管理系统以优化交通运输结构；积极探索和应用回收材料、生物基材料等绿色环保的材料。同时，制定有利于成果转化、知识产权保护等政策，进一步优化和健全绿色低碳认证人才培养机制，有效提升我国在绿色低碳认证建设及交通运输领域的科技和人才水平。

（三）简化认证流程

加强绿色低碳认证的标准体系建设、建立和发挥权威的认证机构作用是简化认证成本的重要举措。建议继续优化完善绿色低碳认证标准体系，借鉴国际上成熟的标准体系，鼓励企业参与标准的制定，建立起跨行业、跨领域的标准协调机制。同时，建立包括国家级、行业协会级以及地方级等不同层级的全面覆盖、层次分明的认证网络，发挥国家级权威认证机构作用，用好了解行业特点和需求的行业协会级认证机构，设立或授权地方性组织进行认证工作，确保绿色低碳认证的权威性和有效性。

（四）提高认证效益

建立一套有效的激励机制，提高认证效益，有利于鼓励企业主动采取措施减少污染、节约能源。建议采取财政补贴、税收优惠、绿色信贷、市场准入优先权及荣誉称号和奖励等激励措施，适时评估激励措施的实施效果，以及时调整激励策略，促进绿色低碳认证的实施，确保企业能够自主参与到绿色低碳认证工作中去，促进行业可持续发展。

实践篇

第八章　交通运输绿色低碳地方实践

山东探索交能融合新路径，培育壮大交通运输新质生产力

鲁　杰　吴培斌*

一、基本情况

国家相继出台《关于完整准确全面贯彻新发展理念做好碳达峰碳中和工作的意见》等系列文件，对加快绿色交通基础设施建设提出了明确要求。“新质生产力”概念的提出，进一步为交通运输行业高质量发展指明了方向，提供了根本遵循。在交通场景创新发展光伏、风力等绿电，推动交能融合发展，提升交通行业绿电自洽水平，既能大幅减少交通运输排放，又具有显著的经济和社会效益，发展潜力巨大。

山东交通运输系统深入贯彻落实党和国家重大部署，结合山东经济社会实际，积极探索交能融合山东路径，加快培育壮大交通运输新质生产力。通过强化规划政策支持、强化先进技术研发、强化多元支撑保障、强化试点示范引领“4 个强化”，创新建立交能融合标准体系，有力引领交能融合发展，促进绿色技术、产品推广应用，先后打造了荣乌高速公路边坡光伏项

* 鲁杰，山东省交通运输厅科技教育处，处长；吴培斌，山东省交通运输厅科技教育处，副处长。

目试验路段、济南东零碳服务区、济青中线零碳智慧高速等代表性工程，力促行业用能集约绿色转型，加快建设交通强国山东示范区，为建设交通强国创造山东方案和山东经验。

二、主要做法

（一）强化规划政策支持，有力引领交能融合发展

1. 加强政策引领

将交能融合作为交通运输绿色低碳发展的重要内容，不断完善、加强规划和政策的引领与支持，强化工作部署和统筹推进。在山东省综合立体交通网规划、交通强国山东示范区建设工作方案中，均将加快绿色交通基础设施建设作为重要内容。

2. 加强工作联动

加强与有关省直部门沟通协作，联合省能源局、国网山东省电力公司，印发《山东省公路沿线充电基础设施建设实施方案》。建立与省发展改革委、省生态厅、能源局等部门的动态联动机制，不定期反馈交通运输绿色低碳发展工作情况。

3. 加强任务落实

将交能融合行动纳入交通强国山东示范区建设十五项推进行动，梳理形成重点任务清单，定期调度工作进展情况，协调解决遇到的困难、问题，切实促进交能融合重点项目实施。

（二）强化先进技术研发，创新建立“交能融合”标准体系

积极构建绿色低碳技术体系与标准框架，持续引领交能融合技术发展和成果转化应用。推动绿色低碳重大科技项目攻关，在山东省科技计划项目中设立“交能融合专项”，组织开展零碳服务区、高速公路边坡光伏、零

碳高速公路、零碳港口等系列重大科技项目。推动交通运输行业各类创新主体组建创新联盟，建立由山东省交通运输标准化技术委员会牵头，行业学会、协会、企业等多方参与的标准编制与推广机制，推动先进适用的交能融合创新成果加快形成标准，逐步建立山东省交能融合标准体系。

（三）强化多元支撑保障，力促行业用能集约绿色转型

1. 扩大交通绿电供给

积极推进分布式云储能、智慧能源网、“风光热”多能互补、光储充一体化等装备与技术的应用，充分利用高速公路路产资源、港口风电资源等，推进多元化绿电基础设施建设，强化高速公路服务区、港口等场景充换电设施清洁能源供应，着力打造山东高速公路光、储、充、换一体化网络，以及山东港口“风能＋光伏＋氢能”国际绿港。

2. 织密充换电网络

完善高速公路等交通基础设施配套充换电站建设，不断提升交通运输清洁能源供应能力。积极应用光伏柔性直流供电、液冷超级快充、群管群控快充等技术与设备。实施港区换电站倍增计划，到2024年底，预计在山东港口7大港区建成18座换电站，让绿电发得出、供得上、用得好。

3. 布局多元化能源补给系统

印发《山东省高速公路服务区LNG加气站规划（2022—2030年）》，系统布局建设服务区LNG加气站。依托“氢进万家”示范工程，在高速公路服务区、港口等建设加氢站，保障氢能在交通上的供应能力，联合省发展改革委、省科技厅发布《关于对氢能车暂免收取高速公路通行费的通知》，通过氢能车辆暂免高速公路通行费等政策，推广氢能车辆应用，同时推进在港区作业中推广氢能车辆、氢动力轨道式起重机的应用。

（四）强化试点示范引领，促进绿色技术、产品推广应用

强化示范引领作用，着力打造“绿色交通”山东示范样板，不断加强交

能融合技术、产品推广应用。一是高速公路方面，不断升级高速公路零碳建设、运营模式，积极组织有关技术研发，结合实际推广先进适用科研成果，通过零碳、近零碳交通基础设施示范工程，将“交能融合”逐步从收费站、服务区等单个场景扩大推广至高速公路全路域，形成可复制、可推广的建设、运营方案，提高高速公路绿电自洽水平。二是港口方面，按照“宜电则电、宜气则气、宜氢则氢”的原则，持续扩大风电、光伏、氢能等清洁能源的开发、研究和应用，从能源供给侧和用能侧双向发力，构建全国首个港口低碳清洁能源供给体系，创新探索港口氢能应用场景，首创氢动力轨道式起重机，将氢动力引入港口大型机械设备，实现每标准箱碳排放减少3.5千克。

三、实施效果

（一）构建了交能融合标准体系，加速了交能融合技术推广

围绕交通运输绿色低碳发展，开展系列课题研究，其中“济青中线高速公路零碳智慧关键技术及工程示范”项目成果达到国际领先水平。发布全国首个《高速公路边坡光伏发电工程技术规范》地方标准，启动《高速公路零碳服务区建设指南》《高速公路零碳服务区评价技术规程》等地方标准编制，编制行业标准《近零碳交通设施建设技术要求　第3部分：港口作业区》、团体标准《近零碳港区建设技术要求》和全国唯一一个港口加氢站安全技术管理规范，发布首个高速公路“零碳服务区”白皮书，为零碳服务区建设提供了山东路径。

（二）构建了多元化能源补给系统，促进了交通节能降碳

路域光伏供能带不断扩大，通过不断迭代升级“高速公路+光伏”一体化应用技术，深挖高速公路沿线资产，加大绿色能源推广力度。截至目前，省内路域光伏总装机容量达423兆瓦，年均可发电4.7亿千瓦时，建成容量

居全国首位。清洁能源充换电网络进一步织密，截至目前，山东省内高速公路服务区已建成充电站368座(充电枪近2000把)、乘用车换电站50座，充换电站由全覆盖进入服务提质升级的新阶段，全力保障新能源车辆出行服务。布局了多元化能源补给系统，在全省高速公路服务区建成LNG加气站20座，以满足营运型货车LNG加气需求；建成5座高速公路加氢站、2座港口加氢站，包括全国首个高速公路服务区现场制氢、热电联供示范——青银高速公路高密“零碳氢能服务区”，以及全国沿海港口首座加氢站——青岛港前湾港区加氢站；在港口创新探索首创氢动力轨道式起重机，现已建完成10台氢动力轨道式起重机、1套氢能热电联供系统，52辆氢能车辆在港口投入使用；推进港口风能建设，目前渤海湾港4台风机已建设完成，计划“十四五”期间在9个港区建设41台风机，年提供绿电约7亿千瓦时。

(三)打造了一批交能融合特色亮点工程，形成了一批绿色低碳交通科技成果

(1)建成低碳收费站。在济南绕城高速公路市中收费站进行首次探索，安装了86千瓦光伏发电系统，为后续高速公路零碳基础设施建设进行了有益探索。

(2)建成全国首个高速公路边坡光伏试验路段。在荣乌高速公路荣成至文登段选取2290米边坡为试点，于全国率先建设2.01兆瓦高速公路边坡光伏项目，2022年累计发电量280.2万千瓦时，日均发电7676千瓦时，实际年发电小时数达1393小时。

(3)建成全国首个零碳服务区。通过“可再生能源利用”“零碳智慧管控”“污废资源化处理”“林业碳汇提升”四大系统加持，每年可减少碳排放三千余吨，远超建成前的减碳排放水平，实现了服务区高比例用能自洽和可持续发展。

(4)建成全国首条零碳智慧高速公路。建设了连续10公里边坡光伏一体化示范路段，总装机容量超过68兆瓦，实施了零碳智慧能源网运行、近

零能耗建筑节能、污废资源化处理、林业碳汇提升、碳排放综合管控等系统工程，2025年运营期内预计减碳152万吨。

四、经验总结

(1)加强顶层设计，强化工作保障。将交能融合发展融入各项政策规划文件，强化交通融合的战略引领与系统化部署，全方位布局交通与能源的融合发展。不断加强部门联动，打通部门间信息壁垒，强化工作推进保障。同时，引导企业参与行业科技创新战略、规划、政策和标准的研究制定。鼓励龙头企业联合国内外高校、科研院所，组建产业技术创新联盟。

(2)推进科技创新，开展试点应用。依托交通强国山东示范区建设、“氢进万家”等重大工程，探索开展零碳、近零碳试点，以试点为基础开展交通融合系列技术创新，打造国内行业绿色智慧高速公路、绿色智慧港口等试点先锋。同时注重突出企业创新主体地位，以企业为核心配置创新资源，引导各类创新要素向企业聚集，积极培育一批行业创新型领军企业，推进行业绿色低碳高质量发展。

(3)加快技术推广，促进产业化应用。以点带面，将先进成熟技术升级为团体、地方、行业标准，加快构建山东交能融合标准体系，不断完善交能融合技术研发、产品创新和成果转化机制。以促进交通能源融合发展、助力交通运输节能降碳为目标，不断促进交通融合技术在交通运输行业更广范围内的产业化集成应用。

江苏推进绿色化数字化转型，赋能交通运输高质量发展

凌耀初*

一、基本情况

作为全国首个部省共建的“绿色交通省”，江苏省积极探索绿色转型发展之路，不断完善绿色交通发展规划与标准体系，率先开展能耗排放统计监测体系建设，持续推进绿色低碳技术攻关与成果转化，形成了“综合交通、低碳发展，公交优先、绿色出行，结构优化、效率提升，技术革新、创新驱动”的鲜明发展特色。“十四五”以来，江苏省交通立足“碳达峰碳中和”目标，加快推进绿色交通与数字交通建设，以绿色化带动数字化转型，以数字化引领绿色化发展，交通基础设施建、管、养、运绿色化智慧化水平显著提升，绿色智慧高新技术与传统交通融合发展不断加强，绿色智慧交通新兴业态蓬勃发展。

二、主要做法

（一）建设绿色智慧基础设施网络

依托公路、航道、港口建设、运营生产项目，推进基础设施绿色低碳建设以及“智改数转网联”，促进交通基础设施运行效率、运输服务水平以及能源利用效率提升。

1. 开展绿色公路示范建设

依托平安百年品质工程创建，开展绿色智慧交通基础设施建设关键技

* 凌耀初，江苏省交通运输厅，副厅长。

术攻关，先后建成524国道常熟段、342省道无锡段等绿色智慧公路，稳步推进盐洛高速公路宿泗段“生态敏感区国家高速公路绿色环保标杆示范工程”、海太长江隧道全国首座高速公路“零碳隧道”建设。将“打造现代化绿色智慧公路养护工区”纳入年度重点任务，全面推进近零碳公路服务区创建，泰州市姜堰区启扬高速公路白米服务区建成全国首个“近零碳”高速服务区。

2. 推进绿色智慧航道建设

先后印发《江苏省推进京杭运河绿色现代航运发展实施方案》《江苏省大运河现代航运建设发展规划》《京杭运河江苏段转型提升三年行动计划(2021—2023年)》等文件，系统谋划现代航运发展新蓝图。截至目前，基本建成京杭运河绿色现代航运综合整治工程主体工程，建成4000余公里内河干线航道电子航道图，完成约1000公里干线航道外场感知设施建设。启用全国首个内河船舶手机导航系统，为船舶航行提供路径规划、偏航预警等伴随式服务。

3. 建设具有江苏特色的绿色港口

出台全国首个省级绿色港口评价指标体系，自2020年起每年开展省级绿色星级港口评价，四年共有122家港口企业通过省级绿色港口等级认定。建设基于5G、北斗、物联网等技术的信息基础设施，推动码头、堆场自动化改造，在苏州太仓港、南通吕四港推进无人驾驶集装箱卡车示范应用。南京港龙潭集装箱码头成为全国首家获评五星级“中国绿色港口”的内河港口。

（二）探索客货运输服务新兴业态

聚焦“人享其行、物畅其流”美好愿景，加快建立高品质、多样化、人性化的出行服务系统，持续推进交通物流降本提质增效，以更加优质的运输服务支撑人民群众更高水平的生产生活。

1. 深入推进运输结构优化调整

在全国率先开展省级运输结构调整示范市创建工作，出台资金补助方案，重点支持大宗货物“公转铁”“公转水”、多式联运信息平台互联互通等工作。打造省级铁水联运信息服务平台，推动多式联运“一单制”“一箱制”发展，全省共开行120余条稳定运行的多式联运线路，“三横一纵”海江河联运通道格局初步形成；稳定开行海铁联运班列26条，实现13个设区市全覆盖。

2. 积极引导城市绿色出行

开展出行服务品质提升专项行动，发布江苏省交通“绿色低碳出行服务”碳普惠应用App，打造低碳出行氛围，鼓励公众积极参与绿色出行。截至2023年底，全省5个城市获得“国家公交都市建设示范城市”称号，11个城市获评全国绿色出行创建达标城市，绿色出行比例达到73.6%。

3. 促进互联网货运平台经济发展

培育运满满、中储智运、南京福佑等一批全国知名网络货运龙头企业。其中，运满满网络货运满帮平台业务覆盖全国300多座城市和11多万条线路的全国物流网络，吸引超过350万名货车驾驶员入驻，月活跃托运人超过200万名，成为具有全球影响力的一站式智慧物流数字平台。

（三）提升综合交通协同治理效能

落实省政府关于“网络强省”“数字江苏”“数字政府”建设要求，强化信息技术赋能绿色发展，全力推进数据中心基础设施、业务网络、数据资源、信息系统和移动应用的深度融合。

1. 推动交通数据资源共享共用

采用电商模式创新打造全国首家交通“数据超市”，实现86个重点系统业务数据的全量汇聚，向交通运输部、江苏省大数据平台报送重点数据，向40家市县交通运输部门共享数据接口2104个，日均共享数据12.5亿条。打造“江苏交通云”行业移动应用平台，向行业管理人员、从业人员、社会公众累计提供119个移动应用和服务。

2. 深化交通运输数字化监管

构建江苏省综合交通数据大脑，完成运行监测、信用交通、桥梁健康监测、综合执法等专题数据库建设，同步开展综合数据查询、道路运输安全风险动态评估等大数据典型应用。打造道路执法线上监测研判和线下精准执法新模式，涵盖超限超载运输、大件运输、客货运输、公路保护、重点车辆主动防控五大领域，以数据赋能交通执法智慧化精细化。

3. 建成绿色交通云平台

集成“四全”碳监测、污染防治、绿色出行等功能模块，实现交通基础设施、交通工具、运输服务、能源消耗、碳排放、资源占用、环境监测等关键数据的有效整合，动态监测全省绿色低碳交通发展关键指标和重点工作完成情况，有效支撑能耗“双控”向碳排放总量和强度“双控”转变。当前碳监测样本企业已达1000家，样本车船约12000个。

（四）培育绿色数字交通产业集群

坚持创新驱动发展战略，以重大工程和试点示范项目为载体，通过产学研用协同促进创新链、产业链的互动，拓展应用场景，积极培育绿色智慧交通领域具有较强竞争力的产品线和龙头链主企业。

1. 推动“产学研用”深度融合

成立江苏省“智慧交通产业联盟”“纯电动运输船舶产学研用发展联盟”，推动全省智慧交通产业和纯电动运输船舶产业的持续发展。

2. 支持交通关联产业发展

以交通重大工程牵引交通装备制造业发展，支持徐州工程机械集团有限公司研发无人驾驶压路机、摊铺机等成套养护装备，在高速公路养护施工中规模化应用，形成无人作业机组施工示范。大力推广节能低碳交通运输装备，全国首艘120标准箱纯电动内河集装箱船“江远百合”号2023年全年稳定运行87个往返航次；连云港港先后建成国内首艘纯电拖轮“云港电拖一号”以及全球最大马力纯电动拖轮“云港电拖二号”，为智慧港口、绿色港口建设增添新动能。

3. 打造智慧交通产业集群

印发《数字交通产业园认定标准》，支持苏州相城、南通等数字交通产业园建设。南通数字交通产业园自去年挂牌以来，已入驻数字交通企业 18 家，年产值超 1 亿元。苏州相城数字交通示范区集聚自动驾驶、大数据等相关企业超 100 家，“苏州城市出行服务与物流自动驾驶先导应用”成功入选交通运输部第一批智能交通先导应用试点。

三、实施效果

1. 行业用能结构持续优化

2023 年，全省新增或更新公交车中的新能源车辆占比 91.6%，新能源公交车保有量占比 81%；已建岸电设施 4739 套，泊位覆盖率 98.3%；全省交通基础设施领域光伏、风力发电等设施设备总装机容量超过 231 兆瓦。与 2020 年相比，2023 年营运货车、营运货船、港口生产碳排放强度分别下降 2.54%、3.09%、3.06%。

2. 运输结构调整成效初显

2023 年，江苏省水路、铁路货运量同比增长 6.5%，水路货运量占比高出全国平均水平约 22 个百分点；全省沿海主要港口利用疏港铁路、水路、封闭式皮带廊道、新能源汽车运输大宗货物的比例提升至 95.6%；全省社会物流总费用为 16919 亿元，占全省生产总值比率为 13.2%，比上年下降 0.3 个百分点，低于全国 1.2 个百分点。

3. 交通系统运行效率显著提升

三级以上干线航道实现电子航道图全覆盖，全省内河船闸平均待闸时间同比降低 24.7%；主要集装箱港口实现码头管理系统覆盖，长江沿线专业干散货码头实现生产调度智能化全覆盖；完成沪宁高速公路东段等 42 公里超饱和流量下的智慧扩容，通行效率提升 19%；全省高速公路的智慧等级已达到 L2 级以上，国省干线公路智能化升级达 80%。

四、经验总结

(1)政策保障。先后印发《江苏省“十四五”绿色交通发展规划》《江苏省交通运输领域绿色低碳发展行动方案》《江苏省“十四五”智慧交通发展规划》《江苏数字交通发展三年行动计划(2022—2024年)》《江苏数字公路发展行动计划(2022—2025)》等政策文件，稳步推进绿色交通、数字交通各项工作。

(2)标准指导。开展绿色交通、智慧交通标准体系研究，组织编制交通信息资源目录，先后出台绿色公路评价规范、绿色航道建设指南、公路服务区智慧节水技术规范、江苏省智慧港口建设技术指南、智慧公路车路协同路测设施建设及应用技术指南等80余项绿色、智慧交通标准规范，涵盖交通基础设施、运输装备、运输组织、污染防治等多个领域。

(3)科技支撑。每年下发《交通运输科技与成果转化项目申报指南》，围绕绿色交通、智慧交通方向组织实施揭榜挂帅、关键共性技术研发以及推广应用和示范项目。积极申报国家、部省科技创新与示范工程项目，推动绿色低碳交通、智慧交通、数字交通等领域实现技术突破。

南昌创建绿色交通出行体系，助力城市功能与品质再提升

赖俊豪　石俊刚*

一、基本情况

江西省南昌市一直积极倡导绿色出行，结合“一江两岸、双城八片”城市空间特点，通过完善各级规划体系，引领城市绿色高质量跨越式发展。

---

* 赖俊豪，南昌市交通运输局运输服务科，副科长；石俊刚，南昌市交通运输局运输服务科，二级主任科员。

统筹利用多种资金渠道，加快完善城市路网体系、多层次公共交通网络系统、慢行交通系统，通过交通服务创新和绿色出行文化建设提升公共交通和慢行交通服务品质，为进一步打造“山水名城、生态都市”、凸显南昌市历史文化底蕴和英雄之城的特色魅力、提升居民生活品质奠定了良好的基础。

二、主要做法

（一）健全绿色出行创建机制

南昌市高度重视绿色出行创建工作，成立了由市主要领导担任组长，分管领导任常务副组长，以交通、发展改革、财政、住建、规划等各部门负责人为成员的领导小组，为绿色交通出行体系创建提供强有力的组织保障。

（二）完善公交出行基础设施

大力推进城市公交电动化进程，注重清洁能源公交车辆更新，建成447处公交电子站牌，其中依靠纯太阳能独立供电的墨水屏智能公交电子站牌110块。加快公交专用道建设，中心城区公交专用道总里程达161.4公里，形成了覆盖中心城区的主要客流走廊。同时，设置134个公交信号优先交叉口，全面保障公交优先通行。

（三）打造都市绿道网络体系

结合优质的绿水青山资源，重点打造赣江西岸绿道、赣江东岸绿道、瑶湖郊野森林公园绿道、人民公园绿道、湾里磨盘山森林公园步道等76条城市绿道与29条社区绿道。通过绿色出行创建，南昌市新增城市绿道304.1公里，新增社区绿道84.4公里，建成了以城市绿道为骨干，社区绿道为补充，涵盖生态型、郊野型、都市型的绿道网络体系。

(四)营造绿色出行浓厚氛围

积极开展“绿色出行宣传月”“南昌市公共机构绿色出行低碳达人赛”“5·20全国公交驾驶员关爱日”等活动。开通了以复古风铛铛车为主题的2路红色旅游公交线路，地铁3号线将南昌八一起义纪念馆、南昌新四军军部旧址陈列馆、陈云旧居陈列馆、方志敏广场、六眼井等红色教育基地串联起来，让市民以绿色出行的方式便利地到达红色精神家园，感受红色文化和初心使命。

三、实施效果

经过多部门共同努力，南昌市基本建成集轨道交通、地面公交、旅游观光巴士、公共自行车、互联网租赁自行车、都市绿道等为一体的绿色立体交通出行体系，绿色出行体验、城市生活品质以及城市整体形象得到全面提升。主要建设成效如下：

(一)绿色出行体验全面提升

通过绿色交通出行体系的创建，南昌市绿色出行品质得到全面提升。截至2022年底，全市绿色出行比率达76%，绿色出行满意度达98%；新能源和清洁能源公交车比例达64.3%；公共交通机动化出行分担率达50.6%，早晚高峰期公共汽电车平均运营速度达20.7公里/时；公共汽电车信息实时预报率达100%。

(二)城市生活品质大幅提升

通过绿色出行创建，南昌市建成绿道总长度达609.2公里，万人绿道拥有长度达1.78公里，为城市居民提供良好的慢行、跑步、骑行等活动场所，城市居民的生活品质大幅提升，同时也吸引了更多高层次人才在南昌落户。“园内游道、园外绿道”已成为南昌高新区一道亮丽的风景，绿道沿线一个个“微度假”目的地也在不断涌现。通过都市绿道，既可以“打卡”南昌高新区图书馆、艾溪湖美书馆、瑶湖书房等文化场馆，也可以光顾慕佳音乐餐吧、肯德基公园店、生态餐厅等“网红店”，还可以在鱼尾洲西岸艺术街区听一场街头艺人弹唱。

图1　南昌市都市绿道

（三）南昌市英雄城形象更加彰显

南昌市结合自身红色英雄历史名城特色建设红色交通，既方便了市民和游客出行，也传承了历史名城的红色文化。南昌市将“传承红色基因，建设红色交通”作为特色，积极投运红色旅游专线。在公交 2 路红色旅游专线投运了复古风铛铛车，铛铛车具备特有的红色基因，包括红色车身（车身为红色，车厢内有展示南昌红色历史的文化文创展示柜）、红色景点（线路串联了南昌市八一广场、新四军军部旧址等红色历史景点，实现“一站一景一故事”）和红色精灵（驾驶员均为相貌身高、服务技能、普通话水平、形象气质等方面优秀的女性驾驶员），打造出一条展示“天下英雄城”这一城市名片的窗口，使每一位乘坐铛铛车的乘客都接受一次红色教育。地铁 3 号线将多个红色基地串联起来，被市民誉为红色地铁线路，日均客运量超过 17 万人次。红色地铁线路的开通让市民和游客以绿色出行的方式便利到达红色精神家园，体会到优秀的红色文化和初心使命。

图 2　南昌市红色旅游专线

四、经验总结

南昌市全局谋划、高位推动绿色交通出行体系创建，重点在统筹协调、管理创新、规划引领、挖掘特色等方面进行积极探索，形成了独特的“南昌经验”。

（1）高位推进，形成绿色出行创建合力。南昌市坚持高点定位、全局谋划、高位推动，形成了政府领导、部门协调、公众参与、共建共治的创建格局，建立了由市政府主要领导挂帅，交通、发展改革、规划、财政、住建等部门统筹协调的工作机制，强力高效推进绿色出行体系建设。

（2）多网融合，构建立体交通出行体系。通过轨道交通、地面公交、慢行交通等多种交通网络协调融合发展，全方位构建绿色立体交通出行体系，基本形成以轨道交通为骨干，常规公交、旅游观光巴士、微循环公交等地面公交为主体，公共自行车、互联网租赁自行车、步行等慢行交通方式为补充的多层次、一体化绿色立体交通出行体系，形成了多种交通方式协调发展的良好局面。

（3）文化传承，挖掘地理资源禀赋特色。一是利用南昌市优质的绿水青山资源，结合“一江两岸、双城八片”城市空间特点，打造涵盖生态型、郊野型、都市型的绿道网络体系，构建品质友好的慢行环境和宜人舒适的街道空间。二是深度挖掘自身红色英雄历史名城特色，设计红色交通出行线路，在提升市民和游客体验的同时，打造独特的红色出行文化，弘扬英雄之城的特色魅力。

宁波增强公共交通多元融合，推动绿色出行高质量发展

杨　旸　张　怡*

一、基本情况

近年来，浙江省宁波市大力构建以城市轨道交通为骨干、常规公交为主体的公共交通出行体系，多部门协同治理城市交通环境，积极打造生态友好、文明友善的城市绿色出行体系。将绿色出行创建有机融入绿色亚运、公交都市、拥堵治理，从体制机制、基础设施、出行服务、信息开放等多维度持续打造绿色出行体系，推动公共交通多层次融合，初步实现绿色出行比例 76.7%，乘客满意度 92.3%，有力推动城市交通更低碳、更绿色、更高质量发展。

二、主要做法

（一）体制机制一体化融合

将绿色出行创建行动、高水平公交都市建设、城市交通拥堵治理整合为一套工作体系，成立由市长任组长、分管副市长任副组长、23 个市直部门及各区县(市)政府和管委会组成的领导小组，下设实体运作的工作机构。

* 杨旸，宁波市交通运输局综合运输处，处长；张怡，宁波市交通运输局综合运输处，高级工程师。

为实现公交轨道企业深度融合，2023 年 8 月，宁波轨道交通集团与宁波公共交通集团重组整合为新的宁波轨道交通集团，全力打造轨道交通为主体、地面公交为网络的现代公交体系。通过强化轨道交通主体地位，形成全域覆盖、一体化的轨道交通系统，重构公交线网，促进多网融合，引导市域轨道、城市轨道、中运量公交、常规公交一体化发展，并提前对公交廊道和场站设施进行控制预留，为公共交通发展提供用地保障。

图 1　城市公共交通多元融合

（二）公共交通服务多层次融合

加强公共交通多层次融合，在每条轨道交通线路开通前，组织编制轨道交通与地面交通衔接换乘规划，统筹规划常规公交、公共自行车和互联网租赁自行车、停车换乘公共交通(P + R)停车场等设施布局，打造多层次融合的一体化公共交通出行体系。深入推进轨道公交融合发展，大力开展主城区公交线网整体优化和运力调整，近三年累计优化调整公交线路 188 条，实施车辆大改小 1017 辆，新改建公交首末站和停靠站 265 个。创新接驳方式，试点开通 11 条招手即停的连接轨道站的社区微公交“招呼线”，探索“地铁一到，公交即发”模式，提升了城市公共交通整体竞争力和吸引力。

（三）公共交通与城市发展有机融合

推动轨道 TOD 引领城市更新，对轨道交通沿线开发进行整体谋划，推进地铁与周边区块的整体开发建设，形成了拆迁再利用地块开发、车场段上盖开发、地下空间开发利用、站点周边大区块开发等多种开发模式。围绕轨道交通重要节点打造产业高地与活力社区，打造地下空间利用项目东鼓道、地铁上盖物业杨柳郡、前殷 TOD 大区块开发项目、甬江 TOD 体育公园等项目，与城市商业、居民生活、城市更新深度融合，推动城市出行、生产、生活、购物、休闲无缝对接，提高人民生活的便利性和交通的人性化。

（四）多元惠民体系持续融合

实现公共交通同城待遇。2023 年 5 月，宁波市在全国率先实现全国社保卡、异地交通互联互通卡公共交通出行“同城待遇”，持卡乘车享受本地折扣。加强移动支付区域互联互通，2023 年 7 月，宁波市和上海市之间实现交通运输部标准二维码城市间互通，成为全国首个独立城市间试点案例。通过分时段优惠政策、多乘多惠等多措并举提升客流。在浙江省内率先实现公交之间 60 分钟换乘、公交和轨道间 90 分钟换乘免费，每月惠及约 110 万人次。推出云闪付宁波公交联名码，市区公交线路享 6 折。2023 年 2 月 13 日至 6 月 30 日，轨道交通开展夜间及节假日免费活动，客流稳步提升，单日最高客流达到 188 万人次。

（五）基础设施与发展需求深入融合

推动车辆设备绿色低碳。自 2020 年起，全市新增公交车全部为新能源动力类型，推动无障碍设施设备更新改造。加快低地板及低入口城市公交车推广应用，新增公交车低地板或低入口车型占 60% 以上。127 个轨道交通车站已全部配备上下车无障碍渡板，并开通“爱心预约”乘车服务，持续提升城市交通适老化出行服务水平。推动公交首末站综合应用，建成百丈东路站、会展中心站等轨道交通配套公交首末站和下沉式公交首末站，实现“地铁 + 公交 + 商圈”一站式服务。

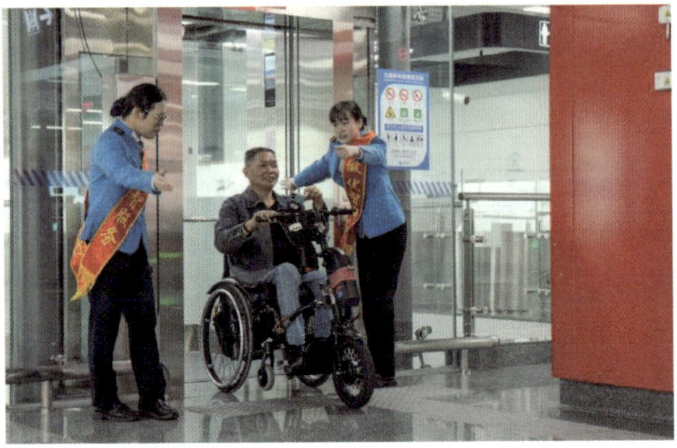

图2　城市轨道交通无障碍服务

(六)政府保障与社会参与双向融合

每年开展绿色出行宣传月暨公交出行宣传周活动，推出打卡公共交通站点赢地铁套票、绿色主题车厢开进学校、公交便民咨询活动进社区等活动，主动吸引社会力量参与。宁波轨道交通与宁波小遛共享信息科技有限公司推出“地铁＋小遛”联合活动，发放优惠券15万张，联合享道出行推出“地铁＋网约车”优惠活动，参与活动近12万人次。支付宝、微信、银联等推出“1分钱坐公交”“1分钱坐地铁”“天天5折骑”等优惠活动。轨道P＋R停车场推出1小时(含)内不收费、注册用户在停车期间乘坐地铁可享受20%用于抵扣停车费等优惠活动。社保卡推出“交通出行大礼包”活动，在宁波公交、宁波地铁、小遛共享、甬城泊车场景支付使用时，可享受1折优惠。

(七)科技创新与绿色低碳协同融合

轨道交通以数字化、智能化为引擎，加大科技创新力度，以节能示范工程为抓手，从供、用、管等维度节能降碳，探索绿智城轨发展之路。制定《宁波轨道交通绿色城轨发展行动方案》，推动轨道交通绿智融合，持续开展轨道交通牵引供电、动力照明等系统的科研创新，在城轨行业内首次提出构建供、用、管协同一体的综合节能技术体系，打造低碳运行的轨道交通。共享电单车领域探索新技术应用，推动90度规范停车技术应用，进一步规范停车管理。

图3　宁波市绿色出行蔚然成风

三、实施效果

（一）服务能力不断提升

宁波市中心城区公交站点500米范围内覆盖率达到100%，公交站点300米范围内覆盖率达到76%。宁波市选择公共交通出行的人群中，71%的人能在1公里的步行范围内到达目的地，这一比例位居全国百城第十；平均只需步行847.2米，位居全国第七。2019年和2020年，中国社会科学院第三方测评宁波市地面公交出行幸福指数居全国第一。2022年，宁波市在全国公共交通满意度测评中位列全国第四、全省第一。

（二）城市降堵成效显著

根据《2023年第二季度中国城市交通报告》，宁波市成为最不拥堵的"新一线"城市。宁波市通勤高峰交通拥堵指数同比下降8.9%，降幅居全国百城之首；周末交通拥堵指数同比下降6.5%，降幅居全国百城第二；平均通勤时耗31.3分钟，居全国第四十九，在新一线城市中仅次于东莞市。良好的路况和便捷的交通进一步激发市民的出行意愿，宁波市的市内出行强度环比增长20.8%，居全国第三。

(三)综合能耗显著降低

截至2023年底，全市拥有公交车9041辆，其中新能源公交车占比83.3%，主城区除应急和山区车辆外，已实现100%新能源化。城市轨道交通节能创新技术已在地铁3号线二期、4号线及5号线一期实施应用，综合节能率达25%以上，并将在第三期线路地铁6、7、8号线等项目中全面推广应用，切实实现低碳运行，打造城市轨道交通行业低碳运行标杆。

四、经验总结

(1)加快形成城市轨道交通可持续发展长效机制。推动“轨道+TOD综合开发”升级，形成城市轨道交通四种TOD模式：第一种是场段上盖开发，针对车辆段、停车场盖板上方进行物业和市政配套设施等开发建设，典型项目如天童庄车辆段杨柳郡；第二种是拆迁地块再次利用开发，即充分利用轨道工程建设拆迁地块进行站城一体化开发，如儿童公园站润玺道等；第三种是地下空间综合开发，对站点及区间地下空间进行商业开发，提升立体商业集聚效应，比如东鼓道(鼓东区间综合体)；第四种是站口沿线一定范围专项储备开发，是指对站点及周边区块进行成片区土地收储专项开发，如前殷区块。

(2)持续深化城市轨道交通与其他公共交通方式联动。进一步发挥城市轨道骨干作用，推动城市轨道、公交、慢行交通“三网融合”。除不具备布设条件的地区，已实现城市轨道交通站点周边公交车站、共享单车全覆盖，打造地铁沿线P+R智慧停车场和站点周边换乘微枢纽，打通城市轨道交通顺畅换乘“最后一公里”。

第九章　交通运输绿色低碳企业实践

潍宿高速铁路绿色、智能、精细化选线设计案例

杨书生　何　庆　高　岩*

一、基本情况

绿色选线则是铁路选线设计中的一个先进理念，它强调在铁路建设过程中，最大限度地减少对自然环境的破坏，保护生态系统。通过优化线路布局，绿色选线有助于提高运输效率，促进铁路运输的可持续发展。因此，绿色选线不仅对生态环境保护至关重要，也是实现交通运输行业绿色发展、推动生态文明建设的重要手段。

本案例以综合的视角探究征地拆迁、环境保护、工程投资等多目标因素与铁路线路平纵断面设计之间的映射关系，研究融合自适应动态规划的铁路线形优化方法和多目标优化设计理论，将铁路绿色影响因子和工程造价作为两个目标进行优化。相关成果在潍宿高铁青岛连接线项目中进行应用，得到了实现综合目标的平、纵断面最佳方案。

* 杨书生，济青高速铁路有限公司，正高级工程师；何庆，西南交通大学，教授；高岩，西南交通大学，助理研究员。

山东潍宿高铁青岛连接线长108.321公里（本案例为其中的一段，长70公里），桥梁长度68.34公里，隧道长度12.38公里，桥隧比74.51%，线路设计以中长途客流为主，跨线客流比例高。运输组织模式采用设计线列车与跨线列车共线运行、全线列车速度等级均为350公里/时的运输组织模式。

该连接线沿线条件复杂且自然与人文景观丰富，要考虑尽量避让各类环境敏感区、军事设施所在地和房屋拆迁。设计人员面临时间、精力和资源有限的挑战，仅依赖工程经验难以找到多样化线路方案，导致有价值的设计方案被忽视。针对以上问题，本案例提出融合自适应深度学习的精细优化方法，在设计选线的基础上，采用人工智能寻找各控制点之间的最优方案。

二、主要方法

（一）基于无人机大数据的线路约束构建

研发了一种无人机大数据的处理方法，可以快速高效地进行数据清洗与转换；提出了一种生态敏感区域与构造物边界提取方法，用于精准提取生态敏感区及建筑物边界，实现目标区域地物生态属性的自动化识别。基于此，构建了一个融合空间位置与环境特征的高度耦合的约束模型。

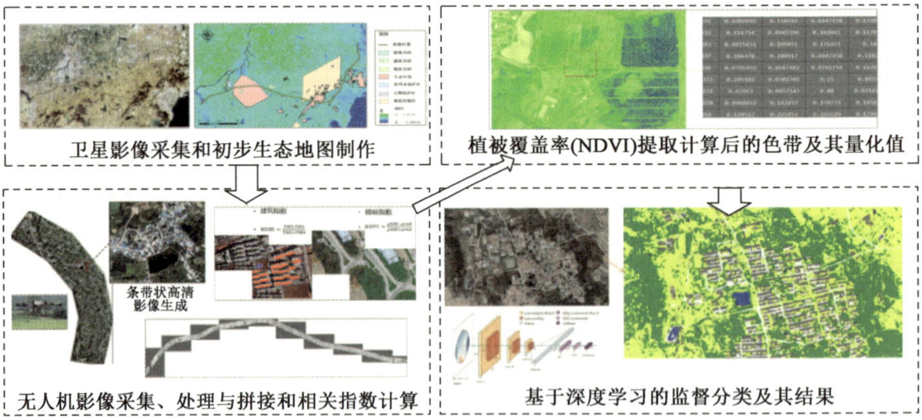

图1　基于无人机大数据的线路约束构建技术

（二）基于多目标自适应深度学习算法的智能选线设计优化

将深度神经网络和自适应逼近算法融入传统动态规划，构建了一种融合深度学习技术的多目标线性优化方案。此方案旨在提升选线精度、智能性和环境友好性，达成精细化与绿色化的目标。

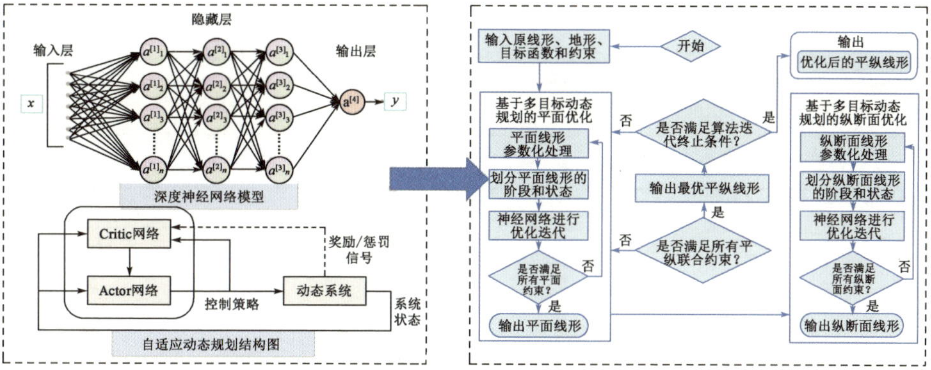

图2　基于多目标自适应动态规划的智能选线设计优化方法

（三）研发铁路智能选线设计软件

研发了铁路绿色智能精细化选线软件，可以兼容多种数据格式并集成多目标选线算法，支持用户自定义搜索范围和目标权重。具备数据导入、交互式平断面及纵断面线形设计优化、线路对比分析及结果输出等核心功能，显著加快了铁路选线软件智能化进程。

三、实施效果

本案例的多目标优化体现在工程造价和生态绿色两个方面。对于这两个优化目标，下表给出了不同多目标方案的相关指标。其中，线路 A 为造价最优的线路方案，植被破坏率较高，对生态的影响较大，但带来的是最低的工程成本；而线路 C 为生态最优的线路方案，工程成本最高，但植被破坏率最小；而线路 B 为平衡方案，是平衡这两个目标函数的解决方案。

相比人工选线方案，线路 B 可节约建造成本 1.8%，降低植被破坏率 35.2%。

不同多目标方案的相关指标 表 1

指标	人工选线	线路 A-造价最优的方案	线路 B-平衡方案	线路 C-生态最优的方案
总建造花费（亿元）	72.84	72.46	72.70	73.06
总建造节约	—	0.52%	0.19%	-0.30%
总植被破坏率（$\times 10^8$）	0.88	2.92	0.57	0.19
总植被破坏减少	—	-231.8%	35.2%	78.4%

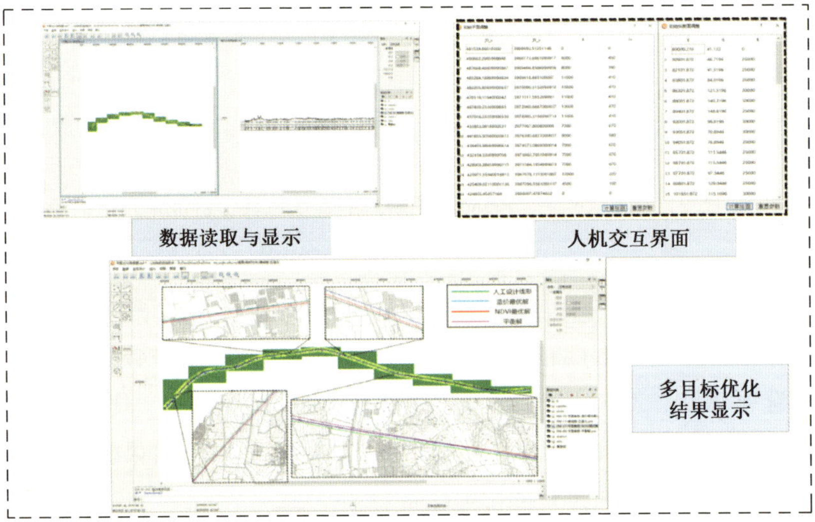

图 3 智能选线设计软件

本案例利用独立开发的智能选线软件对优化后的平、纵断面情况进行了深入分析。

将原线路和优化后的平衡方案导出后与生态底图结合，并局部放大那些明显优化点，对整体/局部方案进行可视化对比，如图 5 所示。从图中可以明显地看出，局部放大图中的左图、右图和下图，优化后的线路即红线，相较于原线路蓝线，均穿过更少甚至不再穿过绿色区域所代表的树林，显著减少生态破坏。而局部放大图中的上图，由于避免穿过灰色区域所代表的房屋，经济成本也显著减少了。

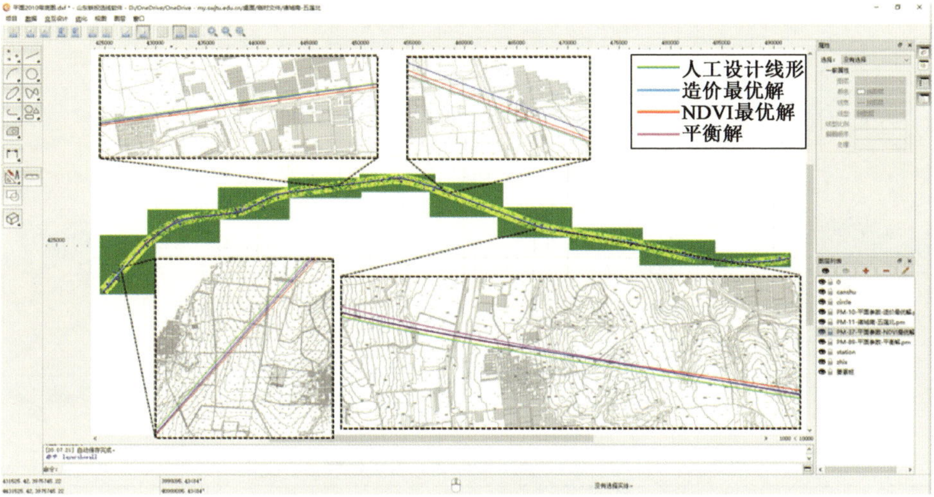

图4　智能精细化选线软件平面多目标优化结果展示

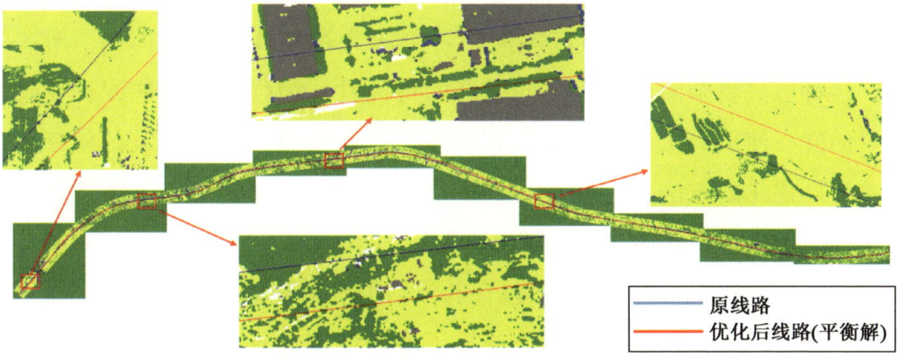

图5　优化前后整体/局部方案可视化对比图

本案例将绿色、智能、精细化选线设计软件平台用于潍宿高铁青岛连接线项目，对初始人工比选的平、纵断面线形进行优化，验证了软件的可行性及高效性。

主要应用单位情况　　表2

应用单位	应用技术与软件	应用场景	应用时间
济青高速铁路有限公司	结合空间线位与周边环境及构造物的精细化耦合约束集构建技术； 融合深度学习的多目标动态规划线形优化技术	首先，优化了线路的平、纵断面线形，在不增加其他工程量的同时，还提升了绿色指标；此外，还成功地减少了与既有铁路的夹心地面积，节约了房屋拆迁面积，适当降低了十多处桥梁设计高程。 优化后的设计结果得到了中国铁路设计集团有限公司和中铁第四勘察设计院集团有限公司的认可。这些技术的应用不仅优化了设计指标，还显著减少了工程投资	2022年4月至今

四、经验总结

（1）基于多目标的自适应深度学习算法为铁路线形优化提供了解决方案，这种算法更全面地探索不同线形的可能性，增强了铁路选线优化过程的灵活性，使得人工设计时长显著减少，从而提高了线路设计的效率。使用多目标优化的方法来权衡不同目标之间的冲突关系，可以为决策者提供一个探索和选择符合其偏好的解决方案。

（2）通过整合倾斜摄影图像包含的丰富地理信息数据，构建了高精度的生态底图，运用植被破坏率量化分析了各类生态敏感点，多角度研究影响生态指标的分布特征，其中主要为沿线占用的树木、耕地、道路与水系等占比，为可持续发展和生态保护提供了关键支持。

（3）研发了铁路绿色智能选线软件，随着中国“一带一路”倡议的推进和“交通强国”战略的实施，该软件的应用前景十分广阔。首先，软件的应用将大幅提升铁路选线设计的效率和准确性。传统的选线设计通常需要耗费大量时间和人力资源，而绿色智能选线软件的应用能够通过大数据分析和智能算法，快速评估各种因素，从而快速给出最佳的选线方案。其次，软件的应用将产生深远影响。随着“一带一路”倡议的推进，各国亟需引进中国的高铁技术，高速铁路的设计变得更为重要。绿色智能选线软件能够为不同国家的铁路规划提供技术支持，帮助优化线路设计，降低建设成本，推动国家间的经济发展与合作。其推广应用将极大促进不同国家交通互联互通，推动各国经济发展，为构建更加便利、高效的交通网络贡献力量。

南中高速城镇密集区绿色公路建设实践

曾　磊　刘学欣　李宏钧*

一、基本情况

广东省历来重视绿色公路建设，率先发布了《广东省推进绿色公路建设实施方案》和《广东省绿色公路建设技术指南(试行)》，先后设立了两批绿色公路典型示范工程建设，通过各项绿色公路示范工程建设实现交通基础设施绿色低碳化发展。

本案例以“创新驱动发展、匠心铸就精品、智慧成就梦想、绿色桥见未来”为总体定位，立足项目特点与工程需求，坚持全生命周期的贯彻绿色智造理念，从智能制造、资源节约、环境友好和交旅融合等四个维度开展科技攻关和推广应用，树立城镇密集区高速公路绿色建造标杆。相关成果在南中高速公路项目中进行应用，实现了工程建设绿色、低碳、智能化发展。

南中高速公路是国道G2518、省道S78的重要组成部分，起于南沙港快速路的新垦互通，终于新隆枢纽互通，与江中高速公路顺接，并与广澳高

* 曾磊，广州市高速公路有限公司，副总经理/教授级高级工程师；刘学欣，交通运输部科学研究院，副主任/正高级工程师；李宏钧，交通运输部科学研究院，高级工程师。

速公路交叉，通过万顷沙互通接深中通道，路线总长 32.4 公里，采用双向六车道，设计速度 100 公里/时，批复概算 200.48 亿元，于 2020 年开工建设，计划 2024 年建成通车。

项目地处粤港澳大湾区核心位置，是未来城市群公路全线高架高速发展新模式的典型代表。项目沿线分布饮用水源保护区、红树林、海洋湿地等多处环境敏感点，水道河网密集，连片农田广布，旅游资源丰富，开展绿色公路建设具有重要的示范意义和标杆作用，已被列为广东省第二批绿色公路示范工程。因此，在新时期开展全生命周期的绿色公路建设要求下，结合南中高速公路沿线人文和自然资源条件，从智能制造、资源节约、环境友好和交旅融合等方面进行创新探索，以期树立粤港澳大湾区公路高质量发展典范，为其他典型城市群地区公路绿色化建设提供参考借鉴。

二、主要方法

（一）公路桥群工业化智能建造

1. 预制梁环形生产线

借鉴生产车间流水线作业模式，研发了预制梁环形生产线，解决预制梁板生产组织问题，实现了混凝土浇筑、蒸汽养生、张拉压浆、移运四个主要工序同步流水作业。

图1　桥梁环形生产线工艺

2. 钢箱梁智能制造

通过各类自动化、智能化的生产线和专用胎型模具使用，研发了以板材智能下料切割、板单元智能焊接、节段智能总拼、钢箱梁智能涂装以及智能管控系统为核心的“四线一系统”智能制造新模式，大幅提高钢箱梁制作水平。板材智能切割生产线实现了设备状态采集、作业状态反馈、自动分解套料、切割任务远程下发、工时物量统计分析等功能，完成智能喷码划线、智能切割与坡口开制；智能焊接机器人集成焊接缝设计、实施结果与验收等信息，实时控制施焊过程参数，实现重要焊缝焊接质量永久可追溯；利用3D测量技术采集几何参数，自动生成三维实体模型，与建筑信息模型拟合，对比检查修整，模拟试装验证，提高钢箱梁安装精度；外表面喷砂采用小车式喷砂机器人，外表面热喷涂采用轨道式机器人，喷涂质量和效率大幅提升。智能管控系统融合下料、加工、拼装、涂装等过程数据，从系统读取生产计划和工艺数据，跟踪零、部件转序过程，自动进行齐套检查，实现准确调度，智能排产。

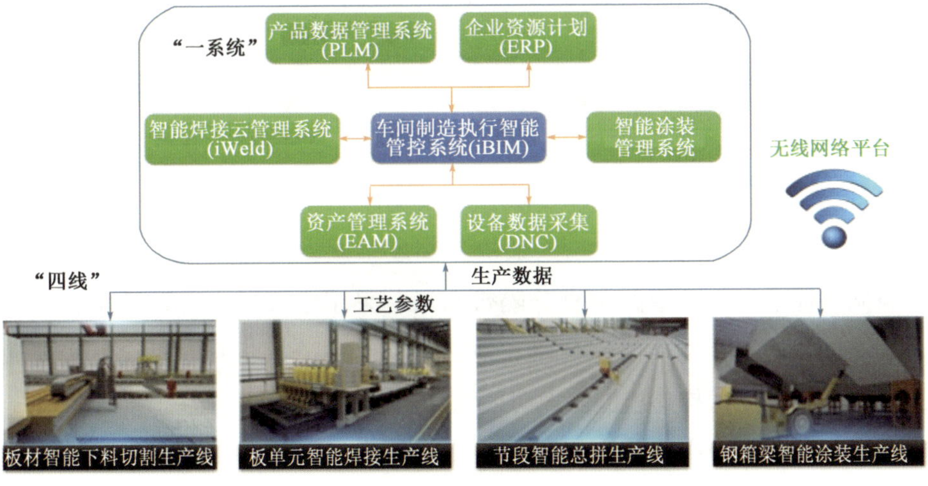

图2　“四线一系统”

3. 多功能智能造塔平台

综合筑塔机和液压自爬模体系的优点并引入信息化技术，研发了多功能智能造塔平台，提高了南中高速公路百米高塔的建设品质。研发了造塔平台多功能一体化模架系统，设伸缩平台适应塔身截面收缩，实现整体爬升自动纠偏及调整，可显著提高爬升效率、精度，增强稳定性及抗风能力；研制了3D打印智能浇筑系统，使布料机可根据设定的轨迹及速度自动化布料浇筑，提高浇筑质量及效率；发明了混凝土喷雾智能养生系统，可在塔柱侧面帷幕封闭的条件下智能喷雾养生，提高养护质量并避免水资源浪费；建立了结构状态及作业过程智能控制系统，对千斤顶油温油压、架体应力及变形、混凝土温控、环境参数及作业人员异常情况等实现远程实时化、可视化监测，实现智能监测及智能控制。

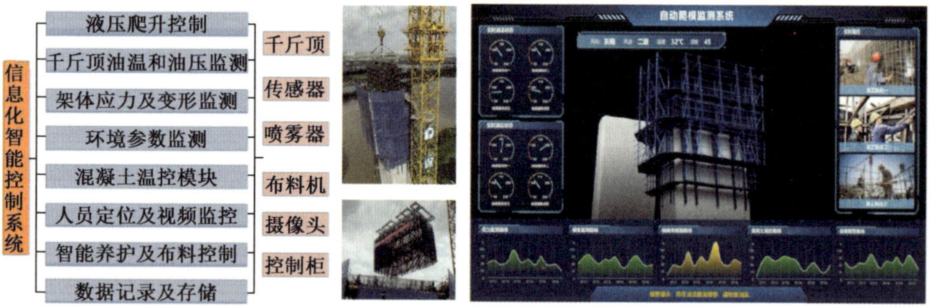

图3 多功能智能造塔平台

（二）路域资源集约节约利用

1. 通道资源综合利用

项目沿线城镇高度密集，土地资源高度稀缺，为充分利用市政道路上方空间，通过在市政道路中央分隔带布墩，采用中央墩大悬臂结构，与地方辅道同步施工，推动高速公路和地方道路上下分层、共同建设，实现通道资源共享，助力构建粤港澳大湾区综合立体交通网络。

考虑到与南中高速公路相接的道路现状或规划基本为双向八车道及以上，为最大限度发挥高速公路走廊的通行能力，从交通特性、运行速度、行驶轨迹、行车安全性等方面开展了三个主线双向八车道横断面方案综合比选，最终确定，通过压缩右侧硬路肩以增加一条车道，在受主线桥梁总宽度制约情况下充分提升项目通行效率，有效缓解未来通行服务压力。

图 4　中央墩大悬臂结构

双向八车道横断面比选　　表 1

方案	设计速度(公里/时)	中央分隔带宽度(米)	左侧路缘带宽度 + C 值(米)	第一车道宽度(米)	第二车道宽度(米)	第三车道宽度(米)	第四车道宽度(米)	右侧硬路肩宽度(米)	右侧土路肩宽度(米)
1	100	1.5	0.75	3.5	3.5	3.75	3.75	1.25	0.5
2				3.5	3.5	3.5	3.75	1.5	0.5
3				3.5	3.5	3.75	3.5	1.5	0.5

2. 土地资源节约设计

南中高速公路在工可阶段，从占地规模、土地类型、维持地块完整性等方面对项目起点和终点进行充分论证，按照减少地块切割、减少拆迁和减少总体建设规模原则，主线长度由 35.5 公里优化至 32.4 公里，采用全线高架替代路基填筑，极大地减少了工程占地。

在初设阶段，将工可设计的三个互通设计优化为双层 T 形 + 半 T 形复合枢纽互通，并充分利用立交范围内匝道空隙布设匝道，实现三车道匝道及三车道出入口综合使用，将项目建设对周边环境与土地的影响降到最低。

图5 全线高架

3. 装配化临建设施

南中高速公路临建设施均采用“搭积木”式的装配化建设，用过后可拆除再利用，既保证了便道质量与建设速度，又提高资源集约利用水平。

图6 装配式项目驻地

图7 装配式施工平台与钢栈桥

（三）公路与滨海湿地环境和谐共生

1. 施工期水环境保护

南中高速公路通过设计优化采用高架桥方案，极大减少占用红树林树种影响范围，施工前对桥梁桩基位置精准放线，对桩基位置处的红树林物种进行移植；在湿地公园区域施工便道两侧坡脚处，设置防水木桩围蔽，对路面径流净化处理后再进入湿地区域，有效防止水质污染；针对桥梁泥浆研发了泥浆回收利用技术和洗沙污水处理系统，极大地提升了资源循环利用效率。

图8　南中高速公路红树林保护

2. 高架桥排水生态化设计

南中高速公路对跨越Ⅱ类水体、海洋保护区等水环境敏感路段采用智能化水环境风险防控技术，突发环境风险事故时通过监控中心远程切换阀门，让泄漏危化品流入事故沉淀池；正常降雨时初期雨水收集并经隔油沉淀后，定期排空，确保事故发生时有足够的应急容积。跨越南沙湿地公园路段，采用应急池＋人工湿地处理工艺，既可有效净化桥面径流雨水，又可提升路域景观效果。

(四)大湾区核心区交旅融合发展

1. 桥梁景观设计创作

开展了专项景观设计提升,以“七星联珠,双子耀湾”为主题,彰显南海丝绸之路、粤绣、醒狮、中山故里等地域文化元素,通过横门西特大桥和洪奇门特大桥两座斜拉桥穿针引线,将七大耀眼工点串联一线,光耀于粤港澳大湾区中心区域,寓意南中高速公路在“南海丝绸之路”的新起点,开启城市新风貌,更有“道行南中,桥见未来”的憧憬。横门西特大桥主塔宝瓶型的构思源于岭南人杰地灵、钟灵毓秀的地域特色,以“卓聚岭南,硕然绽放”为设计主题,造型简洁,线条柔美,视野开阔,大气恢宏。洪奇门特大桥主塔构思源于水滴和木棉花,从水滴的形态中抽取曲线造型元素,融入木棉花元素进行桥塔塔头设计,丰富总体视觉效果,其形如木棉花开,造型轻巧活泼、挺拔秀美,寓有“润泽湾区”之意。

图9　横门西特大桥

图10　洪奇门特大桥

2. 服务区旅游服务功能拓展

万顷沙服务区充分发挥区位优势，积极拓展旅游服务拓展功能。主体建筑采用拟生建筑外观，对南沙海上岛屿元素进行抽象演变，简化提取岛屿自然形态，融入建筑外观，形成与周边环境相融合的浪漫景观，彰显地域文化的同时实现人与生态和谐共生。服务区计划打造集休闲、娱乐、智能停车、新能源利用及旅游集散中心等服务于一体的商业综合体，将服务区建设成为融入湿地景观的生态服务区、周边旅游资源的展示窗口、公路旅游的网红打卡地，促进路衍经济发展，树立广东省交旅融合典范。

图 11　服务区岛屿拟生建筑效果图

三、实施效果

预制梁环形生产线的应用，确保每条线每天产能 1 榀；侧模采用液压不锈钢模板整体拆合模，作业人数减少 22%，梁表面光洁度可达镜面效果；采用天然气养生，使单片梁养生周期从 10 天降至 1 天，混凝土抗压强度 24 小时可达标准养生 28 天水平；每四条生产线中间设置一条专用回路，使自行式台车在生产线循环运转，大幅提升台座利用率和生产效率。采用人工智能、工业机器人、毫米级数控加工设备、可编程逻辑控制器(PLC)控制等集成钢筋智能加工云设备，实现钢筋智能下料与加工、智慧配送与管理，比传统钢筋加工效率提高 300%。采用遗传算法自动优化配料，使钢筋切割按长短科学搭配，实现自动套料，材料损耗率降低 10% 以上。采用智能管控系统，按施工顺序合理安排制梁，随时查询制梁进度，实现梁场智能管理。依托环形生产线建立永久桥梁生产研发基地，未来还将服务于周边交通建设及产业发展。

通过实施路域资源集约节约利用技术，采用缩减工程里程，共用通道资源，优化互通、服务区设置等措施，全线累计节约占地 874 亩(1 亩≈667 平方米)。

通过实施水环境保护技术，最大限度降低环境敏感区交通流穿越对路域自然资源破坏和生态系统扰动，切实保证区域生物多样性的稳定安全；研发的泥浆回收利用技术和洗沙污水处理系统，通过泥饼、残余料的综合循环利用，节约并高效利用了资源，减少了建设成本，并有效保护了沿线水体环境。

通过对项目常规桥梁、重点特大桥景观结构、涂装进行提升设计，突出工沿线生态环境特点，展现地域文化，打造南中高速公路特大桥独特的桥梁景观。利用自然元素将万顷沙服务区打造成海岛形服务区，搭配绿化景观，提升服务区整体美观性，打造大湾区标志性特色建筑；通过构建集休闲、娱乐、智能停车、新能源利用及旅游集散中心等服务于一体的商业综合体，吸引游客，促进路衍经济发展。

四、经验总结

(1)秉承物尽其用的原则，通过装配化施工技术，建造装配化施工便道、装配化施工场地，工程建设结束后可拆除转运至其他项目，最大程度地实现材料的循环利用。施工单位结合既有建设经验和技术积累，研发了泥浆回用技术，变废为宝，高效率实现了资源的高价值转变，同时泥浆处理中采用新设备，提高了造孔质量和效率，缩短清孔、泥浆净化和回收时间，减少环境污染。

(2)始终坚持在环境保护和生态修复方面的积极工作态度，主动作为，及时成效，始终坚持低扰动、低影响的理念，通过通道资源综合利用、选线优化、互通设计优化等措施节约土地资源；同时，坚持预防为主，通过先行布设防水木桩围蔽措施保护施工区域的水环境，尽可能降低施工对水环境的影响。

(3)通过打造“四线一系统”和多功能智能造塔平台，实现了对施工过程各个环节、各个人员岗位的高效管理和数据记录，显著提升了工程管理、质量管理、进度管理、安全管理和施工文明水平，也促进了从业人员的管理经验和整体素质提升。

(4)以新发展理念为指引，开展了构建城市群绿色公路技术探索实践，初步构建了工业化智能建造、资源综合利用、水环境保护与交旅融合设计等4类技术体系，很好地提高了工程外在形象和内在品质，提升了路域资源的综合利用水平，保护了沿线脆弱的滨海湿地环境，升级了公路基础设施服务能力，充分发挥对旅游产业发展的路衍经济效应，为珠三角、长三角、京津冀、成渝经济圈等城市群的绿色公路建设提供了经验，助力实现交通运输行业绿色转型升级发展。

滴滴数字出行助力零碳交通实践案例

郭姝然　史　超　戴　军*

一、基本情况

交通出行低碳转型是做好“碳达峰碳中和”工作的主战场之一。一是节能降碳潜力大。我国交通行业是能源消耗及碳排放的重要领域，当前行业碳排放量在全国碳排放量中的占比不断增长。二是带动影响范围广。交

* 郭姝然，北京嘀嘀无限科技发展有限公司，政府事务副总裁；史超，北京嘀嘀无限科技发展有限公司，政府事务总监；戴军，北京嘀嘀无限科技发展有限公司，政策研究专家。

通是由“人-车-路”等多种要素相互协同构成的综合运输体系，影响其碳排放的因素也较为复杂，交通运输结构、汽车制造水平、人们的出行习惯以及电力能源结构等因素都与交通行业的排放强度和排放总量密切相关。

数字出行以高效利用资源为发展基础，通过科技手段提高城市交通运营效率和数字化服务能力，助力行业向规模化和集约化方向发展，在交通领域低碳转型与绿色发展方面可以发挥较好的引领和带动作用。滴滴出行平台主要在推动交通工具电动化、资源利用高效化、出行结构低碳化、电力来源绿色化、交通体系数智化五个方面探索发力，并取得阶段性突破。

二、主要做法

（一）交通工具电动化

推动网约车“油换电”，电动汽车在道路行驶阶段不会直接排放二氧化碳，是国际公认的零排放交通工具，即便考虑所消耗电力在发电侧的间接排放，其单位运营里程的碳排放强度也仅为燃油汽车的一半左右。截至2023年底，在滴滴出行平台注册的纯电动汽车超过350万辆。

（二）资源利用高效化

发展拼车、顺风车等具有微公交属性的合乘交通，提高道路和交通工具利用效率。以电动网约车为例，其单位周转量的碳排放强度约为93克二氧化碳，假设拼乘两位乘客，则降至约46克二氧化碳，低于北京市低碳出行碳排放方法学公布的公交碳排放因子每人每公里67克二氧化碳，略高于轨道交通碳排放因子每人每公里39克二氧化碳。

（三）出行结构低碳化

数字出行平台一方面从供给侧提供包括共享单车、共享电单车、拼车、顺风车、电动汽车在内的绿色出行服务；另一方面以数字化手段为依托，探索落地碳元气、拼车环保激励计划、小桔能源低碳家园等多项碳普惠行动。2022 年，滴滴出行平台上线的数字碳普惠产品“碳元气”，在用户端打车全流程进行创意化的低碳出行引导，持续激励用户选择低碳出行方式，目前已经在 298 个城市落地。

（四）电力来源绿色化

小桔充电积极探索 V2G 技术，一方面让车辆能够充上绿色电力，另一方面也可以通过需求侧响应助力我国新型电力系统建设。2023 年成都世界大学生夏季运动会期间，滴滴网约车和青桔单车联合国网新能源云碳中和创新中心及供电企业，为大会提供绿电百分百出行服务。

（五）交通体系数智化

随着科技不断进步，道路交通正朝着智慧路网方向发展。一方面，连通人流、车流、数据流的车路云协同系统可以为交通体系数智化转型提供基础保障；另一方面，自动驾驶等交通智能技术不断创新发展，并与智慧路网深度融合，推动交通数字智能化的协同创新。滴滴自动驾驶已经连续安全运营超过 3 年；“智慧信控系统”通过优化信号系统，可以使路口拥堵延误时长平均降低 10% ~20%。

三、实施效果

（一）助力城市交通低碳转型

2022 年，滴滴出行平台通过推广电动网约车、合乘交通和慢行交通

(共享单车、共享电单车)业务，助力城市减少二氧化碳排放约相当于超47万人口一年的二氧化碳排放量，或超2.8亿棵树一年的二氧化碳吸收量。

(二)助力新能源车产业发展

2012—2019年是新能源汽车产业的市场培育期，我国新能源汽车市场渗透率低于5%，且增长相对缓慢，私人消费者主动购买的市场驱动力不足，约半数新能源汽车被网约车、出租车等运营领域吸纳。以网约车为代表的共享出行成为当时新能源汽车消费的主要拉动力量，发挥着市场启动器的作用。未来千万级别规模车队每年新增及淘汰换新的新能源汽车需求在百万辆级别，网约车市场在主流新能源汽车车型普及方面将可发挥重要支撑作用。

(三)助力我国新型电力系统建设

V2G技术可以实现电动汽车和电网的双向充放电，帮助电网容纳更多可再生能源与新能源汽车。若按照电动网约车保有量1000万辆、每辆车电池容量50千瓦时测算，未来网约车每天的储能潜力约为5亿千瓦时，相当于三峡大坝的发电能力。这种灵活的充放电能力将有效缓冲不断增多的新能源汽车车队充电需求对电网带来的冲击。

(四)形成绿色出行和绿色服务意识

近年来，滴滴出行平台以数字化手段为依托，探索落地多项碳普惠行动，为用户行为减碳提供科学的减排贡献评价，提供基于减排贡献的荣誉和物质激励，积极构建“低碳出行共同体”，带动公众侧绿色生活消费方式的形成。例如，滴滴网约车“碳元气”项目已在298个城市上线落地，对于解决城市交通拥堵、优化出行结构、培育居民绿色出行意愿具有重要积极意义。

四、经验总结

（一）科学量化：夯实低碳发展的“数据底座”

碳核算能力是科学有效推进“碳达峰碳中和”的基础保障。2022 年 10 月 18 日国家市场监督管理总局等九部委印发的《建立健全碳达峰碳中和标准计量体系实施方案》，将“科学驱动，技术引领”作为碳计量的核心原则之一。长期以来，滴滴出行平台持续探索城市出行及共享交通生态的碳排放核算研究，据以识别生态内外的减排场景。2022 年，基于平台的数据能力，在相关合作单位指导下，滴滴出行平台在内部构建了一套绿色监测和碳管理工具——“长青”，实现以订单为粒度对平台出行生态核心碳指标的动态监测和核算，并通过可视化看板从不同维度对核心数据进行统计展示，夯实了低碳发展的“数据底座”。

（二）合理规划：数字出行“1 +3”模式

滴滴出行是数字出行领域的重要参与者，也是绿色发展理念的积极倡导者和践行者，2021 年在行业内率先提出了“1 +3”模式。其中，“1”是指通过模式创新引领低碳出行方式带来直接减碳效应；“3”是指三个带动上下游产业链的低碳绿色转型的“外溢效应”，包括以“反向定制”升级绿色交通工具，以“共建共享”普及绿色基础设施，以“科技赋能”搭建绿色交通体系。

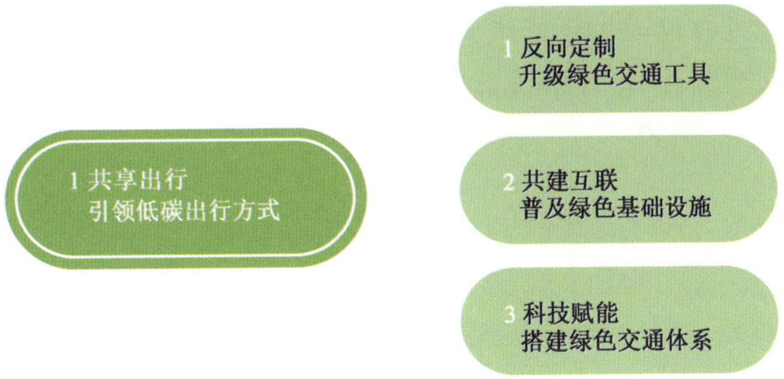

图 1　数字出行“1 +3”模式

(三)有效落实:多措并举推动节能低碳转型

以“1 +3”模式为指引,滴滴出行平台积极践行企业“自主贡献”,持续推动出行生态和产业链上下游的低碳转型。慢行交通主要通过替代其他高排放出行方式而实现节能减排。其中,共享单车在行驶过程中主要依靠人力驱动,不会向大气中排放任何温室气体;共享电单车在道路行驶阶段不消耗化石燃料,不直接排放温室气体,但会消耗少量电力,从而在发电侧产生间接排放。

(四)积极带动:数字碳普惠视角下的低碳行动

近年来,滴滴出行平台以数字化手段为依托,探索落地多项碳普惠行动,积极带动公众侧形成绿色生活消费方式。在出行侧,推出“碳元气”项目。2022 年,滴滴网约车推出“碳元气”环保项目,在用户端打车全流程进行创意化的低碳出行引导,做到出行减碳可量化、可视化、可参与、可分享。通过荣誉及物质持续激励用户选择低碳出行方式,并将用户低碳出行的减碳量进行配捐,用于公益捐赠、改善生态环境和动物保护。在能源侧,鼓励用户通过“低碳家园”助力电网“削峰填谷”。2022 年 4 月,小桔充电在北京市、天津市率先启动低碳家园产品试点,用户进入低碳家园参与低碳行动,并按约定时间到指定场站完成充电,即可获得相应的低碳币奖励,低碳币可直接抵扣充电服务费。用户获取相应奖励的同时,还间接参与了电网调峰需求响应,帮助电网“削峰填谷”,助力我国新型电力系统建设。

电气化公路运输系统技术研究及应用案例

宋禹江　李　枭　余海涛　高润泽　赵洪雪*

一、基本情况

（一）电气化公路运输系统的背景

在“碳达峰碳中和”要求和新质生产力发展的背景下，交通运输行业正面临低碳及运输结构转型的关键时期。《交通强国建设纲要》《国家综合立体交通网规划纲要》均对交通运输行业的绿色发展提出要求。公路运输占据交通运输碳排放总量的80%以上，而公路货运在公路运输中占比超过60%，是交通运输行业碳减排的绝对重点和难点领域。特别是对于重型卡车，其碳排放占公路货运的比重超过85%以上，长途重载货运领域的新能源和高效运输装备替代，成为当前亟待解决的问题。

纯电动、氢燃料等新能源汽车在行业内应用规模快速增加，但受限于续驶里程及补能时间，仍较难满足长途重载货运频率高、载货能力强的需要。电气化公路运输系统因其不受续驶里程限制、不停车补能、载质量利用系数高等优势，能为运输行业提供新能源装备的另一种选择，将迎来良好的发展契机。

（二）电气化公路运输系统的构成及技术特点

电气化公路运输系统主要由电气化运输装备、供电基础设施等构成。

* 宋禹江，交通运输部公路科学研究院，助理研究员；李枭，交通运输部公路科学研究院，副研究员；余海涛，交通运输部公路科学研究院，助理研究员；高润泽，交通运输部公路科学研究院，副研究员；赵洪雪，交通运输部公路科学研究院，副研究员。

其与道路基础设施结合比较紧密，主要体现在供电系统上，供电系统主要包括外部电源、主变电所、中压供电网络、牵引变电站、接触网系统及电力监控系统等部分。电气化运输装备安装有受电弓，当电气化运输装备在电气化公路上行驶时，可通过受电弓与路侧电网连接，使用电力为车辆供电，同时电网电力也可为车辆搭载的动力电池充电；当电气化运输装备行驶在普通路段时，可切换至动力电池供电行驶。

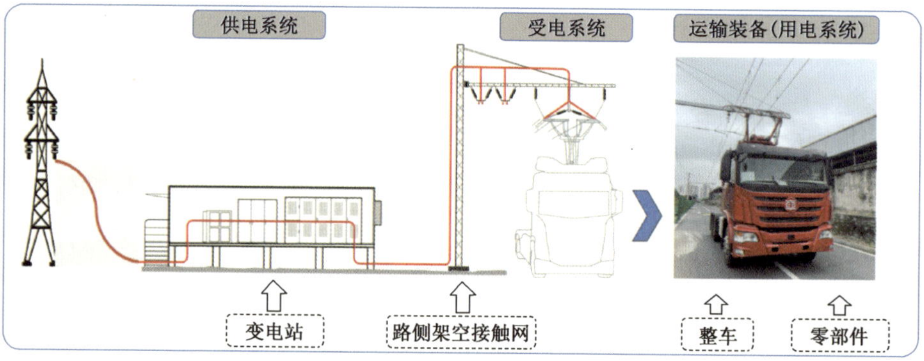

图1　电气化公路运输系统

二、主要做法

（一）研究电气化公路运输系统的需求和应用场景

1. 研究电气化公路运输系统的国家和社会需求

在相关工作推动下，2022 年 4 月，交通运输部、科学技术部联合印发《“十四五”交通领域科技创新规划》，首次明确提出推动电气化公路发展、重点突破交通电动化技术装备。2023 年 5 月，国家发展改革委、公安部、生态环境部、交通运输部联合发布《关于加强公路煤炭运输环境污染治理工作的通知》，再次明确提出要因地制宜探索建设煤炭集疏运电气化公路。

2. 确定电气化公路运输系统的应用场景

从实际运输需求出发，以需求为导向，交通运输部公路科学研究院以运输装备科学应用为目的，针对纯电动重型卡车的续驶里程较短以及动力电池重量体积较大导致载货效率较低等问题展开了系统的科学研究工作，最终确定电气化公路运输技术可为中长距离重载货物运输提供一条切实可行的技术途径，也成为了实现本地零排放的新型运输模式。

考虑到运输经济效益以及需架设供电网系统等因素，电气化公路运输系统较适用于固定线路大宗商品货物运输，并与道路周边风、光发电储能系统相结合，配合多挂汽车列车等技术可达到最佳经济效益及减碳效果。

（二）推动电气化公路运输系统的技术和装备走向成熟

1. 推动电气化公路运输系统全链条装备走向成熟

目前，电气化公路运输系统全链条装备已基本完成试制，均按照当前团体标准提出的相关性能参数要求，实现一致性和标准化。在车辆装备研制方面，国内有五家整车生产厂商均已成功试制电气化公路运输车辆样车，并开始试验运行；在弓网系统研制方面，国内有三家受电弓生产厂商均已成功试制电气化公路运输车辆车载受电弓，并进行了多次技术升级迭代，目前在不同厂家样车上安装并开始试验应用；在试验线建设方面，国内已建成 3 条电气化公路试验线，还有 2 条试验线正在筹备或建设中。

2. 构建电气化公路运输系统研究任务清单

面向电气化公路运输系统的重大科技需求，研究剖析针对供电系统、受电系统、装备要求、性能检测、运营保障等电气化公路运输系统建设与运营全过程关键科学问题，构建系列研究任务清单，着力在基础理论、共性技术、装备开发、推广应用等方面取得重大突破，形成面向电气化公路运输系统的关键技术支撑保障与迭代更新能力，培育一批高层次专业人才队伍，为构建清洁高效、零碳排放公路自洽能源系统提供科技支撑。

3. 制定电气化公路运输系统标准规范

本着标准先行的原则，交通运输部公路科学研究院牵头搭建了涉及供电、受电、用电、智能化、运营管理与应急5大板块，涵盖产电、供电、变电、受电、用电、检验检测、运营等全方位、成体系的20余项标准构成的“电气化公路运输系统标准体系”，引导电气化公路运输系统多技术路线蓬勃发展，规范电气化公路装备质量安全。

三、 实施案例与效果

（一）推动电气化公路试验线建设

目前，我国已有3条电气化公路试验线完成建设，并正在用于开展设备测试研发工作。2023年3月，由中车大同电力机车有限公司研发的我国首个电气化公路及矿山运输系统示范项目在山西省大同市落成发布；中车株洲电力机车研究所有限公司电气化公路示范线投入使用；中车株洲电机有限公司于湖南省株洲市的基地中建设成套装备的展示线，模拟运行场景及线路工况，初步测试电气化公路成套装备的性能。

其中，中车大同电力机车有限公司在企业内部建设了首条实景电气化公路直流供电网试验线路和运用模拟平台，相继攻克和系统掌握了双源智能电动重型卡车直流供电、智能受电弓研制、变流柜开发等先进技术，多项科研成果填补行业空白。

（二）开展电气化公路运输系统试点示范应用

依据电气化公路运输系统适用场景，分别与新疆维吾尔自治区乌鲁木齐市、昌吉市等为代表的重要运输枢纽进行深入沟通，在推广初期以试点形式开展电气化公路运输系统研发应用工作。其中，以乌鲁木齐市甘泉堡工业园为枢纽的3条总长47公里的运输路线已完成前期工程可行性论证及项目立项工作以及实施方案评审，于2024年5月开展初期建设工作。

通过试点示范应用，全面应用电气化公路运输系统，将达成推动新能源、高效运输装备的落地应用，预期可取得以下效益：

1. 经济效益方面

电气化公路运输系统通过利用电能代替化石能源，按照100公里1500万吨年运量模型测算为例，能耗成本每年节省超过1亿元，运输成本将降低50%以上，具备非常可观的经济效益。当配套新能源发电储能系统实现能源自洽，其经济效益将得到进一步提升。

2. 环境效益方面

电气化公路运输系统完全使用电力驱动，可做到运行过程100%零排放。利用中西部地区风光资源禀赋的新能源发电条件，配合深度系统能源自洽，有望实现全使用环节车用能源100%零排放。

3. 构建新型交通运输物流体系

促进交通与能源深度融合，打破传统运输体系的发展壁垒，提高运输效率，深化改革运输体系的管理方式，提高物流体系的专业程度，建设绿色、智能、安全、高效的现代化物流体系。

4. 协调拉动全链条产业体系升级

以“电气化公路运输系统”为核心，带动外延产业链集群零碳升级，整车及关键零部件制造业再现新“蓝海”。以深度能源自洽为目的，带动光伏、风电产业链发展，实现绿色风光电就地消纳，将绿色电力转化为零碳运力。以“建设运营即服务”理念，重新定义公路新型基础设施建设。

四、经验总结

以交通强国试点建设为契机，以点对点固定线路的大宗煤炭货物运输通道“小切口”为突破，结合区域特点推动电气化公路运输系统的科学应用，鼓励引导新技术、新装备在有条件的区域“先行先试”，先期开展电气化公路运输系统研发与试点应用工作，目的是推动新技术的规模化常态化应用，助力区域经济发展和地方产业升级，降低物流成本、实现低碳发展，为交通运输领域加速形成新质生产力、加快建设交通强国，以及推动行业安全、绿色、智能高质量发展提供支撑。

乌干达油田路一标项目生态环境友好型设计施工一体化工程实践

宗家琪　焦　岩　马吉龙　迟晨曦　张　帆*

一、基本情况

乌干达油田路一标项目坐落于非洲乌干达共和国西部，由中国交通建设集团有限公司承建，2018 年 9 月破土动工，2022 年 11 月全线主体完工。工程全长 154. 75 公里，约 70% 的段落位于默奇森瀑布国家公园，全线设置各种类型野生动物通道共计 120 余处，修建 6 座小桥和 1 座长 520 米的尼罗河大桥。项目从设计到施工全过程均秉持“生态环境友好”的理念，在完成道路建设的同时，努力将施工对生态环境的影响降到最低。2023 年 10 月，项目在第三届“一带一路”国际合作高峰论坛绿色发展高级别论坛上，成功入选“绿色‘一带一路’十周年创新理念与实践案例”。

图 1　项目 K38 处鸟瞰图

* 宗家琪，中国交通建设集团有限公司科学技术与数字化部技术管理处，副处长；焦岩，中交一公局集团有限公司，工程师；马吉龙，中交一公局集团有限公司，工程师；迟晨曦，中交公路规划设计院有限公司，助理工程师；张帆，中交公路规划设计院有限公司，正高级工程师。

二、主要做法

（一）多措并举抓环保

1. 噪声与扬尘控制方面

项目结合园区的管理条例制订了科学的施工作业计划，不组织夜间施工，为野生动物提供充分的夜间活动机会。此外，定期开展施工作业区噪声和扬尘监测，确保施工作业期间噪声和扬尘水平符合园区要求。

2. 废物处置方面

项目施工过程中会产生很多废物废水，为防止废物废水对园区生态环境造成不可逆的影响，项目制订了相关管理办法，如水泥稳定底基层施工中水泥包装袋在废弃后及时集中回收，防止其被动物误食和对环境产生污染。将沥青、混凝土等垃圾破碎后进行便道修葺，挖方弃土、钻孔泥浆等用于林业用土及料场回填等。将建筑垃圾转化为建筑材料，在不断提高利用质量的同时扩大资源化利用规模。

3. 水土保持方面

项目在园区内取料有一套严格的流程管理。首先，项目部在选定料场位置后，需要邀请有资质的环评公司进行环境评价，将评价报告交至环保局审批，审批通过后才进行施工。其次，待取料完成后，需对料场进行植被恢复，环保局现场检查审批后下发证书。若临近地表水源施工，需每季度对该地开展水环境监测。此外，项目通过石笼工程、植草工程等防止河岸及边坡冲刷。

4. 设计优化方面

在设计阶段，对园区内道路进行详细勘测调研，针对两栖类动物、小型啮齿类动物、爬虫类动物以及大型哺乳类动物分别设计了不同类型的动物通道。在设计穿越热带雨林段落的道路时，综合评估生态环境和施工成本等因素后，通过线型优化将偏离旧路的路线从25.26公里缩减至3.76公里，最大限度减小对原有地形地貌、植被等的破坏。此外，对道路宽度和净空进行优化设计，道路总宽度从10米缩小至8米，道路净空由5米缩小为4.5米。在保证道路几何设计满足规范标准的前提下，最大程度降低对热带雨林的破坏和对灵长类动物的影响。

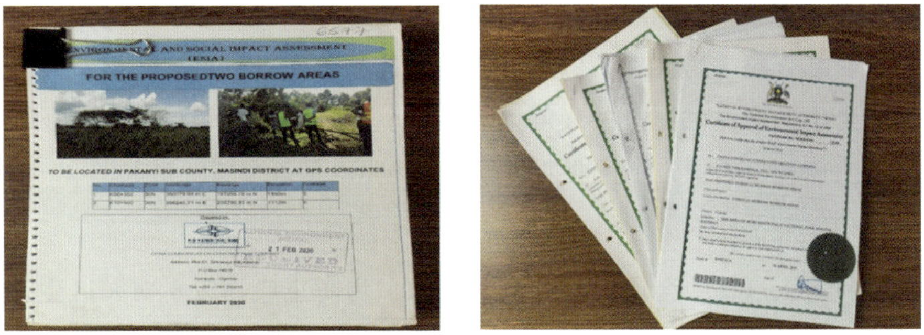

图2　项目环评文件

图3　野生动物横穿道路

（二）开展四新技术应用

1. 使用桩基自平衡法试验取代传统桩基静载试验

由于尼罗河河水深，水流湍急，如果采用传统堆积静载试验的方法，搭设堆载平台及堆载的重物较多，搭设平台及堆载周期较长，所需机械设备较多，将严重影响尼罗河大桥的下部结构施工，并且对环境影响较大。项目桥梁桩基施工应用了 O-Cell 法桩基自平衡检测新技术，相比传统方法显著节约了工期和费用，减小了对水域环境的影响。

2. 混凝土叠合梁设计优化

钢-混凝土叠合梁是在钢结构和混凝土结构基础上发展起来的一种新型结构形式，其装配化的特点带来了优良的可施工性能。其上部结构为钢-混组合梁结构，由混凝土桥面板与钢梁组合而成。项目 6 座小型桥梁创新性采用了钢-混叠合梁桥新技术，与传统预应力混凝土梁桥相比较，钢-混叠合梁施工不需要建设预制场，也不需要大型架桥设备，钢梁在工厂生产完成，提前在工厂预拼装合格后运抵施工现场，在贝雷梁施工平台上完成拼装和检验后吊装至支座上，现场拼装和架设设备简单。项目在进行钢-混叠合梁桥施工时，仅需 20 天左右就可吊装、拼接完成一座小桥。

（三）实施绿色供应链管理

项目在实施过程中，始终坚持环保、节能、低碳的绿色供应链管理理念，特别是从新材料、新技术、信息化应用、节能减排、限额领料方面着手，积极践行绿色可持续发展战略。项目实现供应链管理信息化，在横向多类别业务、纵向各层级申请审核等方面均已实现全面地信息化、数字化管理。纵向管理上，根据项目供应链不同的管理需求，办公自动化（OA）平台系统上线 19 项审核审批流程，办公效率大幅度提升。

三、实施效果

（一）环境保护效果明显

通过开展施工作业区噪声和扬尘监测等环保措施，项目部环境保护指标实际完成值均满足相关规定的目标值，甚至部分指标优于目标值。如土方作业阶段要求扬尘高度应小于 1.5 米，通过控制措施，项目施工中扬尘高度小于0.5米。

项目部环保效果量化统计表 表1

实施效果	主要指标	目标值	实际完成值
环境保护	噪声控制	昼间≤85分贝; 夜间≤55分贝	昼间≤52~74分贝; 夜间≤55分贝
	水污染控制	pH值6~9	pH值6~9
	扬尘控制	土方作业阶段,扬尘高度应小于1.5米,施工现场非作业区应达到目测无扬尘的要求	土方作业阶段,扬尘高度小于0.5米,施工现场非作业区和办公区目测无扬尘

(二)节能减排效果显著

通过实施绿色供应链管理,在供应链节能减排和绿色环保方面,项目部配置环保设施以及清洁能源设备、加强大宗固体废物资源化处理、加大废旧物资回收,实现了周转材料、钢筋水泥以及炸药等资源的节约。

项目部节约资源效果量化统计表 表2

实施效果	主要指标	目标值	实际完成值
节材与材料资源利用	周转材料	工地临房、临时围挡材料的可重复使用率达到70%	工地临房、临时围挡材料的可重复使用率达到90%以上
	钢筋	设计量:46.06吨; 额定损耗系数:1.5%; 损耗量:0.691吨	实际使用量:45.67吨; 实际损耗量:0.55吨; 损耗系数:1.2%
	水泥	设计量:4355.47吨; 额定损耗系数:1%; 实际损耗量:43.55吨	实际使用量:4343.61吨; 实际损耗量:24.14吨; 损耗系数:0.6%
	炸药	设计量:7.01吨; 额定损耗量:0.07吨; 损耗系数:1%	实际使用量:7.0吨; 实际损耗量:0.06吨; 损耗系数:0.85%

续上表

实施效果	主要指标	目标值	实际完成值
节能与能源控制	能耗控制	优先使用国家、行业推荐的节能、高效、环保的施工设备和机具	使用变频空调、太阳能发电路灯
	维修保养	定期开展维修保养	定期开展维修保养
	用电指标（2023年度）	100000千瓦时	87830千瓦时
节约地与土地资源利用	临建设施占地面积有效利用率	大于90%	91.5%

（三）技术创新节约成本

与传统的堆载式和锚桩试桩相比，项目采用了桩基自平衡静载试验方法，大大减少了设备材料的使用，能源资源降低，减少碳排放；同时，节约78%的试验费用以及70天的工期。

采用钢-混叠合梁桥的成本与预应力混凝土梁桥的成本基本持平。同时，使用工字钢梁避免了项目在预应力混凝土梁制作时所产生的噪声、废气等环境污染，极大地降低了能源消耗。

四、经验总结

(1)科学监测管理，多措并举落实环保目标。项目在前期策划阶段，组织人员开展环境评估，分析环境影响因素，制定环境保护专项方案。建设过程中，结合园区的管理条例制订了科学的施工作业计划及环境管理措施。定期开展项目绿色低碳施工实施效果自评活动，通过自我评价，对既定方案中的各项措施落实情况进行检查，在检查中找差距，查缺补漏，总结经验，并制定持续改进措施。

(2)设计先行，积极保护野生动物栖息环境。设计阶段，对处于园区内的100余公里道路进行详细勘测调研，为将施工对园区内动植物影响降到最小，设计团队对园区内道路宽度、净空、平曲线以及野生动物迁徙通道等进行设计优化。

(3)积极应用新技术，助力绿色建造取得成效。通过应用O-Cell法桩基静载试验方法替代传统的堆载式和锚桩试桩方法，大大减轻了对生态环境的影响。成功将试验周期从3个月缩短到1个月，试验费用节约了78%；采用钢-混叠合梁桥技术方案不仅降低了施工成本，而且减少了土地征用面积，大大减小了桥梁建设对生态环境的影响。

(4)可持续建设，绿色供应链引领走向未来。通过不断完善绿色供应链管理体系，提高环境保护意识，项目在供应链管理工作中积极推广信息化数字化管理，在材料设备的选型、运输、使用、回收等环节，切实履行绿色、节能及环保发展理念。

长江干线700TEU级纯电动船舶及充换电网络项目实践

高诗涵　王淞平*

一、基本情况

中国远洋海运集团有限公司(以下简称中国远洋海运)积极践行国家关于“碳达峰碳中和”和“长江大保护”部署，深入贯彻落实习近平总书记关于推动长江经济带高质量发展的重要指示精神，顺应绿色、低碳、智能航运业发展新趋势，以路径创新、前沿技术创新、产业模式创新为引领，投资建设内河沿海充换电基础网络以及示范电动船舶，推动我国电动船舶产业发展及应用推广。

* 高诗涵，绿水新航科技有限公司战略发展部，总经理；王淞平，绿水新航科技有限公司战略发展部，经理。

纯电动船舶使用电池作为主要动力，具有零排放、零污染、零噪声等优点，是长江航运绿色低碳发展的新名片。2023 年 12 月，长江干线 700 标准箱(TEU)纯电动力集装箱船顺利建成，装箱数、载重量、电池容量均达到世界领先水平。这是中国远洋海运积极践行“碳达峰碳中和”目标、聚焦新能源赛道打造的绿色低碳智能航运示范重点项目，获评“2023 年度央企十大国之重器”称号。为了保障其顺利运营，一条绿色航运廊道正在长江主要港口布局，一条以内河沿海航运为主干，集成零碳技术创新、船舶研发建造及运营服务等环节，代表新质生产力的船舶电动化产业链也在加速构建。

二、主要做法

（一）路径创新，通过船舶电动化支持长江经济带高质量发展

中国远洋海运通过开展纯电动船舶示范项目、设立公共船舶充换电服务公司、建设船用充换电网络、打造零碳港口等举措，构建以绿色电力为核心的新型航运能源配套体系，引领长江航运绿色低碳转型发展，推动运力结构优化、提升长江黄金水道运输能力。

(1)推进自主设计建造运营全球最大 700TEU 级纯电动力江海直达集装箱船。该船是目前全球最大吨位的电池动力集装箱船，由我国自主设计研发建造、拥有自主知识产权，在大功率电池动力系统、能源管理和电池箱制造等方面实现突破和引领。该系列船应用船电分离模式，最多可搭载 36 台 20 英尺(约 6.1 米)标准集装箱大小船用箱式电池，并可根据航程以及水文情况、载货情况灵活调配，采用换电模式实现航行全程“零排放、零污染、零噪声”，有效树立长江干线大吨位、长距离电动货船的运营标杆。

图1　700TEU 级纯电动船行驶于长江之上

（2）联合组建充换电服务公司，向全市场提供船舶电动化全链条综合服务。船舶充换电基础网络是船舶电动化的关键配套，是我国新能源基础设施网络的重要组成部分。中国远洋海运牵头组建绿水新航科技有限公司，布局全国主要港口，建设标准统一的充换电基础网络，依托关键设备船用箱式电源，向全市场提供船舶电动化全链条综合服务。初期已完成洋山冠东码头、南通通海码头、南京龙潭码头等港口充换电配套设施，中长期将向长江进一步扩展，构建长江干线绿色航运走廊，并复制推广至国内内河及沿海水域，形成面向全市场电动船舶的公共充换电服务网络。

图2　船用箱式电源正在港口充换电场站进行能源补给

（二）前沿技术创新，承担动力电池系统联合攻关任务

中国远洋海运组织系统内外技术团队开展联合攻关，重点研究换电零碳动力及智能技术应用，重点突破箱式锂电池储能及安全运行关键技术，

研发制造推广船用箱式电源，产品获得中国船级社认证并顺利交付。作为电动船舶的标准能源载体，船用箱式电源将高性能电芯及相关安全设施设备集成于20英尺标准集装箱内，具有高安全性、高集成性、高标准化等特征，并正在通过优化设计、探索新型电池等方式迭代升级中。

图3　船用箱式电源正在码头进行换电作业

（三）产业模式创新，打造船舶电动化产业生态系统

在实施700TEU级电动船项目过程中，中国远洋海运聚集系统内外力量，串联形成了船舶电动化产业链。系统内，由中国远洋海运发展投资，上海船舶运输科学研究所牵头设计，中国远洋海运重工有限公司建造，上海泛亚航运有限公司承租运营，中波轮船股份公司提供船舶管理，中国远洋海运港口有限公司协调换电节点，绿水科技公司提供换电服务等。系统外，包括中国船级社、招商局集团、中国能源建设股份有限公司、中国诚通控股集团有限公司、中国船舶集团有限公司、中创新航科技集团股份有限公司、武汉理工大学、上海海事大学、上海交通大学等单位也对项目作出了关键贡献。

2023年2月，中国远洋海运还携手80余家产业链单位成立中国电动船舶创新联盟，打造集绿色电力供应、动力电池、电力推进系统、船舶设计建造、系统集成服务、规范认证、港口码头、岸基充换电、客货轮运输、科研院所以及产业链投融资等环节的产业生态系统，发挥协同效应、形成合力，助推航运业绿色发展。

三、实际效果

(1)大幅减少内河及沿海水域航运碳排放。相比传统燃油船舶，电池动力船舶有望结合绿色电力实现运营期间零排放。以700TEU级纯电动船为例，预计单船全年可减排二氧化碳近3000吨，相当于年植树16万棵。

(2)助力航运业绿色发展。船舶电动化是实现内河沿海航运业绿色发展的内在要求，有助于构建以绿色电力为核心的新型航运能源配套体系，为航运业高质量发展贡献力量。

(3)参与构筑电动船舶产业体系及规范标准。将助力长江沿线省市形成以电动船舶设计建造产业为龙头、配套产业协调发展的绿色船舶研发生产体系。同时，可融入航运业减排政策、规则制定，建立港口充换电标准、电动集装箱船设计标准等行业规范。

(4)履行社会责任。推动长江干线集装箱船舶电动化，有利于积极履行社会责任。同时，通过总结经验并辐射全国其他地区，形成示范效应，为我国内河、沿海航运业脱碳提供改革样本。

(5)改善航运业态。船舶电动化采用电池电力作为动力系统，将提升船舱环境及舒适度，降低工作强度和工作量，改善船舱作业环境，有望进一步改善航运业态及船员工作环境。

四、经验总结

(1)以技术为基础，锚定船舶电动化转型方向。能源应用电气化是交通运输行业实现绿色低碳发展的重要抓手，内河沿海相对距离短、载重量低，船舶电动化是内河沿海水域航运业绿色转型的优势路径。与其他低碳零碳船舶技术路径相比，在内河沿海航运领域，电动船舶产业链及基础设施完整，技术路线成熟，拥有了较为成熟的实践经验，加之换电模式能够满足时效性和经济性要求，船东接受度高。

(2)选定示范场景，打造船舶电动化标杆项目。长江干线货量充足、航程相对较长、港口繁忙，场景示范价值较高。中国远洋海运将首批“万吨、万度”绿色智能集装箱船投入长江干线航线运营，充分验证电动船舶在大载重吨、长航程情况下的可行性，社会效应及环境效应明显，对于推动电动船舶相关政策法规完善、相关补贴政策出台、进一步推广应用具有较强带动作用。下一步，项目将围绕客户诉求及场景特征进行定制优化，探索在不同水域、不同船型、不同场景多维度打造船舶电动化示范项目。

(3)多能融合，形成船舶电动化可持续模式。船电分离的换电模式可通过现有港口设施设备完成，不涉及重大投资改造，同时有利于降低造船成本、方便电池升级，并兼容其他能源形式，应用前景广阔。此外，船用箱式电源还可转换应用场景，作为储能设施与太阳能、风能等可再生能源结合，形成多能融合示范，充分挖掘绿色能源潜力。项目创新性地应用船电分离模式、建设标准统一的充换电基础网络、自主研发设计制造船用箱式电源，打通了船舶电动化产业链堵点，从而实现市场化运营模式下的可持续运营，为助力建设我国新能源基础设施网络贡献了航运领域方案。

顺德伦桂路内河沉管隧道低碳施工项目实践

李秋实*

一、基本情况

广东省佛山市顺德区伦桂路工程(横一路—横五路段)项目(以下简称本项目)位于佛山市顺德区，整体呈南北走向，主线上跨广州地铁7号线后，设隧道下穿潭州水道、佛陈路，接回现状环镇路。项目路线长度2.227公

*李秋实，中交第一航务工程局有限公司，高级工程师。

里，新建1座1220米的隧道，其中沉管段长316米，新建涵洞2道、U形槽1道，拆除涵洞1道，利用老桥1座。采用一级公路标准兼顾城市道路功能建设，设计速度为80公里/时，是集道路、隧道、桥涵、排水、交通、照明、管线于一体的综合性市政公路沉管隧道施工工程。

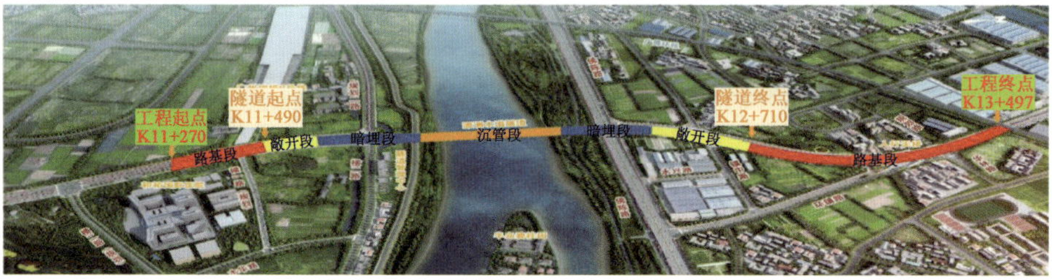

图1　顺德区伦桂路工程(横一路—横五路段)项目示意图

沉管段共4节管节，断面外包尺寸40.5米×10.65米，为目前国内单孔跨径最大、横截面最大的内河公路混凝土沉管隧道。管节采用轴线干坞法预制，对接端位于北岸，干坞位于南岸，一次完成所有管节预制。沉管隧道基床采用先铺法施工，碎石铺设及沉管安装采用中交第一航务工程局有限公司自主研发的内河沉管专用多功能组合船进行施工。

图2　顺德区伦桂路工程(横一路—横五路段)沉管施工示意图

二、主要做法

(一)构建绿色低碳管理体系，树立全员低碳办公理念

项目由领导班子成员牵头组建项目绿色低碳施工工作专班，构建涵盖

项目施工工序全过程的绿色建造理念，工作专班通过制定项目绿色低碳管理办法及专项实施方案、定期总结上报绿色低碳优秀实施情况等多种方式，对项目绿色低碳施工开展穿透式管理。通过材料、工艺与技术、管理模式的改进，实现节能、节地、节水、节材和环境保护，构建绿色施工体系，同时推行绿色节约化办公，开展纸张重复利用等系列管理措施，树立全员低碳办公理念，增强职工低碳意识。

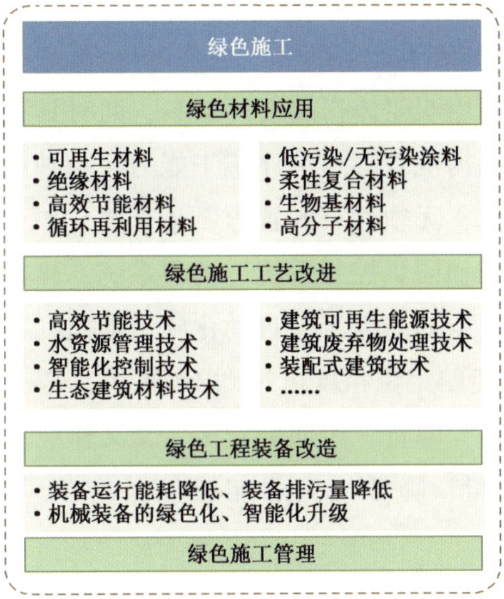

图3　项目绿色施工管理体系

（二）优化沉管预制模板设计体系，减少钢材用量

本项目集中技术力量，对港珠澳沉管隧道模板、大连沉管隧道湾模板、襄阳沉管隧道模板等进行深度调研，对结构进行有限元计算复盘，研究结构受力机理，针对项目特点和国内模板加工条件，对用钢量占比较大的内芯模板体系等进行重点攻关研究，提出新的结构体系方案，优化结构体系布局使之更加合理，包括优化结构杆件空间布局、缩短结构传力路径、选择更优的结构断面形式、尽可能将不同工作时期结构受力相互利用、充分利用贝雷架等可循环回收使用材料

等，从而达到降低模板钢材用量、践行绿色环保理念、降低造价成本的目的。

（三）研发内河沉管专用多功能组合船，实现老旧装备综合循环利用

围绕老旧装备综合循环利用绿色低碳施工，基于自有装备方驳100、方驳101，依托本项目定向改造研发适用于内河沉管隧道安装施工的多功能、一体化专用装备，并实现船机设备数智化升级，实现公路水路基础设施资源节约集约利用、节能减排。

多功能组合船采用双船体拼装设计方案，同时具备碎石整平、块石抛夯、沉管安装三大内河沉管隧道全序施工能力，单独应用即可满足内河沉管隧道安装施工要求，无须额外配置碎石整平船、块石抛夯船等配套工程船舶。通过搭载的船舶同步控制系统、调载系统、碎石整平系统，保证船舶具备高质量、高安全的内河沉管自动化施工能力，其中双船姿态差异可控制在15%以内，船舶定位精度可达到10厘米。这一方案解决了内河航道水深浅、拖航限高、限宽、船舶配置多、交叉作业多等难题，可有效减少施工作业船舶数量，降低施工船舶拖航及作业风险，提高施工作业效率。

图4　内河沉管专用多功能组合船示意图

（四）强化物资周转布局，实现施工物料循环利用

本项目基于对公司内部既有设备及物资充分调研，合理利用内部资源，提高周转物资利用率，对各种结构物的施工模板、现浇支架材料进行统一规划配置，加大各种模板的重复使用次数。在隧道施工中，按照要求对模板及钢梁的储存运输、施工使用进行统筹规划、合理安排、防锈保养，对破损的模板进行修复，增强模板和钢梁周转利用次数。

（五）布置养护用水循环系统，实现施工用水循环利用

本项目沉管预制采用喷淋洒水养护方案，地表水不循环利用。预制场设置先进的养护用水循环系统，利用预制场四周排水系统将基坑渗水进行收集，用于沉管预制养护，将养护用水在地面进行汇集、沉淀后，主要用于循环养护、冲洗场地以及施工便道和路基洒水等，最大限度地节约用水量。

三、实施效果

1. 模板结构设计优化方面

按照本项目原始沉管模板结构设计方案，整套模板包括钢筋绑扎台车预计每套模板需钢材 2200 吨左右，通过优化设计，实际每套模板使用钢材约 1500 吨，沉管预制中共使用模板 2 套，通过模板优化设计节约钢材用量 1400 吨。

2. 老旧装备综合循环利用方面

项目建设周期为 48 个月，应用内河沉管数智化施工多功能一体船改造技术所获得的碳减排量主要来源为旧船升级改造所节约的用钢量，其中方驳 100 用钢量为 985 吨，方驳 101 用钢量为 1030 吨，总计用钢量为 2015 吨。综上，采用老旧装备综合循环利用绿色施工技术，可节约用钢量

2015 吨。

3. 施工物料循环利用方面

本项目脚手架需求 515 吨，拉森Ⅳ钢板桩需求 1629 吨，型钢需求 3200 吨，钢支撑（含配套）需求 3630 吨，合计 8974 吨。采用施工物料循环利用绿色施工技术，按照每炼 1 吨钢要消耗 0.7 吨标准煤、5 吨水、产生 0.1 吨废钢计算，8974 吨周转材料多周转一次将节约标准煤 6281.8 吨，水 44870 吨，减少废钢 897.4 吨。

4. 养护用水循环利用方面

养护水管水流速度为 0.5 米/秒，一次洒水时间为 30 分钟，平均每天洒养护水 10 次。养护用水量为 $0.016 \times 0.016 \times 3.14 \times 0.5 \times 1200 \times 10 \times 7 = 50.6$ 立方米。采用养护用水循环利用工程，预制沉管消耗的养护水只有混凝土表面吸附的水量，预制沉管表面积约 58300 平方米，混凝土表面吸水率为 0.12。采用沉管预制养护用水循环利用绿色施工技术，吸收养生水 $0.016 \times 0.016 \times 3.14 \times 0.5 \times 1200 \times 10 \times 7 \times 0.12 = 6.1$ 立方米，两者相比减少用水量 44.5 立方米，共可节约 259 万吨水。加上自然降水及基坑渗水的汇集利用，节约用水效果更加明显。

综上所述，根据上述实施效果，本项目通过采用多类型绿色施工可减少碳排放约 35000 吨。

项目减少碳排放测算 表 1

举措	项目	数量（吨）	碳排放因子（千克二氧化碳/吨）	碳排放量（吨）
模板结构设计优化	钢材	1400	2830	3962
老旧装备综合循环利用	钢材	2015	2830	5702.45
施工物料循环利用	钢材	8974	2830	25396.42
沉管预制养护用水循环利用	水	2590000	0.168	435.12
减少碳排放总计（吨）				35495.99

四、经验总结

（一）践行绿色理念，健全低碳管理体系

结合现有绿色发展规划，进一步制定、完善绿色建造“顶层设计”。同时，积极推动绿色策划应用与实施，将绿色理念全面融入建造工程的思路，以绿色低碳、可持续发展为主要原则，策划建造工程的整个过程，充分引导工程建造的绿色化、低碳化发展方向。

（二）推行绿色设计，强化低碳过程管理

开展全生命周期节能降碳的工程绿色设计，围绕碳排放总量控制、绿色材料选择规范、绿色装备能源应用规范、绿色施工工艺规范、污染排放与垃圾回收控制、环境破坏控制等方面，引导和规范建造设计过程中的环保、节能、资源高效利用等方面的技术要求和管理措施。开展体系化、全流程工程绿色建造管理，依托数字化、智慧化技术手段赋能升级，开展对工程项目全流程碳排放、资源消耗、污染防控等实施监测、预警与管理，为全流程绿色建造应用较好的项目提供定向激励。

（三）树立低碳意识，循环利用资源物料

通过进一步科学管理和应用先进技术，实现绿色、环保、高效、可循环的建筑装备与废弃物的资源化利用。本项目利用旧船舶升级改造新型施工船舶，虽面临初期投资成本较高等问题，但实施完成后可通过承揽多项工程进行成本均摊。该绿色低碳经验适用于内河沉管隧道施工建设领域，具有较强的推广应用价值。

芜湖长江 LNG 内河接收(转运)站项目 LNG 加注站、LNG 集装箱码头工程案例

吉 明*

一、基本情况

工程位于安徽省芜湖市三山港区高安圩作业区，坐落于白茆水道右岸，新建1个集装箱泊位(10000吨级)、1个LNG加注泊位(5000吨级)及LNG罐箱堆场，码头装卸货种为LNG、LNG罐箱，使用岸线长度298米，通过能力16.68万吨/年。工程建设内容包括：总平面布置、导助航设施、LNG船舶加注工艺、集装箱泊位及堆场装卸工艺、水工建筑物、陆域地基处理，以及配套的供电、消防、给排水等公用工程等。项目初设批复总投资额为75620.06万元。

本项目作为我国首个内河LNG港口，对类似项目的建设具有重要的借鉴价值。天然气作为中国能源转型下化石能源中最干净的清洁能源，本项目建设以"碳达峰碳中和"目标为核心，既是实施长江经济带国家战略、调整安徽省能源结构的关键举措，也是满足省内储气调峰需求、促进长江生态环境保护的重要建设项目。

二、主要做法

(1)提出"链式"LNG接收站布局，打造了一站式LNG接卸/转运、LNG加注、LNG罐箱的全流程服务链。

本项目涉及液进液出、液进包装货物出、液进气出、包装货物进出等

* 吉明，中交第二航务工程勘察设计院有限公司，副总工程师/事业部总工程师/副总经理。

多个复杂的工艺流程，涵盖从码头与储罐之间的接卸和转运、罐箱装卸、LNG 罐箱和 LNG 槽车充装、为 LNG 动力船加注等多个功能，总体布局既保证工艺流程的顺畅，又最大程度减少 LNG 中转损耗。

(2)解决大水位差下船舶的系靠泊难题，推动了内河船舶使用 LNG 清洁能源和“气化长江”的进程。主要包括：

①岸基式 LNG 加注泊位形式。在 11 米水位差下，长江传统加注码头通常采用趸船布置形式，但趸船使用耐久性差、到港船舶泊稳差，且趸船制造、运营使用手续较复杂，趸船年检期间加注站需停运，活动钢联桥处的连接软管易损坏。为解决以上问题，本工程首创了 LNG 直立墩式加注码头，既加长作业天数、提高泊位利用率，又可为 LNG 动力船提供稳定、高效的加注服务。

②LNG 加注硬管 + 软管组合结构。目前多数 LNG 受注船的受注口距离船舷边侧达 9 ~ 10 米。加注软管长度超过现行规范中规定的“加注软管长度不应超过 15 米”要求，本项目创新性采用“LNG 加注硬管 + 软管组合结构”，实现全设计水位进行加注作业，同时利用软管吊机方便拆卸软/硬管的连接和转移。

(3)提出 LNG 罐式集装箱整体包装式直接补液的新型方式，提高加注工作效率。

目前国内 LNG 加注码头包括岸基式 LNG 加注码头和趸船式 LNG 加注码头两种形式，上述两种形式均需要建设固定 LNG 低温绝热储罐，传统岸基式还需要陆域征地布置相关工艺加注设施。另外，由于内河 LNG 运输尚未放开，LNG 加注工艺系统无法通过船运补液，只能通过槽车公路运输补液，额外增加卸车补液工艺设施，且工艺装置单元布置分散增加了槽车余气(BOG)产生量和低温泄漏风险，因此国内常规的 LNG 加注工艺方式存在设备设施建造要求高、工程投资大、运行成本高等问题。

本项目采用 LNG 罐式集装箱整体包装式直接补液可以做到“船来车到”无缝衔接，不需要建设固定储罐，补液灵活便利，减少了 LNG 卸车进入固定储罐的二次操作等烦琐工序和卸车 BOG 经济损失。

(4)提出了新型 LNG 罐箱布置方案，拓展了 LNG 罐箱布置的新方式，LNG 能源的多式联运大大减少了中间环节的能源损耗。主要包括：

①一种新型 LNG 罐箱码头布置方式。本工程船舶甲板以上一次载运的 LNG 罐箱少，船舶滞港时间不长，码头区采用“直装直取”的流程，可不考虑舱盖板在码头区堆放，减少前方临时堆箱区的布置，减少危险源滞留，提高项目的安全性。

②一种新型配套工程的设置。针对 LNG 和 LNG 罐箱的特点，规避机械式搬套规范的粗放性设计习惯。采取了优化污水收集设施，设置集液沟和集液池；取消了黄沙箱，设置干粉炮。

(5)大型集装箱岸边装卸机械配备起重机能量回馈和储能设施，推进了绿色低碳港口的建设。

在当今全球对绿色低碳发展的日益关注下，港口作为全球物流链的重要环节，也开始转向环保和节能。其中，岸桥作为本项目 LNG 罐箱泊位最重要的装卸设备，其能耗问题是关注的重点。为了降低岸桥的能耗，本工程设计中采用具有能量回馈功能的岸桥，这种岸桥可以将装卸过程中产生的能量回馈到机上储能设备或电网中，从而降低作业能耗。

(6)采用智能决策集成系统新模式，有针对性地降低能耗。

在项目运营期，智能决策集成系统通过对建筑运营数据的收集和分析，可帮助决策者全面了解建筑物的能源消耗情况，并提供解决方案。例如系统通过对建筑物各个区域的能源消耗进行监测和分析，可以找出能源消耗的重点区域和问题，进而采取有针对性的节能措施；系统还可以收集外部环境数据，帮助决策者分析外部环境对建筑物能源消耗的影响，从而有效地降低能耗，实现绿色低碳发展。

三、实施效果

(1)“链式”LNG 接收站新布局，建设内河 LNG 接收站示范工程。

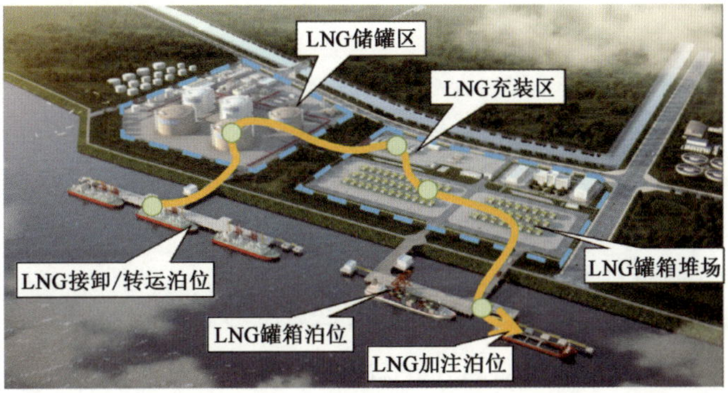

图1　LNG全流程服务

本项目水域设计主要考虑岸线利用的合理性，采用危险品和非危险品泊位分区布置的原则，通过比选论证最终确定LNG接卸/转运泊位位于下游侧靠近规划的石油及化工品泊位，LNG加注泊位及集装箱泊位靠近规划的通用泊位区。

陆域设计主要考虑最大程度上减少对周边环境的影响，采用定量风险分析复核已建、在建、拟建的相邻厂矿企业、相邻设施区域安全距离和内部布置安全距离，结合水域布置，按照工艺流程顺畅、安全、高效、经济的原则，最终确定LNG储罐区布置于北侧，LNG充装区和LNG罐箱堆场布置于南侧，排洪渠作为两大地块之间的隔离带，形成了一套LNG全流程服务链。

(2)提出了岸基式LNG加注泊位形式、采用"LNG加注硬管+软管组合结构"新技术，解决大水位差下船舶的系靠泊难题。主要包括：

①本工程首创了LNG直立墩式加注码头，码头采用多层系缆平台的直立墩式结构形式，组合不同功能的系船墩、系靠船墩和加注平台，极大地提高了船舶的泊稳条件，减少维护和年检时间，增加了作业的安全性和可作业时间，可为LNG动力船提供稳定、高效的加注服务，对内河加注码头的建设和推广具有借鉴意义。

图2　LNG直立墩式加注码头及其专利证书

②本项目创新性采用“LNG加注硬管＋软管组合结构”，充分利用水工结构二层系缆平台作业空间，在长江低水位期间采用可拆卸硬管安装至二层系缆平台，进行加注软管过驳连接作业，待水位上升至二层系缆平台前期利用软管起重机将可拆卸硬管转移，在一层作业平台进行加注软管过驳连接作业，平均每年增加加注时间60天。

图3　一种适应大水位差LNG加注硬管＋软管组合结构及其专利证书

（3）LNG罐式集装箱整体包装式直接补液的新型方式，提高加注工作效率。

本项目LNG罐式集装箱靠近加注码头前端，缩短了加注工艺管路，降低LNG加注工艺管道的冷损，降低了管道预冷等环节的能源消耗。截至2023年，项目累计对船舶加注LNG燃料200艘次，加注LNG总量2200余吨，在长江干线已投运的加注站中处于领先。

图 4　罐式集装箱加注平面布置图及其专利证书

(4)提出了新型 LNG 罐箱布置方案，拓展了 LNG 罐箱布置的新方式，LNG 能源的多式联运大大减少了中间环节的能源损耗。主要包括：

①一种新型 LNG 罐箱码头布置方式。通过采用“直装直取”的码头装卸流程，合理规划轨道外行政车道和消防炮等设施的设置空间，本工程码头面宽度在传统内河集装箱码头最少 30 米优化至 25 米。

②一种新型配套工程的设置。一是优化污水收集设施，设置集液沟和集液池。LNG 货物的特点是泄漏易气化，不溶于水，传统的四周环绕排水沟和污水处理站并不适用。本工程在堆场罐箱组间设置集液沟，终端设置多个集液池，结合场地坡度更快导流泄漏 LNG，并通过集液池旁设置的高倍数泡沫缓慢有序处理收集的泄漏 LNG。集液池旁设有雨水泵，便于雨天及时排除池底的雨水。二是取消黄沙箱，设置干粉炮。LNG 泄漏后由于温度极低，一般难以着火，一旦着火，人员无法靠近，采用少量黄沙也极难处理，本工程在消防炮塔上融合干粉炮功能(容量 3 立方米/座)，可迅速扑灭初期火源。

(5)大型集装箱岸边装卸机械配备起重机能量回馈和储能设施，有效降低装卸作业能耗。

本工程采用具有能量回馈功能的岸桥，作业中可以将装卸货物时产生的能量转化为电能回馈到电网中。这种岸桥在装卸过程中大大降低了能耗，减少了对环境的影响。本项目岸桥的工作减少了对传统能源的依赖，降低了能源成本。

图5　岸桥能量回馈单元

(6)采用智能决策集成系统新模式，推动水运绿色低碳发展。

通过智能决策集成系统监测和分析，发现照明和设备是主要的能源消耗来源。项目采取调整灯具的使用时间和设备的运行速度等有效降低能耗。同时，天气对照明的能耗也有显著影响，在天气较热时采取延迟开启照明或在天气较冷时适当提前开启照明等有效降低能耗。此外，不同场地在不同时间段内的能源需求量差异较大，采取分时供电、分时制水等措施提高能源利用效率。

四、经验总结

本项目采用了一系列的技术应用和创新，特别是创新型的加注方式减少中间流程和BOG回收、较大水位差下的船舶系靠泊和装卸技术，以及数字化设计和智能管控等，这些创新可广泛应用于内河LNG类码头的建设中，对促进LNG码头的技术成熟和LNG清洁能源的推广应用具有重要意义。

港口码头作为物流的重要节点，围绕LNG码头进一步完善LNG配套产业链(如LNG调峰、发电、冷能利用等)，更有助于推动清洁能源利用，进一步降污减排，促进绿色经济发展。

平陆运河绿色低碳建造和运维关键技术案例

潘海涛　李雪野*

一、基本情况

我国由交通大国向交通强国迈进，内河水运建设发展取得显著成就，内河运输规模已居世界第一。内河水运运能大、成本低、占地省、能耗小、环境友好、带动沿线地区经济社会发展等方面的优势不可替代，是安全、便捷、高效、绿色、经济、包容、韧性的可持续交通体系中不可或缺的部分。

平陆运河是我国自京杭大运河后的第一条运河，也是新中国成立以来中国建设的第一条通江达海的大运河。平陆运河的开通，将会成为我国西南地区运距最短、最经济、最便捷的出海通道。平陆运河始于西江干流西津库区南宁横州市平塘江口，跨沙坪河与钦江支流旧州江分水岭，经广西壮族自治区钦州市灵山县陆屋镇沿钦江干流南下进入北部湾钦州港海域，全长约135公里，按内河I级航道标准建设，可通航5000吨级船舶。运河从上游至下游建设马道、企石、青年三座梯级枢纽，均为双线5000吨级船闸。

二、主要做法

（一）省水船闸技术

为建设世界上规模最大的内河省水船闸，打造资源节约型工程，在高效输水系统的研发上实现突破，可降低船闸运行用水量60%，三大枢纽年运行减少上游来水下泄量超过10亿吨，省水运行技术参数达到国际领先水

* 潘海涛，中交水运规划设计院有限公司，党委副书记/总经理；李雪野，中交水运规划设计院有限公司，注册土木工程师(港航专业)/高级工程师。

平。构建运河生态监测网络，实现全流域数据互联，打造数字孪生运河。

图1　马道枢纽效果图

(二)近零碳运河能源自洽技术

根据运河区域自然资源禀赋和风光资源分布特征，提出清洁能源发电预测方法，确定运河区域清洁能源利用与优化路径，构建“源-网-荷-储-控”能源管理系统，在传统能源利用的基础上，充分吸纳可再生能源、清洁能源，建立多能互补、梯级利用的智慧型能源管理体系。

1. 建设“风光储”能源系统

在运河沿线区域根据风能资源分布情况，拟建设单机容量5兆瓦、总装机容量120万千瓦的风电机组。在三座枢纽因地制宜建设分布式光伏，实施绿色能源“永临结合”，施工期部分用电绿色化，施工结束后，迁移已建设施异地重建永久性分布式光伏，为运河运营提供绿色电力。涉及安装地总面积约39000平方米，装机容量为5.5兆瓦，光伏电站年平均发电量为573万千瓦时。同时适当配置储能设施，提升风、光、储联动水平。

2. 建设近零碳水上服务区

将新福、钦州两个水上服务区打造成为全国近零碳水上服务区标杆。一是利用服务区办公楼、综合服务大厅等建筑屋顶建设分布式光伏、风电，为船舶停靠使用岸电、船舶污染物接收处理设施的运行等提供绿电。二是建设综合能源加注中心，包括充换电站、加油(气)站，预留加氢站建设空间。三是建设船舶污染物智能接收处置装置，包括船舶污染物智能接收柜、集装箱式生活污水处理站等，接收处置装置全部使用绿色能源。

（三）土石方资源化利用

工程总土石方开挖量高达 3.39 亿立方米，按照土石方综合利用“总体平衡”的目标要求，明确了抬填造地、矿坑修复、园区回填、填海造地、绿色建材利用、工程自身利用和土地复垦七大利用方向。其中，可用作绿色建材的土石方约为 726 万立方米；抬填造地预计利用土石方 1.46 亿立方米，减少占地面积约 3.3 万亩，新增水田 823 亩、新增旱地 11509 亩；园区回填利用土石方约 1.14 亿立方米，占开挖土石方总量的 34%；海上回填造地总计约 2729 亩，总体纳泥量为 1088 万立方米；用于运河主体工程及配套设施的基础回填、结构回填、施工便道等自用土石方 884 万立方米；修复矿业废弃地污染预计消纳土石方 252 万立方米，新增旱地 94 亩；土地复垦、恢复土地可利用状态预计利用土石方量 4956 万立方米。

（四）生态航道建设

平陆运河通江达海，穿越 2 市 4 县(区)7 镇，途经流域环境生态保护要求高。在航道建设中兼顾河流生态系统健康和可持续发展，通过设置生态涵养区(36 个)、动物通道、鱼类增殖站、生物多样性观测站、建设生态结构等，完善运河生态多样性保护，实现现代人工运河与流域动植物繁荣共存，打造世界级高水平保护标准的生态绿色运河。

（五）绿色低碳建造

开展船闸低热低收缩高抗裂混凝土研究，采用大掺量矿物掺合料与固体废物综合利用技术，配制出满足超大体积的低热低收缩高抗裂混凝土，降低工程混凝土造价 10 元/立方米，降低水泥用量 70 千克/立方米，减少碳排放量 50 千克/立方米。同时，针对不同工况和不同结构部位的混凝土开展高耐久性混凝土研究，特别是针对青年枢纽入海口上下游咸淡水交替影响结构耐久性问题，优化混凝土配比，研发高耐久性混凝土，有效保障三座枢纽混凝土的有效使用寿命达到130年。超高性能的混凝土工程化应用，为运河建设提供了突破性科技支撑。

三、实施效果

（一）江海联运结构性减排成效

平陆运河连通水系、通江达海，千吨级别货轮直达南宁，可让南宁出海航道缩短560公里，运费和能耗仅为铁路的1/2、公路的1/8，预计每年可为西部陆海新通道沿线地区节省运输费用52亿元以上。据预测，平陆运河货运量2035年约为9550万吨，2050年达1.2亿吨，碳排放量2035年减少60余万吨，2050年减少近90万吨。

（二）技术性减排成效

1. 资源集约循环利用

水资源节约方面，较常规船闸节省60%水资源，年省水量超过10亿立方米，节省水资源费1.17亿元/年。土石方资源化利用方面，经初步估算，平陆运河土石方综合利用工程所需费用可由收益抵消，预计到2026年可产生总经济收益为20.42亿元，其中直接经济效益预计为5.86亿元，间接经济效益预计为14.56亿元。

2. 近零碳运河能源自洽

通过风、光、储可再生能源开发，在运营期年均折合标准煤25.26万吨。采取光伏永临结合，施工期绿色用电，在建设期可折合标准煤4.21万吨。建设近零碳水上服务区，运营期年均折合标准煤500吨。

3. 生态航道建设

一是通过生物多样性丰富的生态系统提升碳储存能力。二是通过水源涵养、土壤保护、气候调节等生态系统服务替代人工设施和技术，减少能源消耗和碳排放。三是通过提供自然降解和处理机制，减少对人工处理设施的需求，包括自然处理废水和污染物等，减少能源消耗和相关碳排放。

4. 绿色低碳建造

通过系列绿色低碳施工技术的实施，预计较常规方案可减少建造期碳排放约10%，减少材料损耗率5%，非传统水源利用率达5%。

四、经验总结

（一）结构性减排效果显著，利于整体物流运输降碳

平陆运河的修建，可以连接广西壮族自治区境内的多条主要河流，形成更加完善的水网系统，同时实现河海联通，大大降低社会物流成本和货物运输碳排放量。积极推动铁水联运、江海联运、江海直达、水水中转等运输组织方式，优化物流集疏运体系，提高整体运输效率和服务水平，有利于促进物流运输全链条降碳降本，效果显著。

（二）资源集约循环利用，打造工程微循环经济

推广资源回收与循环利用。在水资源缺乏地区推广省水船闸技术，节约、集约、循环利用水资源，经济和环境效益显著。因地制宜推动废旧道路材料、疏浚土等工程施工废弃物及工业废渣在工程建设领域的综合利用，实现工程资源循环利用，保护生态环境的同时，也具有很好的经济效益和社会效益。

（三）交通与能源相融合，优化工程能源结构

因地制宜推广光伏、风电、海洋能等可再生能源在水运交通场景的应用，构建智慧能源管控系统和管理体系，使具有天然低碳优势的水运进一步使用清洁电力，发展为新时代绿色经济运力。

（四）可持续基础设施建设，工程与自然和谐共存

在水运交通基础设施建设中，兼顾水域生态系统健康和可持续发展，工程建设运营协同动物保护、植物保护、水质保护、口袋式扩绿，推进水运交通绿色化、生态化，最大限度减少碳排放量和生态环境破坏。

（五）立足全生命周期降碳，协同推进工程设计施工运维

协同推进交通基础设施设计源头减碳、施工建造降碳、运营维护低碳，设计提供一体化绿色低碳解决方案，推广绿色低碳施工技术，建设绿色智慧交通工程，全生命周期降低交通基础设施碳排放。

第十章　交通运输绿色低碳试点示范

交通运输科技示范工程：贵州喀斯特石漠化地区高速公路绿色建造科技示范工程

张胜林　戴德江　曹子龙　陈雪峰*

一、基本情况

贵州省兴义环城高速公路项目是贵州省“十三五”期间高速公路加密规划网的重要组成部分，项目全长62.5公里，设桥梁64座，隧道26座，桥隧比为56%，项目采用建设、运营、转让(BOT)+设计、施工、采购一体总承包(EPC)模式建设，设计概算101.88亿元。项目自2019年开工建设，综合采用了绿色建造成套技术，2021年3月建成通车，对支撑兴义市城镇化发展、打造国际山地旅游城市具有重要意义。项目被列为交通运输科技示范工程依托工程，示范主题为“贵州喀斯特石漠化地区高速公路绿色建造”。

工程地处我国喀斯特地貌核心区域，具有以下特点：一是旅游资源丰富，环境敏感点多，路线连接世界地质景观马岭河峡谷、万峰林，贵州省

* 张胜林，贵州省公路工程集团有限公司，副总经理/总工程师/正高级工程师；戴德江，贵州省公路工程集团有限公司，总经理助理/高级工程师；曹子龙，交通运输部科学研究院，副主任/研究员；陈雪峰，贵州省公路工程集团有限公司，副总工程师/高级工程师。

兴义国家地质公园和布依族传统村落楼纳村；二是工程途经石漠化核心区，生态极其脆弱；三是项目毗邻城镇，建设介于公路与市政路之间；四是项目工程地质极其复杂，沿线存在顺层边坡、软基等不良地质。

二、主要做法

项目将全寿命周期施工理念运用到策划、设计、建造、运营全过程。

（一）绿色策划

针对项目沿线具有的“生态敏感的喀斯特峰林区域、马岭河峡谷、万峰林、贵州省兴义国家地质公园和依山而居的楼纳村等布依族传统村落”等特点，开展了深度的社会调查和环境影响评价，提出了“土石零弃方、村落零扰动、最美峰林路”的项目总体建设目标，确立了“峰林环保路，人居景观路”的建设思路，综合采用绿色建造成套技术，力求实现工程、环境、人文的完美结合。

图1　兴义环城高速公路实现了工程、环境、人文的完美结合

（二）绿色设计

项目设计采用生态、人文选线。尊重当地少数民族生活习俗，选择隧道方案穿越少数民族聚居区，避免了对布依族村寨的分割和占用村民世代生活的农田。为节约集约利用土地资源，在初步设计阶段，将路线穿越基

本农田调整为沿山脚通过进行避让。此外，将部分填方路基调整为桥梁，方便地方村民出行耕种，并维持了原有地表水系，还将部分挖方调整为隧道，保护了自然景观和原始喀斯特地貌。通过上述措施，以最小的工程代价避免了对楼纳村1339户居民的影响。项目建成后，61公里施工便道还无偿提供给当地居民使用，加强了农村基础设施建设。

图2 互通区保留原始自然景观

图3 挖方改为隧道以避免对村庄的影响

（三）绿色建造

为建设一条绿色低碳示范路，建设过程秉承绿色、环保、低碳的可持续发展理念，采用对环境影响最小的建设方案。山区高速公路建设中平均每公里产生 10 万立方米的弃方，本项目发挥政府和社会资本合作模式(PPP)项目的优势，统筹设计与施工，实现生态脆弱路段土石方零弃方、零借方，共节约用地 61.2 万平方米。隧道施工采用零仰坡进出洞技术，减少破坏植被 4.7 万平方米，小净距隧道采用无中导洞修筑技术，减少土石方开挖 2100 立方米。路面施工采用机械发泡温拌沥青混凝土技术，降低 60% 二氧化碳排放量。桥梁下部结构采用高桩承台，减少挖方 5.4 万立方米，全面规划了控制性工程峰林大桥的施工方案，通过桥梁陡坡施工“微创”技术，将绿色环保理念发挥到了极致，做到了不让一粒渣掉进马岭河，诠释了“最大限度保护、最小程度破坏”的理念。

图 4　隧道零仰坡进出洞技术应用

图 5　陡坡地带高桩承台技术应用

（四）绿色运营

利用高速公路路域内收费站、服务区、停车区、隧道、边坡、匝道、绿化带、分离式路基中央分隔带的闲置、低效土地，建设分布式光伏电站，利用丰富的太阳能资源发电，减少了运营期高速公路的市电用量，年替代标准煤720吨，年减排二氧化碳约2000吨，成为世界首条喀斯特峰林区域建设的绿色能源公路。此外，采用滴灌系统对服务区植被进行灌溉，每年减少了80%的绿化用水量。

三、实施效果

项目解决了过境交通流和城区间衔接，交通拥堵同比缓解50%。在保护生态环境的基础上，将兴义市周边15个风景名胜区有效地串联起来，实现了旅客的便捷出行，高速公路的绿色建造给游客留下了“车在景中行，人在画中游”的美好体验，游客同比增长率65.5%。建设期为当地提供就业岗位约1200个，运营期约170个，修建连接线和服务区带动沿线约30.15万人乡村振兴。

项目通过多项创新成果的研发与应用，累计产生经济效益9.5亿元，节约标准煤38.7万吨，减排二氧化碳12.4万吨。实现了喀斯特山区高速公路建设“五个零”的重大突破，即山区高速公路57公里“零弃方、零借方”，工程红线外“零占地”，生态环境“零破坏”，景区“零干扰”。成果还在贵州省十余条高速公路建设中得到成功应用，为促进喀斯特地区交通基础设施建设高质量发展、服务贵州省国家生态文明试验区和交通强国建设试点起到了重要作用。

项目获得国家发明专利5项、软件著作权11项，编制标准指南5项，获得省部级工法9项，出版专著1部并入选2022年度交通运输重大科技创新成果库，发表学术论文26篇。项目先后荣获全球道路成就奖(环境保护类)、贵州省科技进步二等奖、中国公路学会科学技术奖二等奖等一系列奖项。

四、经验总结

(1)重视勘察设计。在工程建设项目中，选线是设计工作的核心。本项目将绿色设计理念贯穿于项目建设始终，准确把握技术标准，合理运用技术指标，严格控制建设规模，采用了地勘监理，保证了地质勘察质量，为设计提供了翔实、准确的依据，为工程安全、质量提供了保障，减少了不合理的资源投入。

(2)优化施工组织。建设单位结合土建工区的特点进行施工组织设计，充分考虑路面、绿化等后期施工单位需求，发挥 PPP 建设项目的优势，将整个项目视作一盘棋，多次组织召开设计、施工协调会，统筹规划与设计无缝对接，结合设计、联系实际调配全线土石方，合理布设料场、拌和站、预制场、施工便道等临建设施，最大程度减少资源的浪费。

(3)注重科技创新。西部地区基础设施建设资金普遍较为有限，在工程条件恶劣、生态环境敏感的条件下，石漠化地区绿色建造高速公路亟须务实创新，需要依靠科技上的投入。在建设过程中注重采用新技术、新材料、新设备、新工艺，保证工程质量和技术水平的先进性。

(4)注重制度设计。在创建科技示范工程的过程中十分重视制度设计与目标考核。在制度建设方面建立了创建工作监督考核机制、具体项目实施单位定期信息报送制度、监督实施单位建立科技示范项目管理制度。

(5)强化人才培养。充分调动工程建设者和各类人才参与科技创新的主动性和创造性。组建科技人才服务队，扎实驻点帮扶、科技帮扶。加强基础人才队伍建设，完善政策激励机制，以科技示范为纽带，增强研究队伍实力。

交通强国试点任务之一：山东济青中线济潍段零碳高速公路建设试点项目

薛志超　刘乐民*

一、基本情况

山东省济青中线济潍段零碳高速公路(以下简称济潍项目)是山东省“十二纵八横十一射多连”高速公路网中的“射三”线，途经济南市、淄博市、潍坊市三个地市，西接京沪高速公路济南至莱芜段，东接潍(坊)日(照)高速公路。项目全长约为162公里，设计速度为120公里/时，按双向6车道标准建设。本项目被列入交通强国山东示范区的试点示范项目，坚持将绿色循环低碳理念贯穿于高速公路建设运营全过程，提出了“CO_2-ZERO”零碳高速公路概念，通过“六大系统”实现自身运营期范围一和范围二达到“净零”排放，致力于打造出全国首条零碳高速公路。

二、主要做法

济潍项目以低碳建设和零碳运营为目标，提出了“CO_2-ZERO”理念，聚焦绿色设计、低碳建设建造和零碳运营，倾力打造了首条零碳高速公路，在降低高速公路建设期碳排放的同时，实现高速公路运营阶段零碳排放。

（一）绿色设计

1. 减碳目标贯穿总体方案

项目从全寿命周期管理出发，既考虑建设阶段的工程量、施工方法等

* 薛志超，山东高速基础设施建设有限公司，研究员；刘乐民，山东高速基础设施建设有限公司，研究员。

因素，又兼顾运营阶段的养护工程量和社会效益，充分论证，多方案比选，优化选线，从而达到减碳目标。

2. 环保选线避让生态敏感区

项目属于山区高速公路，设计选线受地质、地形和地貌等影响十分显著。经方案优化，路线完全避让青州风景名胜区(云坨片区)、弥河生物多样性生态保护红线区、山旺生物多样性生态保护红线区和昌乐火山生物多样性生态保护红线区等生态敏感区。

3. 合理选取减碳关键指标

设计过程中提高路线与地形的适应性，减少工程材料、能源消耗。全线最小圆曲线半径为2050米、最大纵坡为2.95%，收费车站不停车、隧道不降速通行，有利于降低车辆行驶过程中的油耗，减少温室气体排放。

（二）低碳建造

1. 强化资源循环利用

建设遵循“再使用、再循环”原则，大力推动资源循环利用，对工程路段洞渣、表土、风化料进行回收利用。全线有10座隧道，挖方较多，为节约资源对符合条件的洞渣和挖方全部加工成碎石，用于桥涵、垫层或路面施工，达到资源节约、绿色减碳的目标。

2. 加强材料节约利用

在满足工程要求的前提下，采用C40高强钢材代替传统钢、外场设备多杆合一、收费车道窄岛化、工厂预制化、隧道调光等措施，节约建设原材料用量，避免材料浪费带来的额外温室气体排放。

3. 推广新型技术应用

采用全厚式长寿命沥青路面技术和长效雨夜反光标线技术，打造精品特色耐久路面示范，延长路面和标线使用寿命，提高路面工程质量耐久性，降低后期养护频率。

4. 践行低碳施工方式

在沥青路面铺筑中采用温拌沥青拌和、无人摊铺等方式降低能源消耗，提升工作效率，倡导施工机械设备优先采用低碳能源，隧道装载机和旋挖钻机采用电力驱动式替代燃油式，尽可能地做到施工阶段绿色环保、节能减碳。

（三）零碳运营

1. 碳排放综合管控系统

采用“云管边”三级系统架构，搭建碳排放综合管控系统，实现一站式管理，并对运营期的排放、清除量进行跟踪。根据光伏、储能、用电设备实时运行状态，智能决策各站点光伏自用、上网比例，优化系统多能源调度。开展全线碳排放盘查，探索与碳交易市场对接，为交通运输参与者提供碳汇、碳交易与碳排放相关服务。

2. 可再生能源利用系统

充分挖掘高速公路沿线资源，多场景建设光伏发电系统，利用光伏组件与边坡防护的相互结合，构建一种新型可发电的边坡防护形式。全线建设分布式光伏电站 66 处，装机容量 68 兆瓦。

图 1　隧道光伏棚洞

3. 智慧能源网运行系统

自主研发智慧能源网运行系统，采用信息化、智能化技术和集中管理模式，对高速公路的用电设备实施集中扁平化的动态管控，改进和优化能源平衡，在满足正常需求下实现最大限度的节能减排。

4. 近零碳建筑节能系统

强化建筑节能设计，在章丘南监控通信分中心办公楼建设近零碳建筑。建筑采用高效保温结构、高舒适节能外窗、高效热回收新风系统、气密性设计及无热桥设计等新材料和新技术，并结合可再生能源利用系统，达到近零碳建筑的技术要求，建筑综合节能率达到76.4%。

5. 污废资源化处理系统

创新性地研发水质水量智能监测控制技术、新型隔油技术、水量和水质应急处理工艺技术，实现可持续水循环利用，达到零污排放，并通过智能化管控平台实现污水处理、中水回用的智能远程监控以及碳减排的数字化、可视化。

6. 林业碳汇提升系统

充分利用沿线景观绿化工程的植物固碳能力，通过合理优选树种，种植国槐、法桐、海棠、紫薇等，实现年均固碳量约800吨。在绿化带内铺设喷灌管道，沿线设置雨水蓄水模块，对土壤温湿度、大气温湿度及降雨量等环境数据进行监测和智能分析，实时调整喷灌时间与次数，实现无人智能养护，提高绿植成活率和养护效率。

三、实施效果

（一）节能减碳效果

在建设期，通过采用低碳措施实现碳减排。在运营期，每年均可实现零碳运营；预计运营期(25年)实现总体可持续零碳运营。

（二）经济效益

项目光伏建设容量68兆瓦，储能配置比例约为30%，总投资约3.1亿元。光伏寿命按25年计算，光伏每年发电量为6800万千瓦时，每年可产生收益约2685万元。项目25年总发电量为17亿千瓦时，可产生经济效益6.7亿元。

（三）社会效益

光伏的应用大幅度减少了市电用电量及电费投入。通过物联网等技术，实现对微电网中能源的智能化管理和优化，大幅度提升了用电效率，降低能源成本。在节能减碳方面，项目从最大程度上减碳排、碳节能、增碳汇，实现高速公路自身零碳运营。本项目的实施对零碳高速公路打造起到了示范引领作用，具有可复制、可推广性，为山东省内及其他地区既有高速公路与新建高速公路绿色环保建设运营提供了借鉴与技术参考，继而助力行业绿色低碳发展。

四、经验总结

(1)强化绿色设计，实现零碳高速公路之本。项目在规划设计阶段，坚持绿色低碳的理念，在总体方案、环保选线、关键指标选取、工程设计等方面充分展示了绿色设计的基本思路，为打造零碳高速公路奠定了基础。

(2)加强低碳建造，实现零碳高速公路之基。高速公路建造既是交通行业排放的主要环节，也是推动行业减排的落脚点。本项目充分落实了《绿色交通“十四五”发展规划》中要求的“鼓励施工材料、工艺和技术创新”“促进资源集约利用、清洁能源利用、生态保护及污染防治”等举措，尽可能减少温室气体排放，提升碳减排绩效，助力交通行业供应链上下游积极减排。

(3)推动零碳运营，实现零碳高速公路之要。在运营阶段，通过碳减排、碳替代、增碳汇三大途径，全力打造六大碳排放综合管控、可再生能源利用、智慧能源网运行、近零能耗建筑节能、污废资源化处理和林业碳汇提升系统，推动项目零碳运营。

零碳道路运输线路试点：新疆大宗物资运能保障零碳道路运输线路试点项目

刘　颖　石　琼　严　健　陈　伟　高誉疆*

一、基本情况

项目所在地为新疆生产建设兵团八师石河子市，经济总量在兵团排名第一，制造业主导产业地位突出，是生产服务型国家物流枢纽承载城市，拥有6家全国知名生产企业，主要运输需求为煤炭和大宗原料，年需求约为2400万吨，铁路运能为1600万吨，约800万吨运能缺口需要公路进行补充。

本项目实施单位共有三家，为中新建物流集团有限责任公司(以下简称中新建物流集团)、新疆恒泰智慧能源股份有限公司(以下简称恒泰公司)、新疆汇泰新能源科技有限公司(以下简称汇泰公司)。中新建物流集团主要负责疆内物流基础设施的投资；恒泰公司主要负责新能源车辆的运营；汇泰公司为前两家公司合资成立、主要为客户提供高质量的综合运输物流服务。

通过多参与方紧密合作，完成企业自营大宗物资干线运输和短驳运输纯电重型卡车全面替代，完成企业自营货运枢纽(物流园区)新能源装卸设备全面替代、园区采暖设备100%电气化改造，形成一套切实可行的极寒地

* 刘颖，交通运输部科学研究院，正高级工程师；石琼，交通运输部科学研究院，正高级工程师；严健，中新建物流集团有限责任公司，首席顾问/正高级经济师；陈伟，新疆恒泰智慧能源股份有限公司，董事长；高誉疆，新疆汇禧投资有限公司，总经理/高级工程师。

区大宗物资纯电重型卡车干线运输应用场景，搭建一套纯电重型卡车运营调度、数据管理和监测平台，引领极寒地区大宗物资绿色交通运输体系建设，促进极寒地区大宗物资交通运输绿色低碳转型。

二、主要做法

（一）车辆及设备选型

1. 纯电重型卡车选型

项目采用的282型和350型重型卡车性能优越，具有双充头快速充电插头，其优点在于：一是能耗低，较同类产品能耗低10%～15%；二是自重小，较同类产品小1吨以上；三是电池高度低；四是拥有高效能量回收系统，并针对山区运输长下坡路况，开发了9级巡航缓速功能。

2. 充换电设备设施选型

换电站的优势在于效率更高、无须停车等待，可对电池集中管理和维护，更好地确保电池健康状态和寿命。充电站的优势在于普遍性好、灵活性高，适用于各种类型的电动车辆，较换电站的建设和运营成本低。

（二）大宗物资干线运输纯电重型卡车应用

在跨城市的货物运输通道上，组建100%的纯电重型卡车零碳车队，车队在点到点固定道路运输线路上运行，中间不停靠装卸货物，主要解决疆内用煤和疆煤外运铁路运能不足问题。采用350重型卡车，沿干线布设充电及维保场、换电站，双充头充电50分钟可达100%续航，在下坡路段利用车辆反向充电补能20%。目前已开展4条干线运输，分别为410公里、85公里、100公里、70公里，已投入纯电重型卡车500余台，拟陆续投入1000台车辆用于干线运输，建设充电桩88个，换电站1个。

(三)大宗物资短途接驳纯电重型卡车应用

主要采用282重型卡车，在城市配备充电和保养场、换电站，通过场站精准调度，收到接货信息后到场站接货，配送至用户，往返全程约20～100公里。在企业自营物流港进行能源原料消费配送和外运短驳运输，大幅减少城市因运输产生的排放问题，夜间充电可解决城市电网的“削峰填谷”问题。在石玛沙片区已投入100台纯电重型卡车用于短驳运输。

(四)货运枢纽(物流园区)新能源设备设施应用

主要在企业自营货运枢纽(物流园区)开展充电桩建设、装卸设施设备新能源替换、采暖设备电气化改造，实现货运枢纽(物流园区)零碳运营。目前采暖设备全部电气化改造，新能源装卸设施设备少量投入使用。通过先进的电气化技术和设备应用、先进的新能源运营模式应用，为行业提供技术参考，提供可复制的经验，推动出台相关政策和激励措施，推动货运枢纽(物流园区)电气化转型。

(五)大宗物资纯电重型卡车智能监测与调度系统应用

恒泰公司研发了智慧供应链管理平台，具备碳排放监测、智能调度等功能，通过纯电重型卡车使用过程监测实现碳排放数据的实时采集，同时利用物联网技术将大宗物资用户地磅数据接入平台等方式，减少作业环节，降低空驶时间，实现运输全过程无纸化作业，节约劳动成本，大幅提升能源利用效率。

三、实施效果

(一)节能减排效果显著

本项目共陆续投入纯电重型卡车1200辆，三年减碳排放效果显著。

（二）车辆运行水平提升

项目自主研发的智能监测与调度系统对车辆路径进行优化，减少冗余线路，减少货物周转时间；通过智能轮胎和车辆定位装置，对胎压进行监测，提升安全运行水平。

（三）运输成本下降明显

纯电重型卡车按5年报废、电价0.8元/千瓦时计算，本项目三年将分别节约运输成本8451万元、11620万元、12677万元，共计3.27亿元。

油电重型卡车成本对比分析表　　表1

项目	充电重型卡车	换电重型卡车	燃油重型卡车
购置成本(万元)	72	36	36
电费(含服务费，元/千瓦时)	0.8	0.8	0
公里油/电耗(升/千瓦时)	2	2	0.4
油费(元)	0	0	8
电池租金(万元/月)	0	0.6	0
单公里能耗成本(元)	1.6	2.32	3.2
单日里程(公里)	300	300	300
工作天数(每年)	333	333	333
年总能耗(万元)	15.98	23.18	31.97
保养费用(万元)	0.3	0.3	1
全生命周期成本(万元)	153.42	153.38	200.84
残值(车身、电池均按15%残值率算)(万元)	10.8	5.4	5.4
全生命周期总费用(成本-残值)(万元)	142.62	147.98	195.44
较燃油车节省	-27.03%	-24.28%	—

(四)投资拉动效应可观

项目预计投资6.58亿元，主要用于干线运输、短驳运输纯电重型卡车应用，装卸设备与采暖电气化改造，智能监测与调度系统升级，显著增强经济活力。

四、经验总结

(一)极寒状态新能源运输场景打造，为极寒地区纯电重型卡车应用提供可行路径

项目地处环境气候条件恶劣，冬季严寒干燥，选用的纯电重型卡车包含驻车保温等一系列极寒技术，可以有效提升纯电重型卡车在极寒条件下的运行状态，提高低温下的整车续航里程和充放电能力，为极寒地区纯电重型卡车使用提供典型测试场景，为各参与方不断完善升级车辆技术提供条件，提升运输行业零碳运营水平。

(二)运输全程智能监测信息平台开发，为纯电重型卡车数据采集和管理水平提升提供可靠保障

项目开发的智能供应链信息系统可对纯电重型卡车运输全过程进行监测，数据真实可靠，并通过智能算法、智能调度、电量监测等手段提高纯电重型卡车使用效率，是各级生态环境主管部门开展碳排放配额分配、核查、企业清缴履约、监督管理等工作的重要抓手和提高管理效能的重要保障。

(三)国企与民企强强联合运营模式探索，为大宗物资新能源运输提供运营经验借鉴

项目参与方从属性上分，既有国企也有民企，分工明确、错位发展、

优势互补。中新建物流集团作为新疆生产建设兵团国有企业，重点在全疆布局公铁联运型货运枢纽(物流园区)及铁路专用线等基础设施网络，为项目开展提供基础设施保障。恒泰公司2022年开始在全疆布局纯电重型卡车公路运输，自购纯电重型卡车500余台，自建智慧供应链管理平台，拥有丰富的公路网络货运经营经验。汇泰公司股权的稳定性和运营经验的传承可保障纯电重型卡车业务顺利进行。

（四）大宗物资疆内疆外运能需求巨大、纯电重型卡车道路运输补充铁路运能不足，代表性场景意义大

新疆维吾尔自治区是全国第四大产煤省区，近年来疆煤外运量逐年增大，疆煤外运几乎遍布全国。随着煤电、煤化工、煤焦化等工业化进程的推进，新疆维吾尔自治区能源消费总量持续增长。项目推进的干线运输纯电重型卡车的使用和货运枢纽(物流园区)的电气化改造，使用本地丰富的煤电、风电、光伏发电产能，对促进能源结构优化、提升能源利用效率具有重要意义。

（五）大宗物资纯电重型卡车全流程运营模式，在能源丰富以及极寒地区具备可复制性

项目涉及了干线运输纯电重型卡车替代方案、货运枢纽(物流园区)纯电重型卡车短驳运输场景、货运枢纽(物流园区)装卸设备以及取暖设施的电气化改造、智能信息系统全程运营监测及数据采集应用、项目参与方合作模式的探索等，其运营模式在大宗物资产能丰富地区以及极寒地区具备可复制性。

零碳高速公路服务区试点：雄安北综合能源零碳智能服务区试点项目

张　毅　黄世平*

一、基本情况

河北省雄安北服务区位于荣乌高速公路新线西段，地处保定市泗庄镇，属于新线雄安新区“四纵三横”骨架路网中的东西干道荣乌高速公路(G18)关键节点，占地面积177.32亩(约0.118平方公里)，是单侧双向开放式服务区。项目是采用高起点规划、高标准建设、高质量发展的零碳服务区，具有鲜明的智慧、绿色的地域文化和旅游文化特征。

本服务区的实施单位为河北省冀交能源有限公司。河北省冀交能源有限公司是河北交通投资集团的全资子公司，主要负责“风光氢储蓄”一体化建设的投资及运营实施，拥有一支清洁能源全产业链专业化的管理、建设和运营团队，依托集团高速公路路域600兆瓦分布式风光发电资源和张承地区2.25吉瓦集中式风光发电资源，大力开发建设新能源产业。

雄安北综合能源零碳智能服务区整合了风光氢新能源、冷、热、电、气等多种能源介质，建设完成风光发电、冷链物流中心和商务物流服务小镇，同时规划制氢加氢站和冷链物流中心配套新能源车辆，形成可再生能源发电、制氢、加氢、用氢、绿色物流等互为上下游的产业集群，并打造开放式综合能源供应的服务区，带动当地经济快速发展，造福一方百姓，为人民群众出行提供便利。

* 张毅，交通运输部科学研究院，副研究员；黄世平，河北省冀交能源公司，运营总监/正高级工程师。

二、主要做法

（一）构建“风、光、储、充”一体综合能源供应系统

利用雄安北服务区的小车车棚、下沉广场顶棚等场地，建设分布式光伏+风力的新能源发电系统，以绿色能源替代传统火力发电能源，实现服务区的零碳甚至负碳；为保证雄安北服务区微电网的安全性和稳定性，提高服务区的绿电自给率，配置了600千瓦时的储能系统，解决新能源间歇性、随机性难题，同时保障服务区夜间有充足的绿电使用，增设充电设施，解决新能源汽车充电需求的同时，提升服务区绿电消纳能力，余电上网，从而推动清洁能源成为服务区能源供应主体。

采取光伏采用高效P型双面晶硅发射极背面钝化电池（PERC）技术、特殊场景采用碲化镉薄膜发电技术、30千瓦大功率景观风力发电系统，安装600千瓦时储能系统，配备光储充一体式30个充电车位。将光伏发电系统与车棚建筑有机结合，实现从被动节能到主动产出绿色能源的转变。

图1　光伏采用高效P型双面晶硅PERC技术

（二）打造服务区零碳智能监控系统

实时监测全服务区设备运行状态，以图形化、表格化、曲线趋势图等多种方式观测微电网运行健康度；根据电站装机容量实时监测发电功率、负荷消纳、运行天数、故障率及运维成本、碳排量等生产能效；通过电场实时数据不间断采集和对海量数据的分析，结合故障诊断模型，实现故障的定位和报警；故障诊断结合电子运维体系和无人机等终端巡检，实现高效分拨处置，制订自动巡检和智能化保洁任务；对光伏、风电发电等数据实时动态在线监控，创新绿色低碳建设管理模式，实现服务区碳排放动态管理，提升施工建造绿色低碳水平。

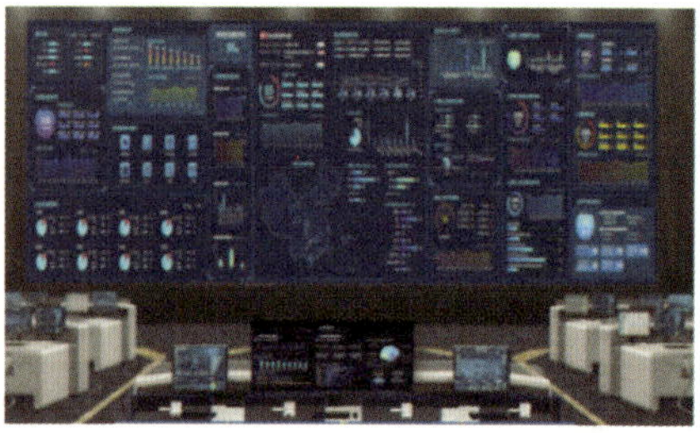

图2　服务区零碳智能监控系统

（三）建设水处理及固体废物处理系统

采用移动式有机固体废物热解、气化、氧化处理设备，日处理能力为1～5吨。该产品具有一体化、无动力、无噪音、无烟气、可移动、无须占地、投资少、见效快等特点，针对雄安北服务区小量分散化有机固体废物提供一站式处理方案。

实现污水的绿色化处理与利用，使用节能低碳型污水处理装置并实施雨水渗透地砖，通过吸收、存储、渗透和净化雨水来提高水资源的利用率。该装置补救了结构复杂、体积大、制造成本高、占地面积多、运行费用高的缺陷。

图3　服务区综合楼前、后广场透水砖

（四）建设服务区制氢加氢站研究

在服务区建设完成包括制氢、加氢和用氢等氢能全产业链试点。制氢采用可媲美灰氢价格的、与加氢站配套的灵活绿色的350立方米/时水蒸气金属裂解制氢技术，加氢采用500千克/天的橇装加氢站，用氢包括氢能自行车、氢能环卫车和氢能重型卡车。水蒸气高温催化裂解水现场制氢和光伏光解耦合现场制氢技术，为集团在张家口、承德地区的风光发电项目的制氢及打造综合能源服务区制氢、储氢、加氢提供技术支撑。

三、实施效果

雄安北综合能源零碳智能服务区的实施可达到零碳服务区全部用能电能和清洁能源替代，并实现余电上网。具体效果如下：

一是雄安北综合能源零碳智能服务区运营期的用能设备100%使用新能源或清洁能源，雄安北服务区采暖系统均已采用电气化中央空调装置，餐厅、厨房等服务设施均采用100%的电气化厨具。二是该服务区可达到高速公路服务区新能源发电的100%供给，零碳服务区的年新能源发电总量（约为360万千瓦时）远高于服务区年用电总量（2023年为150万千瓦时）。三是实施海绵服务区及配置污水清洁化处置装置，服务区生活污水实施清洁化处置，达到国家排放相关标准，采用节能低碳型污水处理装置，并实施雨水渗透地砖，通过吸收、存储、渗透和净化雨水来提高水资源的利用率。

四是实现为电动汽车和氢能汽车等新能源设备供给体系，雄安北综合能源零碳智能服务区实施光储充一体化系统并建设服务区制氢加氢站试点，可以达到现场制氢为燃料电池车辆充氢的效果。五是实现智慧能源检测与碳排放管理的智慧化管控，建立能源检测和碳排放分析系统，服务区多个能源模块实现远程数字化集中管理，集中观测、集约管控、精细治理。

项目在25年规划运营期内可减少标准煤使用2.75万吨、粉尘排放3282吨，可提供绿色电力约9092万千瓦时。同时实现服务区交通用能和电网用能有机协同、近零碳排放，将有效促进路衍经济发展，改善区域生态环境，为“能源廊道”建设提供宝贵经验，助力国家实现“碳达峰碳中和”目标和雄安新区高质量发展。

四、经验总结

（一）坚持科技引领，全过程贯彻绿色发展理念

雄安北综合能源零碳智能服务区作为交通新能源产业融合的一个标杆，其技术先进性不仅体现在清洁能源的利用上，而且也在重点建设零碳智慧系统上，让科技创新成为该项目成功并网发电的助推器。

设计阶段就采用了国外先进的技术和设备，包括但不限于高效率的光伏组件、智能化的风力发电技术以及先进的储能系统，确保了能源的高效利用和稳定输出。在运营阶段，该服务区运用智能化的运维管理系统，通过远程监控、智能诊断和预测性维护等技术手段，提高了发电效率，通过优化电力资源配置，提高电力系统的经济性和灵活性，降低了运维成本，同时确保系统的长期稳定运行。

（二）打造开放式服务品牌，与产业深度融合

雄安北综合能源零碳智能服务区不仅在物理结构上实现开放式服务区的设计理念，更在功能与服务上展现新能源技术和绿色环保理念的深度

融合。

(1)让顾客感知绿色零碳的服务品质。服务区通过整合光伏发电和风能发电设施，为过往旅客提供了清洁、可持续的能源供应。服务区内设立多处“光储充”电动车充电桩，为新能源汽车用户提供了便利，进一步推动了新能源汽车的普及和使用。通过智能化管理系统的引入，使得服务区在能源利用效率和运营成本控制方面取得了显著成效。通过智能化监控和数据分析，服务区能够实时调整能源分配，优化能源消耗，确保旅客享受到安全、舒适且高效的服务体验。

(2)将服务区变为绿色零碳的宣传窗口。服务区内的绿色建筑和环保设施不仅是技术展示的窗口，更是公众教育的重要平台。通过这些展示，服务区向公众普及了绿色低碳生活的理念，提升了公众对环保的认识和意识。作为教育和推广的前沿阵地，服务区定期举办新能源和环保相关的展览、讲座等活动。这些活动不仅为社会公众提供了学习和交流的机会，更是传播绿色发展和可持续发展理念的有效途径。

(3)盘活路域资源，共同推动区域物流仓储业务的发展。项目充分发挥开放式服务区独特优势，利用服务区大车广场、匝道圈和高速公路桥下空间等闲置资源，打造开放、高效的物流中转站。该项目是发展路衍经济、丰富“服务区+”模式的创新举措，可有效缩短物流时间，降低社会物流成本，使区域货物运输更加便捷、经济。

(三)实施组织保障完善，形成良好的零碳建设生态氛围

组织单位河北省交通运输厅大力支持，把雄安北综合能源零碳智能服务区打造为河北省零碳交通品牌；牵头单位河北交投集团有限公司作为河北省交通强省建设的主力军和排头兵，聚焦低碳目标，抢抓京津冀协同发展、雄安新区建设等战略机遇，牵头协调资源；其全资子公司河北省冀交能源有限公司作为实施单位，资金、技术保障到位，在新能源产业中储备技术好，水平先进。南水北调集团新能源投资有限公司作为服务区的投建方发挥自身业务优势，争当绿色发展的“践行者”，将雄安北服务区建设作

为联合推进交通基础设施网与能源网融合发展的示范工程，成功斩获了第十一届母亲河奖“绿色贡献奖”荣誉。

近零碳码头试点：“绿色低碳全方位、多能高效全链条”黄骅港煤炭港区三期码头零碳试点项目

王金刚　刘　强　郭春景*

一、基本情况

煤炭自重小、易起尘，环保压力较大。根据国家环保要求，地方政府对煤炭港口排海口进行封堵，雨期港区内又易发生含煤雨污水内涝，自然蒸发后煤污泥沉积又将对地面及绿化环境造成污染。因此，抑尘和煤污水成为困扰煤炭港绿色发展的两大“拦路虎”。

黄骅港地处渤海西岸、河北省东部，北倚天津市，南与山东省接壤，海拔高度范围2.8～3.0米，属于温带季风气候，常年季风较大。为解决两大环境问题，黄骅港煤炭港粉尘近零排放和港区污水零排放工程应运而生。国能黄骅港务有限责任公司首次将“海绵城市”理念引入煤炭港，结合黄骅港的区位、气候、内环境等因素，通过全流程抑尘系统、生态循环水系统、煤粉尘回收制饼系统、生态环境智能管控系统等，实现对港区粉尘、水源等环境全要素的智能化、精细化管控，并形成了成套的具有自主知识产权的核心技术，取得了显著的经济效益和社会效益，有力推动了黄骅港绿色智慧港口建设。

---

* 王金刚，国能黄骅港务有限责任公司，党委书记/董事长；刘强，国能黄骅港务有限责任公司，党委委员/副总经理；郭春景，国能黄骅港务有限责任公司，科技主管。

二、主要做法

（一）构建全流程智慧抑尘体系，确保煤粉尘近零排放

1. 推广应用本质长效抑尘技术

煤炭的翻堆取装作业是煤港的主要起尘源，该技术以“源头治尘”为核心理念，在翻车机底部振动给料机加设分层洒水系统。利用翻车机底层振动器给料漏斗和溜槽上面设计安装喷嘴、电磁阀等洒水降尘设备，通过分层洒水，使煤炭与水均匀混合。维持煤炭的表面含水率，降低煤尘散溢情况，从而实现源头降尘。根据数据写实分析，煤炭通过皮带机、转接机房、堆料机等传送过程中各个环节煤粉尘浓度降低率达98%以上。

由于洒水系统安装在翻车机底层漏斗振动给料机内部的密闭空间内，洒水落差小，水利用率接近100%，大大节约了水资源。且用水的储存装置在基坑底部，在地面以下18米，可常年保持在5摄氏度以上，保障抑尘用水的稳定性。

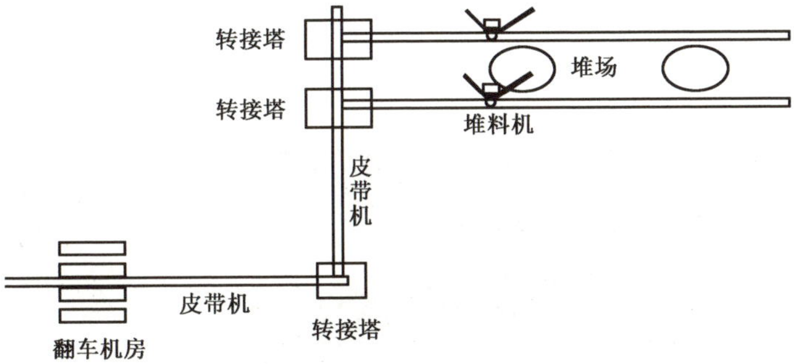

图1　煤炭港口卸车流程

2. 自主研发堆场智能水幕系统

针对煤炭在堆场作业过程中引起的粉尘问题，研发了堆场智能水幕系统。该系统通过堆料机臂架两侧及头部布置洒水喷嘴对煤堆进行补水，确

保煤垛洒水全覆盖、均匀、量足。开启后，通过图像监测，远程控制对煤垛覆盖性洒水作业。经过数据分析，该系统直接助力公司煤炭露天堆场总悬浮颗粒物日均浓度下降近40%。该系统还具有定点补水、远程监控水箱状态、冗余防碰等功能，确保使用便捷安全。在煤炭露天堆场具有较高的推广价值。

图2　臂架水幕系统

3. 新型皮带清洗系统

针对煤炭作业过程中的路程长、粉尘大、回程皮带黏料无序洒落污染沿线及转接点等问题，对原有皮带机清洗装置进行改造。通过柔性落煤管、组合清扫器组、新型洗带装置及各种形式的接料漏斗等皮带机清洁技术，对皮带表面进行冲洗和清理，可减少皮带沿线98%的煤尘撒漏，有效解决沿线煤泥、煤污水洒落难题。

a)皮带机洗带装置　b)装置安装前　c)装置安装后

图3　黄骅港皮带机及洗带图

4. 回收处理煤粉尘

通过堆场路面硬化、堆场周边挡煤墙、机械化清扫、粉尘处理车间等粉尘回收处理成套技术，将现场回收到的煤粉尘压制成煤饼，不起尘、不黏结，彻底解决煤尘、煤泥露天堆放带来的污染难题。煤饼通过销售，实现变废为宝。将煤饼制作过程中产生的中水通过湖库储存用于生产。

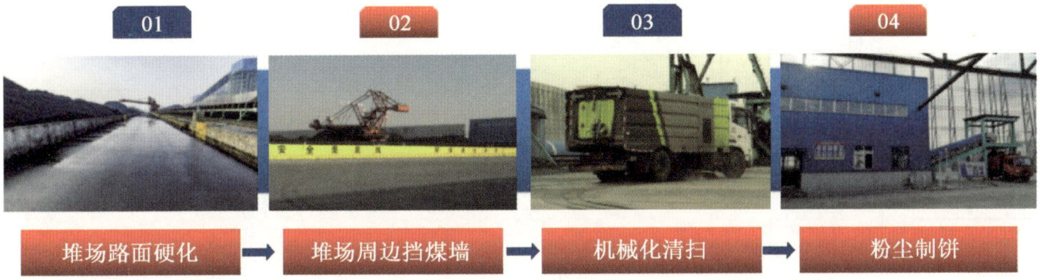

图4　黄骅港粉尘回收处理成套技术方案示意图

5. 构建防风绿化系统

为确保抑尘效果，建设高23米、总长达10.18公里的防风网系统，有效隔离和阻挡外部风场，防风抑尘效果好；建设总面积180万平方米的生态环境绿化工程，绿化率达32.2%，实现对港区粉尘的有效吸附，特别是通过在防风网外侧建设绿化带，减少了粉尘的产生和扩散；建设48座筒仓、最多可储煤144万吨的世界最大储煤筒仓群，封闭储煤且流转效率高。以源头不起尘，保证了煤炭运输全流程的“无废排放”。

（二）打造生态循环水系统，确保污水零排放

1. 打造“两湖三湿地”生态循环水系统

创新性将“海绵城市”理念应用到煤港，将闲置空地建成湿地，将闲置的垃圾场建成湖库，形成70万平方米、蓄水能力达120万立方米的“两湖三湿地”生态循环水系统，用于雨污水、煤污水的有效收集和分级处置，以及压舱水的回收储存。形成的低价值水源用于生产抑尘洒水，确保场区雨水、污水、压舱水等低价值水源的零浪费。

2. 建立污水回收处理再利用系统

通过对污水管网进行改造，将处理后的水源与压舱水池、生态湿地和

生态湖等水系串联，形成“两湖三湿地”的互联互通，利用生态环境智能管控平台进行自动调配，不仅实现了压舱水、含煤污水及雨水的有效收集、处理和循环利用，同时还有效解决污水排放的环保难题，节约用水成本。

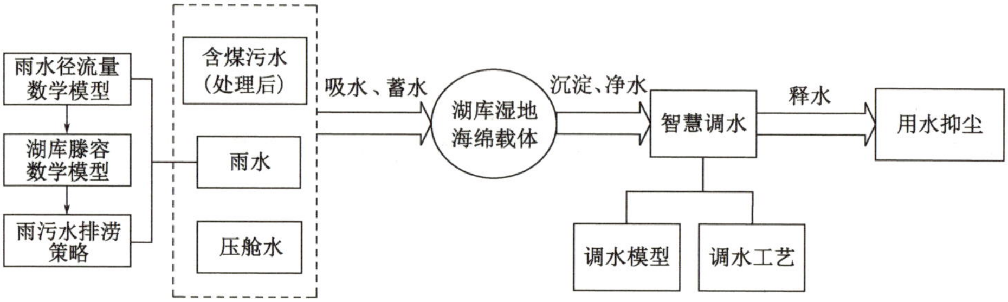

图5　海绵水系统循环体系原理图

三、实施效果

（一）获得可观的经济效益

自2019年投用以来，公司将回收的粉尘压制成煤饼后，按清车煤单价357元/吨回用，煤尘制煤饼累计创收约9381.7万元；按节省水4.83元/吨市政用水成本价核算，累计节约新鲜水成本约3564.0万元，共计产生经济效益约12945.7万元。

经济效益统计表　　表1

年度	节约用水成本					煤饼回收			总经济效益（万元）
	污水（万吨）	压舱水（万吨）	雨（万吨）	节约新水（万吨）	节约资金（万元）	制饼量（万吨）	单价（元）	销售额（万元）	
2019	163.8	98.0	53.3	315.1	1521.9	0.38	357.0	135.7	1657.6
2020	193.9	148.4	46.5	388.8	1877.9	1.56	357.0	556.9	2434.8
2021	213.9	115.0	67.5	396.4	1914.6	2.56	357.0	915.0	2829.6
2022	233.1	134.5	47.5	415.1	2004.9	2.81	357.0	1003.2	3008.1
2023	255.3	120.1	51.6	427.0	2062.4	2.67	357.0	953.2	3015.6
合计					9381.7			3564	12945.7

（二）获得良好的社会效益

结合煤港运营的实际，积极解决煤港生产过程中存在的粉尘和煤污水无序排放的难题，已获得发明专利7项，实用新型专利8项，制定相关行业、地方、团体标准3项。其研究成果直接应用于生产全过程的粉尘和煤污水处理实践，且获得良好收效。对煤港及散杂货行业绿色低碳发展及“无废港口”建设具有重要指导意义。黄骅港煤港粉尘近零排放和港区污水零排放工程，为促进低碳、绿色、生态港口的建设提供了重要支撑，推动港口建设和自然生态系统协调发展。

四、经验总结

(1)以科技创新为根本，解决煤港抑尘难题。通过本质长效抑尘系统、堆场智能水幕系统、新型皮带清洗系统、煤粉尘回收处理系统和防风绿化系统，构建起黄骅港抑尘措施的五道防线，从技术创新、过程管控、环境管控等方面解决煤尘无序排放的难题。

(2)构建“两湖三湿地”生态循环水系统，解决抑尘用水难题。以生态循环水系统为核心，以“两湖三湿地”为载体，充分吸收并回用雨水、煤污水、压舱水。尤其是夏季暴雨天气，雨量较大时，通过“两湖三湿地”调蓄洪峰，系统排涝，有效解决港区的内涝风险。

(3)搭建生态环境管控平台，实现港区环境要素智慧管控。通过生态环境管控平台，解决了环境监测、环境治理、环保管理等方面因靠人工、靠经验而存在的个体差异的问题，实现了环境要素的感知、分析、预测、治理的全过程自动化。系统投入运行后，公司的环境监控由被动变为自动，环境治理向智能化、一体化方向发展。实现对水、粉尘等资源要素的智能管控和高效利用，煤港环境管控及治理向标准化、数字化、无人化成功转型。